文
景

Horizon

社 科 新 知　文 艺 新 潮

AN ANTHROPOLOGY
OF THE MACHINE

通勤梦魇

东京地铁与机器的人类学

〔美〕迈克尔·菲什—著

孟超 桑元峰—译

上海人民出版社

本书献给我的伴侣 Jun
以及我的儿子 Kai 和 Mio

CONTENTS
目　录

前　言

　　本书聚焦日本东京的通勤轨道交通，讨论由人类与非人类、自然与机器组成的社会生活的"技术人类学"（technography）*。作为全球最复杂的超大规模技术基础设施之一，东京通勤轨道交通高峰时期超负荷载客现象早已世人皆知。在本书中，我认为这一场景既是人与机器特定社会历史关系的呈现，也是集体生活现状与潜在状况的概述。此外，我将着重分析社会生活中为人所忽视的方方面面，旨在探究当代技术与媒体影响下人类社会生活的现状和未来。

　　2011 年 3 月发生在日本东北沿海地区的地震及大规模海啸造

---

* "技术人类学"一词源自"人种志"（ethnography），后者在社会科学用于解释关于人类 × 人类互动的详细描述。因此，技术人类学可以被视为一门研究人类 × 机器／工具互动的关于技术的描述性社会科学。其目的主要是促进对具体社会情况下技术的形成、使用和影响的研究。参见 K. Jansen & S. Vellema（2011），"What Is Technography?"，*Wageningen Journal of Life Sciences* 57：69–177。本书页下注均为译者所注，正文后的注释为原书注释。

成数千人死亡，也导致福岛核电站出现堆芯熔化、核泄漏等极度危险的情况。这一突发事件引发了世人关于在当前与未来的社会技术条件下如何共同生存的深度思考。我们无法将福岛核电站泄漏事故简单地归结为人类造成的悲剧抑或是技术与自然带来的灾难。这三种因素的同时出现表明了绝对、单一的思维模式的苍白无力，它始终只能囿于非常有限的关系集（sets of relations）。在本书中，我试图借助研究日本大规模交通基础设施来重新思考科学技术带来的新挑战。虽然福岛核电站泄漏事故已引发世人对该问题的关注，但这些问题与挑战早已潜伏于我们日常生活中，通过对它们的关注与思考，我们就可构建关于规模与生态（scale and ecology）的人类学媒介理论（anthropological media theory）。

基于上述思路，我提出了一种规范性观点：倘若人类对于集体生活的期待不仅是在这个星球上生存，而且要可持续发展，我们就需要重新理解技术。正如没有技术进步，就没有人类的未来一样，若没有对待技术及人与技术的关系的重大观念转变，当然就不会有两者共同的未来。这种观点并非等同于那种主张技术终将拯救这个星球的人类及其他一切的观点。本书从一种另类的本体论的多个角度对技术进行论证，它强调伦理关联性（ethical relationality）与信任的能动特质（dynamic quality），而不是单纯理性互动和利益的考量。关于"关联性"（relationality），我指的是一个相对不那么确定的系统，这个系统在人类和非人类环境中的互动、思考和成长方面产生了越来越大的空间。我用"技术性"（technicity）这一术语来表现技术与特征（quality）同信任之间的关系。若从机器理论（machine theory）的悠久历史出发，技术性主要指机器对当下与未来人机关系的形成与发展的动力及开放程度。该术语强调技术的本体论和概念上的自解释性，及技术作为合作对象在当下和未来集体生活的可信赖性。这绝不是人类例外主义（human exceptionalism）的论断。相反，它是一个"后人类人文主义"（post-human humanism）的探讨。它承认技术、人类和非人类在形成充满活力的集体生活中具有相同的重要性，同时也强调人类在其中承担的以维持集体出现的动态和多样化的完整性的特殊责任。技术人类学是后人类人文主义的媒介，它赞成实验性的、思辨的方式，强调技术能创造开放的共同未来。

福岛核电站泄漏事故揭示出众多问题，其中之一便是"技术"一词完全不足以解析我们当代集体生活的复杂性。大到核反应堆、通勤列车，小到智能手机等普通个人设备，所有机器都常被笼统归为一类，这导致现有的"技术"概念无法使我们从伦理角度对各类机器进行详尽区分。除了数量规模上的显著差异外，人们凭常识仅能感知不同机器会与人产生不同关系，但这种关系的具体特质难以名状。技术本是一种价值中立的工具、达到目的的手段。它的成功运作（意味着"司空见惯、平淡无奇"）常被简化成了技术管理和理性治理。但我对此持不同立场。在我看来，我们必须以机器的可信赖性为视角对技术进行差异性思考。

技术可信赖性不止涉及可靠性、恢复性及故障安全机制。虽然对任何机器而言，这些均是非常重要的属性，但它们却并非产生伦理视角的本体论纠缠（ethically oriented ontological entanglement）的原因。例如，人们常从核能倡导者那里听到的论点是，良好的核能技术仅仅是更好的反应堆设计和更合理的管理系统的问题，但这其实并未涉及本书所深究的"值得信赖的技术"。凡是人能与之关联的机器都是能与人产生关系的机器。值得信赖的机器不要求绝对服从——它往往能与人兼容并蓄且随着人类集体生活不断完善自身的能力。

为什么我要通过城市通勤铁路网阐明这个论点？为什么是日本东京成了研究对象？虽然当下有生物技术、互联网甚至智能手机等更多的新技术集合可拿来考量其与当代人类社会集体生活的关系，但城市铁路网难道仅仅是现代工业技术的表象之一，是通过捕获过剩人力和注意力来实现价值生产的过时形式吗？在我看来，由于铁路网运行常超出载荷，由于我们常认为列车车厢是现代工业社会发展中和当下第二天性技术条件（second-nature technological condition）出现时的原始机器组合，东京通勤铁路网是重新思考技术的理想媒介。本书旨在通过探讨东京通勤铁路网解决有关技术的问题，并借助技术性论述了列车的概念史，在思考未来集体生活方面另辟蹊径。在本书中，我假设若以不确定性和技术性的边界为视角讲述东京通勤铁路网的故事，强调其中的对话与关系，而非借控制与测算陈述的隐喻，那么我们就可做到不盲从、不被动接受现有的技术观，从而探寻集体生活中人们可信赖的技术产生的新边界与新可能。

概述：一个与机器紧密关联的理论

东京的通勤铁路网是一个极其复杂的轨道交通系统，各条线路覆盖了城市的大部分地区，是东京 23 个区和 3 个相邻县每天 4000 万上班族的主要交通工具。[1] 在工作日早晨，地铁 10 节车厢的容量常达到 175％至 230％，这意味着核载 162 人的车厢实际搭载了 300 至 400 名乘客。虽然规定是车厢内每平方米容纳 3 人，但实际却常塞进 7 至 10 人。乘客们紧紧挤在一起，几乎无法呼吸。[2]

超负荷载客是东京通勤铁路网最与众不同的特征。过度拥挤竟曾导致乘客胳膊骨折，亦有乘客缺氧昏迷。据说当这些意外发生之时，伤者周围早已比肩继踵，大家都动弹不得，无奈之下只能保持站立姿势。轨道交通的超员载荷运营远非车厢拥挤那么简单，它与运量密度（traffic density）也息息相关。在早高峰时段，为解决紧迫的通勤需求，调度员必须以最小的时间间隔调度每班地铁车次。在系统的主要线路上，这个时间间隔通常在 2 分钟以内。由于车站间距相对较短，超员载荷与高密度的运营给基础设施带来巨大压力，极易造成不稳定情况出现。而任何类型的延误都会造成恶性循环，导致更加严重的站台拥堵和列车延误，并最终影响全部系统网络，导致轨道交通秩序的系统性崩溃。

在东京通勤铁路网的诸多线路中，再没有比环绕东京都心运行的山手线更能形象生动地展现上述超员载荷运营的特征了。山手线有 29 个车站，相邻两站平均距离仅 1.5 公里，并与每条主要轨道线路相连。[3] 早高峰时段的山手线上，一列 10 节车厢编组的列车通常负载多达 3000—4000 名乘客（即平均每节车厢载客约 300—400 人），且每列时间间隔不超过 2.5 分钟。若列车在 29 个车站处各延误 5 秒，那么累积延误时间应是 2.5 分钟，这恰相当于一班列车的最小时间间隔。这样的结果将造成少发车一次，而这又意味着减少了 10 节车厢编组的载客容量，从而使 3000—4000 人滞留在站台，这些旅客最终别无选择，只能尝试挤入其他车厢。这种无可逃避的延误最终将在整个系统网络扩散。超负荷载客情况下的持续运营要求恪守紧密协调的时间表，其中不容毫厘差错。

然而出人意料的是，东京通勤地铁早高峰中，列车虽偶尔延误，系统却并未陷入混乱。而且更重要的是，这些延误竟然与超运力载客并行不悖。例如，即使在新宿和涩谷等线路最密集的车站，留给乘客的乘降停留时间也仅有 50 秒。在其他站，地铁停站时间仅为 30 秒。由于站台常挤满早高峰出行人群，他们根本无法退出水泄不通的站台，唯一能做的只有在短短数秒内被塞进早已挨山塞海的列车。在这种情况下，驾驶员被迫延长停站时间，有时甚至延长半分钟之久，以便站台工作人员尽可能多地塞入乘客。

随后，驾驶员必须想方设法补偿或部分补偿损失的时间。例如，在出站时稍微提前加速并在进站时尽可能延迟制动，这样可以补回大约 10 秒钟。补偿更多的时间意味着更为艰巨的挑战。想补回 30 秒的延误就要在更多的车站间想办法。但无论如何，延误都不足以迫使轨道运营系统重新调整和计算其他地铁线路的时间差。因此，保证东京轨道交通超员载荷运营的并非我们普通人眼中的绝对守时，而是奉命唯谨的遵守指令与利析秋毫的管理差异。

对于地铁驾驶员和系统操作员而言，管理差异首要的是密切关注特定指令与实际情况之间的差异。真所谓"每秒必争，每秒必算"。对上班族而言，管理时间差是保障通勤的技术手段。它引

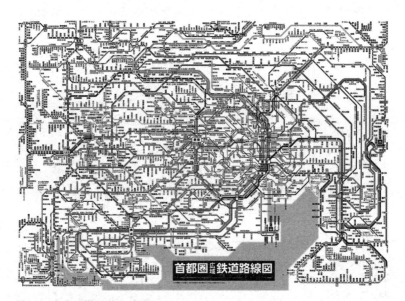

图 0.1 东京通勤铁路网线路图
来源：CHIRI 地理信息服务

发人们对系统网络工作状况持续、主动的关注。即使在非高峰时段，时间间隔管理仍是轨道交通管理的指导原则。

　　塞满上班族的地铁是全世界各大城市中心日常生活的一个写照。在本书中，我提出东京通勤铁路网的独特之处在于超员载荷运营下管理"差异"的重要性。这个时间差异可在列车运行图中表示，列车运行图在日语中称为"列车ダイヤ"（以下简称"运行图"）。运行图是一种在限制运输系统（restricted transportation system）内规划和管理时间表的通用技术。铁路和机场须使用运行图，不过快速干道和高速公路却不必使用运行图。在轨道运行图中，横轴表示列车运动时间，而纵轴表示列车经过车站。[4]每条列车线路均有专属的运行图，图中每个线条都代表一班列车，

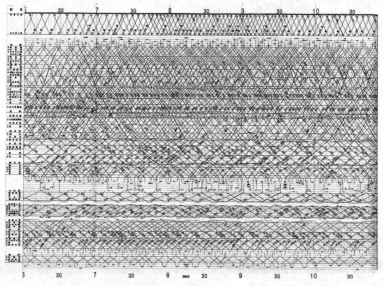

图 0.2　早 6 点至晚 11 点轨道交通的主要列车运行图

线条角度表示列车在轨道不同段的特定速度——线条越垂直表示速度越快，越水平则表示速度越慢。除了提供实际轨道布局、环境条件（如斜坡和转弯）以及信号灯位置的图示外，运行图还描述列车不同服务类型（如本地、快车、半快车）、列车技术和车站停留分配时间。总之，运行图除了提供轨道系统操作员为了操作列车所需知道的一切信息之外，还确定了通勤铁路网的时空顺序。

铺画运行图的专家在日本被称为"线匠"（スジ屋）。自战后到20世纪80年代中期，日本国有铁道（Japanese National Railway，简称日本国铁）*几乎每年都会在僻静的温泉度假胜地为线匠们安排为期一月的时间专心绘制和计算年度运行图。[5]时至今日，这种流程中的大部分内容早已淘汰，因为在计算机辅助下，运行图可以一年重新绘制多次。同时，当线匠与信息科学家讨论重新校准运行图时，他们所采用的数据均来自从车站电子检票口处获得的第一手出行信息，这些数据如实反映乘客出行趋势，能帮助更好地优化交通运行模式（traffic pattern）。他们的共同目标是创造一个更为"便利的运行图"（便利なダイヤ），更加精准地反映乘客和通勤铁路网的真实互动，并预测紧急情况下乘客的出行需求。虽然运行图并非面向乘客流通，但它的信息却总受到人们关注。几乎每位通勤乘客都能获知各条线路运行图中的信息，通过车厢里的最新公告，他们就能随时了解自己所乘线路的状况和变更（ダイヤ改正）。另外，早间电视和广播的新闻节目也会提

---

* 英文简称 JNR，原为日本负责国有铁路经营的事业体，1987 年被分割民营化，成为现在的日本铁道集团（Japan Railways Group）。

供日常交通信息的最新变化。

虽然东京轨道交通的乘客们常倾向于将每条列车线路运行图视为单一、固定的时间表，但这一时间表实际却由两部分组成。其中之一是预先计划的主要运行图（基本ダイヤ）——也就是之前所提到的经过精心计算的、理想化的交通流的配置，而另一个则是实际操作中的运营运行图（実施ダイヤ），它根据实际列车运行的整体变动情况而随时调整。[6] 预先计划的运行图主要描绘通勤铁路网时间的动态性并勾勒出一个时间表，而实际中的运营运行图则反映了这座城市与通勤铁路网的生活节奏。这个合二为一的运行图具有反映真实的动态性，工程师和系统操作员称其为"生动鲜活的写照"[7]。

东京通勤铁路网超员载荷运营由上述两类运行图时间间隔的补偿情况决定，这是整个系统运营的焦点中心。同时，系统操作员必须关注不止一条线路的运行差异。系统的高度密集和相互联通的特性要求他们时刻关注整个系统的全局情况。这就意味着要始终对全部线路的运行差异了如指掌。在本书中，我借用了法国技术哲学家、机器理论家吉尔伯特·西蒙栋（Gilbert Simondon）提出的概念——"不确定性边际"（margin of indeterminacy），以辨别和分析东京通勤铁路网中各种相关差异的互动情况。[8] 本书指出，整个系统的不确定性边际其实是其集体生活的不同维度。它是一个本体纠缠的场域，人类和机器身处其中，与已制度化的时空规则相互关联、纵横交错，产生暂时稳定的日常技术－社会环境。东京通勤铁路网的超员载荷运营可视为一种与日本（尤其是东京）社会和历史发展息息相关的技术组织模式，但这一现象产生的不确定性边际才是其作为技术集合体（technical ensembles）

的主要特质。定位于东京通勤铁路网的不确定性边际内部，本书作者思考其中诸多过程、运行、压力与矛盾，旨在讨论通勤铁路网的技术人类学。以这种形式，本书形成了一套机器理论，旨在揭示彰显当代集体生活特征的沉浸式技术媒介（immersive technological mediations）中出现的经验、实践与伦理问题。

技术人类学（technography）源自人种学（ethnography），后者作为一种历史悠久的人类学方法，通过对特定人类实践和社会组织模式的详细描述，为人类社会提供分析干预。[9]但若深究其英语构词，将含义为"人种"的词根"ethno-"替换成含义为"技术"的词根"techno-"所创造出的 technography 一词，即技术人类学，则意味着聚焦人类学中日渐增长的对以技术为中介的文化与实践现象的焦思苦虑，这些文化与实践现象对身份、社会、国家，机构和主体性等范畴的研究不容忽视。我个人认为，技术人类学必须超越人类学知识生产的表征模式。仅描述技术状况或原位过程（insitu processes），即描述人适应技术以实现特定结果的模式，远远不够。这种描述方法不仅有可能影响人类与机器对立的二元结构本体论（binary structural ontology），而且还更会产生20世纪人类学的莫释疑团与制造旁门左道知识的自负。技术人类学不能仅停留在技术本身，相反地，它必须通过技术进行思考与讨论来产生实效。这种方法与对经验驱动的理论思想的呼声如出一辙，必须将物质与非物质条件相结合进行考量。[10]

在本书中，我论述的用于思考技术的机器理论（machine theory）源于东京通勤铁路网的不确定性边际，其目标在于通过沉浸式技术媒介与人机互动的控制过程进行思考和讨论。与以往讨论不同，在这些过程中，我并未过分强调轨道交通乘客的主体性，将其与系统网络的技术和控制系统的大型企业相对立。相反地，我将二者视为处于技术为媒介构成的环境的一个整体。

其实在不久之前，通勤铁路网技术仍是一个在寻求突破的研究领域。[11] 大规模技术基础设施也根本还不是传统人类学的研究场所。[12] 此外，人类学尚未针对技术形成强劲的理论研究趋向，足以超越对技术与现代性关系的关注及机械化对全社会产生的身心影响。[13] 近几十年的发展变化日新月异，主要是由于科学与技术的人文社会学研究（science and technology studies，简称 STS）*领域的学术思考与探索在基础设施、媒体和技术领域取得了诸多重大进展。[14] 虽然在本书中我借鉴了上述研究文献，但主要灵感既非来自科学与技术的人文社会学研究也非来自人类学。更确切地说，第二次世界大战后控制论盛行的巅峰期出现的"机器理论思想家们"的著述是我称之为机器理论的最初灵感来源。

西蒙栋是这些思想家的中流砥柱。西蒙栋的著述主要集中在 20 世纪 50 至 60 年代，关注人类与机器间相互作用形成的集体的演变。他对技术的研究视角和方法独树一帜，克服了他所注意到的文化与技术之间的绝对对立而形成的关于机器的过度简化理论

---

* STS 是一个跨学科领域，研究科学技术的制度、实践、意义和结果，以及它们与人们居住的世界、生活和价值观的多重关联。对 STS 来说，理解科学和技术不仅意味着要质问科学和技术如何塑造社会生活和我们周围的世界，还要质问后者如何反过来塑造科学和技术的发展。从根本上说，STS 认为科学和技术是人类劳动、投资、选择和设计的历史产物。与此同时，STS 强调，在创造科学技术的过程中人们也在创造与改造自己、自己的身体和身份、自己的社会和物质环境。因此可以说，STS 在研究中不断探究科学知识、技术和社会秩序的相互作用、共同生产（co-production）。参见武晨箫、高璐，《STS 的传统、特质与未——"对话 STS"（*Talking STS*）系列访谈述评》，《清华社会学评论》，王天夫主编，北京：社会科学文献出版社，2020 年。

及由此产生的看待机器的功利主义思想。[15] 在西蒙栋看来，机器不只是一种本体上稳定的、人类主体之外的工具。相反，工具是人类思维和社会发展过程中不可或缺的一部分。西蒙栋的著述对当时的思想家们，尤其是吉尔·德勒兹（Gilles Deleuze）等人，产生了深远的影响。但即便如此，直至近年，他的诸多著述才渐渐受到哲学、技术和传媒学者的密切关注。这些学者延伸了他的观点，思考并讨论当下发展上日渐成熟的、伦理上日渐复杂的技术与技术集合体。正是由于这个原因，我在本书中借助了东京的通勤铁路网，利用前述学者的研究基础来分析其中的观点。

与许多战后初期的机器理论思想家一样，西蒙栋借助了控制论（cybernetics）来阐发自己的理论。控制论造就了许多当代的概念和物质现实，其影响不容小觑。虽然我们通常将控制论与信息理论、冷战基础设施（Cold War infrastructure）以及人工智能研究（随着 20 世纪 70 年代早期的资金流失而消失）的出现联系在一起，但近年来越来越多的学者开始强调控制论的深远影响。原本作为一个国际和跨学科的项目，控制论改变了从建筑到哲学，从社会理论到经济理论，从金融系统到政府理性的一切思想和实践的方向。[16] 传媒史学家奥里特·哈尔彭（Orit Halpern）认为，控制论的重要影响并非学者们的夸大其词，因为它重塑了我们的认知、阐释和逻辑，从而使我们对世界的认识焕然一新。[17]

二战后，机器理论从名震一时的控制论中走出，超越了技术决定论的二元论预设（dualistic presuppositions）。二元论预设要么导致技术乌托邦（techno-utopias）的天真愿景，要么导致人类自主权被机器主人夺走的焦虑。在 20 世纪的大部分时间里，这种思想主导了关于机器对人类社会影响的话语内容，并且至今仍然可以在许多广为流传的主流学说中发现蛛丝马迹。与这一类观点相比，机器理论以对话的方式看待人与机器之间的关系。它独具特色的关键词是同构（co-constitution）与互动（interaction），而不是支配（dominance）和控制（control）。与此同时，它反对控制论创始人——美国学者诺伯特·维纳（Norbert Wiener）所倡导的控制论的基本命题，即所有的生命都可以简化为信息处理。[18]对像西蒙栋这样的学者来说，将所有的生命简化为信息处理，是形式大于实质的观点，属于二元论和功能论思想，最终都将导致技术决定主义。相比之下，机器理论则将本体论层面的信息视为"强度"（intensity）和物质力量（material force）。[19]

同样，机器理论拒绝人类和机器共生的"赛博格"（cyborg）隐喻，[20]它的技术演进观并非关于人与机器的融合。相反，它坚持人类与机器间根本的、本体论的不可通约性（incommensurability），并强调保持差异空间作为二者互动的场域。保持差异空间的概念对思考本书中的通勤机构与通勤铁路网之间的关系至关重要。东京的通勤铁路网不是赛博格人文主义（cyborg humanism）的平台，而是人类与机器互动过程中构建的集体生活场景，其中的现象促使我们去思考当前技术条件的局限和潜力。

虽然我对机器理论和科学与技术的人文社会学研究进行了区分，但事实上，科学与技术的人文社会学研究在很多方面都无法脱离机器理论思维，其中的许多基本概念都借助了战后机器理论思想家构建的非二元论、非实体论的方法来解释各个事物在同构（非身份构建）过程中的相互作用。这种方法表述清晰、立意明确。例如，布鲁诺·拉图尔（Bruno Latour）尝试超越区分人类与机器的话语构成的本体论界限，以展现非人类事物在集体生活中产生的积极且具创造性的作用。[21] 而上述方法帮助拉图尔将我们眼中的社会转变成人类和非人类主体的（包括从细菌到物体、机器和基础设施的所有事物）更广泛、更具偶然性和过程性的集体，同时它也引导科学与技术的人文社会学研究相关的女权主义者唐娜·哈拉维（Donna Haraway）等思想家号召关注集体过程的关系伦理。[22] 科学与技术的人文社会学研究与机器理论都强调集体的宽泛概念，都聚焦本体论问题，都探索作为物质力量的技术和技术事物（technical things）对符号和表征的必要性。机器理论还进一步补充了科学与技术的人文社会学研究成果，将人种学研究方法从代表性转变为具有实效性的参与模式，从而将人种学研究者纳入情景化实践和物质性的生成过程。[23]

虽然科学与技术的人文社会学研究的大部分内容涉及知识生产和技术实践的问题，但机器理论保留了理论性的控制论乌托邦主义，它提倡与技术建立不同关系的可能性。机器理论不仅探寻技术是什么，技术如何影响或汇集社会关系，更重要的是，它关注技术如何运作、做什么及可能成为什么。机器理论聚焦用新技术概念制定的技术集合体进行思考，同时保持对现存集体性技术的批判性观点。

机器理论专注于技术的个体生发能力，脱离了传统形式的资本主义批判。机器理论认为人类的问题主要在于人类与机器的关系，而不是资本逻辑与其推论的话语结构。西蒙栋将其归为异化问题。与马克思的异化理论作为资本主义生产关系下劳动结构的影响相反，西蒙栋认为问题都应归结于人类与机器关系的异化，并认为人类社会通过"技术演进"实现集体潜能的非传统人文主义是关注的重中之重。[24] 因此，西蒙栋拒绝社会理论赋予劳动的作为社会演进的独特真实场所的特权地位，而将他的希望寄托在一种新的集体演进的概念之上。这种概念源于高度的"技术态度"（technical attitude）。[25]

在这种研究方法的指导下，本书摆脱了传统的历史分析，没有将日本城市通勤铁路网的发展作为资本主义城市发展的典型实例来讨论。[26] 本书在东京通勤铁路网的不确定性边际范围内，探讨在交通系统超负荷运行过程中形成的张力和矛盾如何促使我们思考、想象和实践新的伦理约束的集体演进形式。以这种方式，作者探寻东京通勤铁路网超员载荷运营模式的起源及其作为技术社会组织模式的当代实例。作者还期望相关观点能够用于重新解释电影、广告和基于网络的社交媒体中的系统网络中的张力和矛盾。总的来说，本书的重点在于对东京通勤铁路网中构成集体生活的沉浸式技术媒介下人机互动控制过程的思考和讨论。

现代的机器

论述关于通勤铁路网的技术人类学需要把关于列车的一揽子理论作为现代工业主义的历史主旋律和人类社会合理化（rationalization）的核心推动力。历史学家沃尔夫冈·希弗尔布施（Wolfgang Schivelbusch）论述欧洲和美国铁路发展史的著作

通勤梦魇

的副标题"19世纪空间与时间的工业化"能够恰如其分地概括这个概念。[27] 希弗尔布施的著作对关注技术与社会的学者影响巨大，常被视为对资本主义现代性中技术发展的一般性概括。在著作的起始章节中，作者详述了自己的基础论点，即将火车视为第一个"集成机器"（意为由技术组件、系统和子系统构成的扩展性集合体，而其各部分间的无缝交互是保证其无灾难运行的关键）。换句话说，轨道上运行的不仅仅是一台机器，它是新兴的机器生态学的第一次迭代。这个集成机器远远超出了最基础的轨道与车站，它足以改变一方土地的面貌与风土，同时形成一个紧密配合、关联的相关行业网络，从煤矿到工厂，从出版机构到百货商场，从市郊街区到度假胜地。由此，希弗尔布施展示了铁路如何成为一种技术工程环境出现的推动力，而这种环境则是当代沉浸式技术媒介社会的雏形。

在希弗尔布施看来，铁路通过一个建构的技术环境中的速度、性状和感受影响了前现代自然世界更迭的节奏、观念和经验。由此，这种自然界对机器的服从与人类感觉和人类社会关系的合理化一起发生。希弗尔布施有时会转向技术决定论观点，将铁路描述为根据列车机械速度、运行时间表及产生现代工业时空体验的操作要求重新调整人类感知、思想和社会行为的媒介。按格奥尔格·齐美尔（Georg Simmel）的观点来看，希弗尔布施关于乘客学习"管理"因列车车厢的狭小造成的尴尬"亲密"关系以及他们在机械化速度下欣赏到的全新视野与景观的描述最为清晰明了。[28] 但说到底，希弗尔布施的描述缺乏一种前现代的、非技术性的敏感性，因此仅能被称为一个技术发展的故事。这种缺失与社会合理化的强化同时出现，正因为技术设备的速度和复杂性要求提高技术效率级别并规范乘客在列车上的种种行为。

无论欧洲、美国还是日本，讲述列车和铁路的历史与故事都倾向于遵循希弗尔布施的轨迹。这些叙述大多侧重于阐明火车的发明推动了工业社会的崛起以及真实人际关系的必然斗争——反对压迫理性和机械生活的自动性（automaticity）。[29] 因此，火车作为资本主义理性化、机械逻辑的先行代表，在其"不可饶恕"的钢轮碾压之下破坏了前现代社会关系的有机特征。它产生了影响人类身心的机械控制（mechanistic conditioning），并形成了以群体为媒介的现代性。同样，日本东京上班族乘坐的列车也是资本主义异化的强有力工具。它将时间、空间、身体置于无情的资本逻辑中，将所到之处的风景转化为地产，成为从家庭到工作单位和学校的过渡工具。

上述关于列车的理论可谓从前现代到现代的历史转变的锚定叙事。这些理论详述了列车和通勤已经成为一种束缚，绑定在现代技术基础设施（大众运输、大规模生产和大众媒体）的意识形态之中。同时，这些理论坚持了一个难以解决的逻辑，格奥尔格·齐美尔对早期大都市发条关系的描述或是其最好的解释，即19世纪后期蒸汽机引发的技术革命导致了人与机器日益复杂且日趋紧密的互动。[30]

列车的故事所表达的观点成为论述现代人与机器关系的范例。它激化了对人类社会自动化的反乌托邦式的预言，以及与机器进行全面战争以拯救人类免受机器奴役或灭绝的宣泄式愿景。另外，还有一种略乐观但关注点相似的方法强调了机械过剩的时刻（冲击、破坏和不稳定的时刻）作为救赎美学（redemptive aesthetics）和非理性的潜在方面。出现过剩的各个方面会被视为人性恢复的潜在可能条件，它们常以浪漫、犯罪与阴谋等题材形式出现在某种技术背景下。

将东京的通勤铁路网与此类观点联系起来看似毫无不妥。事实上，这个通勤铁路网令人赞不绝口的精确及"耸人听闻"的拥挤景象所展现出的似乎是由机器控制的、屈服于合理化技术力量的群体活动。在这过程中，人被"驯化"[*]成服从机器操作指令的物。因此，拥挤的通勤列车就理所当然地被视为资本主义合理化逻辑的生动表达。人在其中被客体化为货物，只能听候无情的大规模生产指令被运往各地。

尽管这种理论叙述或许很吸引人，但它明显低估了历史与区域复杂性的实际情况，以及通勤铁路网的技术媒介经验。同时，这种理论除描述列车外，别无他路——虽然这个理论能构建出一个浪漫主义理想，但那要么是脱离通勤铁路网的、技术时代到来之前的过去，要么是数字化的后工业、后现代的未来。它甚至还重新构想在列车之内，人们能坚持不懈恢复人类文明精华以抵抗技术的征服。但以列车为戏剧背景和事件发生环境，这不过是20世纪电影和小说常见的策略与情节。

本书的第一个挑战可概括为一个问题：我们该如何以关注人类与机器关系历史和情境特殊性的方式聚焦列车之内并直接参与

---

* 原文使用的单词为"train"，该词既有"驯化、驯服、训练"的意思，也有"火车、列车"的意思，作者的用意在于使用这个词的双关含义。

其以技术为媒介的场景，以便为探究集体模式与技术演进开辟新的可能？这就是机器理论关注的问题。换句话说，我们该如何理解列车及其网络的技术状况，并重新审视列车，以逃避机器现代性的目的论话语及其无法避免的影响？我们该如何通过列车进行思考和研究，而不仅是反复将其作为资本主义下技术的机器合理化过程（mechanistically rationalizing processes）的一个例子？

间隙*中诞生的理论

媒体研究与日本研究学者托马斯·拉马尔（Thomas LaMarre）在介绍日本动漫作品时，通过一种机器理论重新审视了希弗尔布施的论述。具体而言，他借鉴了吉尔伯特·西蒙栋、吉尔·德勒兹、费利克斯·瓜塔里（Félix Guattari）和马丁·海德格尔（Martin Heidegger）等人的思想。[31] 以这种方式，拉马尔鼓励我们重新思考希弗尔布施的观点，但不是将其视为现代性与机械控制的寓言，而是（在控制论网络中）将其解释为一种新的、沉浸式的媒介反馈环境。这个环境中能产生多种思维方式以及与机器共同演进的多样性。借助希弗尔布施的理论，拉马尔视列车为一种值得思考的技术。与克劳德·列维－斯特劳斯（Claude Levi-

---

* 原文使用的单词为"gap"，该词可以同时指代时间和空间上的差异、间隔、距离，但在汉语中没法用一个词进行如此全面的表述，故在翻译时，将轨道交通领域的"（时间）差"按照轨道交通行业标准译为"（时间）间隔"，将空间、认识乃至文化中的"差异"译为"间隙"。

Strauss）借助动物对符号关联的结构模型进行思考和论述的著名理论相比，拉马尔借助列车强调与西蒙栋的技术方法相一致的本体介入（ontological engagement）。[32] 借助列车，我们就必须考虑其材料强度（material intensities），从而通过有效的类比来论述关于沉浸式技术媒介控制的思考。

虽然技术现代性的观点将轨道交通视为影响日益封闭的、合理化的关系的因素，但拉马尔的观点引起了人们对希弗尔布施的观点的重视。在希弗尔布施看来，人们应该要么将列车理解为产生"间隙"的因素，要么视其为技术影响观中的物质力量产生的环境。在这环境中，能够诞生新的经验和思想。更重要的是，拉马尔强调，在沉浸式技术媒介出现并达到极致时会产生一定的间隙。例如，当火车不断加速，乘客对列车外的世界的观察就会变化，产生新的视觉体验。若按希弗尔布施的观点，火车加速产生的视线模糊的体验正是前现代全景视野被分割的例证。而按拉马尔的观点，对机器加速产生变化的感知是产生间隙的重要因素。正如他论述的那样："在人类对世界的感知中，速度变化产生了一种新的间隙或间隔。但具体的'间隙'或产生间隔的方式并无法概括搭乘火车中整个感知经验的变化。相反，新的间隙或间隔将人类纳入机器操作过程中，并开始依附于印刷机、百货商店、车厢或汽车等其他机器或机构。"[33] 根据机器理论的观点，间隙是一种具有本体论意义的现象。间隙可以视为一种空间，其中产生了物质力量，引起新的演化组织形式与机器一起成长。这种演进与技术结合产生新的关系，能揭示变化多端的间隙、间隔或间距。在拉马尔的观点中，间隙被视为一个"自治区"（zones of autonomy），在其中产生新的实践、新的活动及新的感知和认知方式。

在将间隙视为本体论驱动的、概念个体化的场所时，拉马尔建议我们从其生成关系（generative relations）而非其确定性效应的角度来看待铁路等技术集合体的演化。这不单要确定新的集成机器的出现与新的技术驱动实践之间的因果关系（例如，通勤时在列车中的阅读习惯促进了相应出版业的发展等），更重在确定技术集合体演进中潜在的同构现象，其中，不确定性边际的出现引起人与机器活动的交错，最终导致新概念的介入。按照拉马尔的建议，所谓技术集合体就是潜在的一种能思考的机器，他将其定义为一种"关于人与机器的异质生成过程，其中人类思维的产生方式有所不同，有别样的物质形式和非物质场域"。[34] 与拉马尔观点一致，在本书中，我有时会使用诸如"能思考的列车"或"用网络思考的列车"这样的短语来表达这种异质性过程。

在西蒙栋的著述中，一个技术集合体的"不确定性边际"是集体同构的场景，而我则进一步认为，这就是它成为一个"能思考的机器"的场所。我认为，与拉马尔关于差距的详述相比，西蒙栋机器理论的不确定性边际有更多的功能性作用，它提供了各种形式的间隙、间隔或间距产生的潜在条件，在本书中，我会始终确定其与东京通勤铁路网的同构过程有关。简而言之，技术集合体的不确定性边际意味着集合体内部保持着对外部信息的开放性，允许它将周遭环境变化和偶发事件纳入其运作模式。因此，作为集合体与其环境间在结构上尚未确定的相互作用区域，边际能够解决技术集合体内部组织与外部力量间的矛盾。关于这点，传播学理论家阿德里安·麦肯齐（Adrian Mackenzie）曾睿智地详述了不确定性边际的意义，他的观点甚至促使西蒙栋重新考量"技术"这一概念。麦肯齐曾写道："一个完全确定的机制不再是技术性的，它会变成一个枯朽的物体，或一文不值的垃圾。"[35] 麦肯齐指出，不确定性边际允许技术集合体暂停"确定自我的最终形式"，保持形式持续不断地变化，随时接纳新的变动。[36] 所谓变成垃圾的技术，就像是变成"砖头"的 iPhone，不会对你的输入产生任何反应。

但为何西蒙栋使用了一个有些繁冗的术语——不确定性边际？为什么不把它称为"技术运作的自由"或者"可行的差异模式"以便与通常意义的运作区分开？不确定性边际这个术语其实遍及西蒙栋思想实践的两个领域——量子物理学和哲学。在这两个领域，它具有重要的本体论内涵，使其与"自由度"或"不可靠性"等术语区分开来，后者更偏向于与风险和不可预测性有关。这里的不确定性（indeterminacy）具体指个体的不完整性，西蒙栋不是指人格和主体在司法或哲学领域的概念，而是一种源于环境的暂时稳定的功能关系。在西蒙栋的思想中，个体可以指物理对象（岩石或简单的工具）、生物有机体（人类、动物、昆虫或树木）和/或机器（引擎或通勤列车）。不完整性也并不是指缺乏。相反，它强调个人对固有的身份、本质或实质的不可还原性（irreducibility）。[37] 凭借不完整性，个体可对"信息"保持开放状态，并随环境进行进一步的生成性互动。[38] 不完整性是产生个体发生（ontogenesis）或物质融汇（material folding）的潜在条件，其中产生的新的功能性联系能够逐渐沉积下来成为稳定的互动模式。因此，不确定性边际成了人与机器过程性的本体论纠缠的场域——即集体生活环境。

不确定性边际与大规模技术基础设施

作为技术集合体的集体生活环境，不确定性边际为人类学探索东京通勤铁路网等大型基础设施提供了一个途径。更重要的是，它克服了大规模技术基础设施复杂的本体论带来的一系列理论与方法上的困难与挑战。[39] 大规模技术基础设施体现了偶然的政治史、技术变革和专业知识，这就产生了迷人却也困难重重的人类学研究场域。这个场域是时空的媒介，跨越了国界、城市与文化，带动了人与物的运转流通。另外，它还可以是具有特定时空特征的地域（或"非地域"）。[40] 大规模交通技术基础设施旨在抑制滞居、促进流动，往往服务于暂时在各种形式的通信技术中表现出来的不确定的公众。[41] 它常常由机械、电气和信息技术融合而成，被视为"系统中的系统"。虽然其中运用的种种技术不易为我们眼见察觉，但它们为每个人的日常生活奠定了基础。大规模交通技术基础设施实际是一个异常参差错落的技术—社会拓扑结构，这个结构拒绝在非还原性的和连贯的分析框架中将其中各部简单拼凑罗列。其实，问题的关键并不在于寻找大规模交通技术基础设施的"阿基米德点"（Archimedean point），将其构想为一个合适、有限的研究对象——这种观点无疑将其视为一个僵化且毫无生气的结构。相反，问题的关键在于如何构建一种分析方向。通过这种分析方向，人们能一目了然地了解大规模基础设施在特定历史条件下产生的物质过程和非物质过程，同时也能在特定集体生活中介入产生的伦理问题。[42] 技术集合体的不确定性边际正能够提供这种分析方向。

具体而言，大规模技术基础设施的不确定性边际不是某个场所，它是一个发生互动的场域，是化解人与机器间迥然不同的程序指令冲突的临时媒介。这种互动使其成为持续充满张力的区域，其特征在于以不断重复的方式逐渐在临时结构中稳定下来的紧急过程。虽然工具或机器的不确定性边际相对简单且易于识别，但西蒙栋认为技术集合体的不确定性边际是其各部分不确定性边际的彼此关联部分的复杂集合。[43] 对西蒙栋而言，这种复杂性使得边际成为一种特殊的问题空间（problem space）。他曾写道：一个技术集合体的不确定性边际"无法被计算，也不是计算的结果；它必须被思考，要作为一个问题由人提出，并为了人而提出"。[44] 因此，西蒙栋将人类置于不确定性边际的中心，并考虑到构成性关系中的压力。但西蒙栋更指出人类应对这些关系中的集体特征做出进一步解释。亦即，若将不确定性边际视为一个问题，就意味着不仅要通过不确定性边际及复杂的人机互动过程进行思考，而且需关注其"技术性"，也就是关系的特征。技术性是一个贯穿本书的重要术语，我将在全书中渐次展开解读并论述有关东京通勤铁路网的构成性关系和突生关系。这个术语不但重要，而且带有伦理内涵，它要求我们根据不确定性边际范围内可能进一步发生的、对人与机器都有益的程度进行思考，进而促成集合体的健康发展。作为一个通前彻后的关键术语，我将通过它来思考东京通勤铁路网集合体的伦理价值观与具体特征。

间隙、空间、间隔与边际

在东京生活就意味着与通勤铁路网辅车相依。每个清晨，站台都挤满了来自四面八方准备搭乘地铁上班、上学的乘客。人群中大多是穿着蓝色、灰色或黑色西装的男性，其余则多是身着商务装的女性、身着制服的中学生与装扮时尚的大学生。他们在黄线后指定地点耐心地排队，安静地等待下一趟列车。他们在等候时，要么用耳机听音乐，要么用智能手机撰写电子邮件或浏览网页，要么阅读书刊及漫画。读报的人常会将报纸折了又折，以免影响队列中的其他人。列车到达时，会精确地停在车门与通勤者队伍对齐的位置。列车门打开时，站台会同步播放音乐。每个车站和站台都有独特的旋律，其中的音调、音量和节奏快慢都早已计算考量过，以促使列车乘客快速乘降。等待的乘客知道当音乐停止时车门就会关闭，他们在列车门的两侧分列两队，主动让出一条过道，让到达的乘客出站并加入站台自动扶梯和楼梯上缓慢前进的队列。当最后一位乘客下车时，站台上的候车队列会向前移动并进入列车。队列中的最后一位乘客通常会面向站台、背向车厢内部退着进入列车，尽可能挤入早已挨肩擦背的人群。当站台工作人员用无线麦克风通知列车门即将关闭时，其他工作人员则随时准备上前将乘客仍露在车门之外的手臂、腿或身体轻推入车厢。最后，内部已经拥挤不堪的列车关闭车门，驶出车站。这一流程从开始至完成通常只需不到 30 秒。不仅在这一过程中，乘客间不会有任何交流，而且整个乘车期间，他们可能都不会有任何交流。除车厢内定时定点的报站、通告和提醒外，列车车厢似乎处于绝对"静默"的状态。只要一列地铁驶离车站，车站广播就会向早已在站台排队等候的乘客通告下一趟人满为患的列车的到达时间。

本书前两章在东京通勤铁路网的不确定性边际内描述和讨论具体场景。这两章是后续章节提出的通勤列车集体的伦理特征的批判基础。在这两章中，我主要聚焦于通勤铁路网的起源。这里的起源并非探究其技术发展史，而是以其超负荷运营为主题进行深入探讨。在第一章，我通过讨论日本近一个世纪中快速城市化发展的若干阶段，追溯了该国超负荷运载 / 运营的发展历程，并论述了在城市化每个阶段，铁路网运营商都面临运输中如何容纳日益增多的乘客的问题。虽然日本城市化的历史研究曾广受关注，但人们仅将其置于技术现代性的论述框架，指出其中的种种现象只不过是一个渐进的合理化过程和通勤机构必然的机械调节。与这些观点不同，我主要聚焦通勤地铁网络不确定性边际不断扩大背景下出现的超员载荷运营现象。我认为扩大源自一种策略能动性（tactical dynamic），我将其称为"间隙弥合"（finessing the interval），用以描述通勤集体的潜在技术性。这个术语强调，随着每一项技术的进步和快速城市化进程中各阶段出现的每一种提高运营效率的新策略，我们看到的不是套在通勤人群脖颈上的技术枷锁，而是高度的开放性——即扩大的不确定性边际。在这个系统中，通勤者们不但产生了持续积极的关注，而且也日益具备高级别的应对技巧。换句话说，在超员载荷运营的压力下，系统越是不能"确定最终的自我形式"，就越有赖于作为个体／集体的通勤者微妙的应对技巧，以保持集体的凝聚一致。在第二章，通过在通勤列车车厢的时空控制中产生的技术性，我将追溯超员载荷运营能力的起源。带着通勤者如何适应生存于不确定性边际的问题，第二章主要思考通勤者积极关注的诸多形式及他们在与系统的矛盾调解过程中逐渐增强的应对技巧。与此同时，作者也关注在近年演变成通勤的基本特征的各类媒体（从手机到屏幕再到海报）是如何融入系统不确定性边际的时空轮廓的。

西蒙栋曾写道，一旦定义了技术集合体的起源，我们就可以去探索它与其他现实之间的关系。[45] 在第三章，我将讨论通勤列车系统网络的技术性问题及"技术性"这个术语产生的介入干预及其衍生出的技术伦理（techno-ethics）问题的批判性反思。在这里，我提供的不单是对这个术语的批评，而是对精于计算的法人资本主义（corporate capitalism）近几十年来任意操纵机器思维的概念进行干预的批判。具体而言，在本章，我将讨论 20 世纪 80 年代后期一种新生的、去中心化的计算机技术的发展。该计算机技术受到有机系统的启发，允许将不确定性边际作为一种自组织紧急秩序（self-organizing emergent order）进行管理。我认为，通过将非常规操作视为常规指令的一部分，新技术能够将通勤列车网络的隐形的组织架构从超员载荷运营转变为无负荷运营。以这种方式，它能产生一种技术基础设施，既能从容应对极端的运营意外，又能产生无可限量的消费。这种新技术实际上具备一种普遍的基础设施悖论于一身：它既能造就一种应对资本主义日益野蛮生长造成的极端环境突变的基础设施形式，同时也能为极端资本主义（extreme capitalism）运作模式提供一种全新的方案。通过回溯20世纪60年代后期接踵而来的负荷危机中诞生的新技术，我将讨论已发展到极限的传统基础设施并未能及时帮助人类应对明日无法躲避的灾难。相反，它们只是过去滋生危机、现在酝酿失败的人为产物。

在第四章，焦点将从技术性问题转向列车调度，我将讨论互联网与通勤列车的融合。该章的基本问题是互联网如何看待不确定性边际产生的时间与空间。此问题部分源于我关于20世纪电影中对通勤列车和通勤体验的（通常是批判性的）呈现方式的思考——将其作为媒体控制下的资本主义社会的必然结构要素或突发事件的表达。我对互联网模拟通勤时空的方式饶有兴趣，也很好奇在这样做的过程中，互联网是如何促使人们从通过表征模式了解和部署列车，转变为通过行为记录和策略获得关于不确定性边际的不同体验。尤其重要的是，这种从计算机游戏中获得灵感的模拟方式究竟如何运作？第四章，我们将讨论三个借助互联网对列车进行调度的例子。在每个案例中，计算机游戏均提供了一个通过模拟调用的、动态的、互动的、具有实效的体验模型。同时，通过将通勤空间转换为一种游戏空间，计算机游戏模型将产生一种在不确定性边际中构成的评价性体验，将其作为潜在社会转型的具体场所。在其中，我们将从一个问题出发：通勤列车能教会我们关注周遭吗？

在第五章，我将聚焦在不确定性边际范围内的44分钟间隙中所发生的一起通勤者自杀事件。正如我将在本章详述的那样，通勤者自杀是一起极端意外事件，它极大地威胁了通勤系统网络的正常运营。更重要的是，列车轨道上的尸体对全体通勤者的人性产生了伦理挑战，困扰着他们的身心。在该章，焦点就是通勤者们如何应对这个挑战。一方面，我将论述伦理挑战因人们对轨道上的尸体"视而不见"的认知逻辑所延迟——人们通常将其简化为重复发生的一个卑微、平庸的工薪族的死亡事件。[46] 我认为，这样的态度和结果造就了一个功能性齐备却伦理缺失的集体。而另一方面，列车轨道上的尸体又作为呼唤承认的物质力量而客观存在。在这一语境下，我曾采访一名东日本旅客铁道（简称 JR 东日本）的前员工，该员工的工作就是在发生通勤者自杀事件后进行清理。在本章结尾，我将通过对电影《循环自杀》（『自殺サークル』/ *Suicide Circle*）的细读，讨论在对大众媒介联结性的综合批判的语境下，通勤人群中自杀事件的发生带来的认知和承认的矛盾与问题。

在第六章，即最后一章，我将从东京转到大阪附近的西日本旅客铁道（简称 JR 西日本）的铁路线。2005 年 4 月，一列急于补上 90 秒延迟的快速电车在尼崎站附近一处转弯脱轨，撞上路旁的公寓大楼，造成了列车司机及 106 名乘客死亡的重大铁路事故。[*] 鉴于东京和大阪的通勤铁路网均反映了各自城市的鲜明特征，难以互换，本书涉及了 JR 东日本（东京市内部分）和 JR 西日本颇多相似之处，足以保证将此次事故纳入讨论。此外，JR 西日本的

---

[*] 据相关资料显示，该起事故除死亡 106 人外，另造成超过 500 人受伤。参见：https://www.westjr.co.jp/fukuchiyama/（JR 西日本网站）。

通勤梦魇

组织结构和历史渊源与 JR 东日本如出一辙。另须特别指出的是，90 秒延迟造成的 JR 福知山线出轨事故正切合本书关注的超员载荷运营与时间间隔的问题。虽然 JR 福知山线出轨事故比福岛核电站泄漏事故早六年发生，二者的相似之处却显而易见——都是突发的大规模技术故障造成的。更重要的是，人们都普遍认为二者中的技术事故是"绝不可能、匪夷所思的"。

在这一章，我的讨论要点超越了通常的比较研究模式。人们一般认为，JR 福知山线出轨事故引发了我们对技术带来的事故风险问题的思考与重视，并将其视为人与机器糟糕关系的例证。在该事故发生后，我们看到的并不是一群渴望回归简单生活并对轨道交通系统网络、发电厂、飞机等复杂技术系统敬而远之的通勤者；相反，我们看到的是另一番景象——这个群体的成员期待亲身参与、认真对待复杂技术集合体中的问题，并在思考通过社会组织管理和社会治理的补偿结构（remediated structure）与机器产生新的关系的可能性。在这种背景之下，我在本章着重关注通勤人群及 JR 福知山线出轨事故受害者与机器和技术风险产生新的关系的可能性，以及其中对时间间隔的重新考量——90 秒的延迟是这起事故后续调查和争议的焦点。虽然 JR 西日本试图将间隙的产生归咎于列车司机的人为错误，但通勤者们已经逐渐意识到，间隙产生的真正原因在于缺少一个能保持稳定的不确定性边际的运行图，这正是我所说的"借助间隙思考"。因此，虽然 JR 西日本曾试图通过将其重要性降级为技术改造问题来缩小间隙，但在考量间隙的问题时，人们更多的是寻求将间隙作为一个开放的问题空间。在这个空间中，人们可以介入并反映出特定的价值观。

这个价值观允许无法保持稳定水平的不确定性边际的技术集合体的出现。因此，当间隙成为空间，它不仅会重新定义对组织机构的信任特质，还会重新定义人们对技术集合体的能力的信任。

私有化、泡沫经济与新自由主义

自 20 世纪初以来，特别是 1923 年日本关东大地震（the Great Kanto earthquake）后的城市重建阶段，东京通勤铁路网蓬勃发展。在第一章和第二章，我将探讨该系统早期的几个关键发展阶段，而战后至今这个时期则是本书时间框架的核心。在这一时期，发生了 1987 年日本国有铁道的分割民营化以及 20 世纪 90 年代初国家泡沫经济的崩溃，这些极具影响力的事件也都对东京和大阪的通勤铁路网技术组织与社会组织结构变革起到了推波助澜的作用。事实上，日本国有铁道的分割民营化标志着一个时代的结束。早在八十多年前，日本通过了《铁路国有化法案》，成立了日本国有铁道。作为日本的国家标志之一以及一个具有相当规模的经济事业体和产生巨大社会意义的机构，日本国有铁道与国家政府密不可分，常被人们称为"国家的支柱"（国民の足）。[47]过去人人都认为国铁与国家浑然一体，不可能给国民经济带来风险。但事实上，自 20 世纪 60 至 70 年代，日本政府的系列改革措施并未妥善处理和安置好铁路工人，这导致交通运输部、日本国铁管理层和铁路工会三者间开始了漫长而艰难的斗争与谈判，直至 1987 年春季，依照由日本国会通过的《日本国有铁道改革法》，国铁被分割民营化。[48]1987 年的民营化将日本国铁改造成六家区域性客运铁路公司，其中包括位于日本关东地区、环东京的 JR 东日本和位于日本关西地区、环大阪（日本第二大城市）的 JR 西日本。虽然上述事件发生于我开始本书研究的二十年前，但这一系列重大事件产生的变革与影响至今仍不时显现。这点在第六章重点讨论的 JR 福知山线出轨事故中尤其明显。

与日本国铁民营化类似，20 世纪 90 年代初日本泡沫经济的崩盘改变了社会和文化的方方面面，尤其是在日本的城市中心地带。[50]日本泡沫经济的破灭源自股市中的狂热投机、银行过度放贷及居高不下的地价。从 20 世纪 80 年代中期到 20 世纪 90 年代初，日本经济急转直下、盛极而衰。股市的崩盘使日本社会陷入混乱，数位内阁总理均无法履职到期，曾经以"稳定"著称的大企业也急于重组，前所未有地裁掉不计其数的员工。经济危机爆发后随之而来的是长达数十年的经济衰退。在这一期间，政府开始放松对劳动力的管制并削减社会资助金。

近年，一些学术出版物将上述历史转型和动荡的种种事件与日本新自由主义的兴起联系起来。这些学术著作希望人们关注日本政治经济中的新自由主义改革导致的日益岌岌可危的就业结构[51]、独立和自我责任的价值观的养成[52]、教育政策的变化[53]以及企业社会理念（enterprise-society ideal）的兴起[54]。事实上，新自由主义的主题也在我的论述之中，尤其是当我讨论新运行图技术发展（第三章）和 JR 福知山线出轨事故（第六章）时，对其均有涉及。但是，我认为新自由主义是对机器理论的一种曲解，而不是政治经济理论与政府决策的影响。在此方面，我的观点与梅琳达·库珀（Melinda Cooper）的观点不谋而合。我们均认为，20世纪70年代后新自由主义的迭代发生于理论物理学、生命科学和计算机科学交叉融合的基础上，随着认识论的转变而产生。[55]

20世纪70年代后的新自由主义是在非线性复杂亚稳态系统理论（nonlinear complex-metastable-systems theory）的影响下产生的经济理论。或者更确切地说，它是将新出现的理论中的亚稳态原理合并为一种方法，为对有机生命千变万化之特征进行经济开发提供准科学理据。库珀将其称为"过剩的生命"（life as surplus）。虽然库珀专注于将经济理论中的亚稳态原理转化为社会经济的不稳定，但我却对极端基础设施（extreme infrastructure）出现的具体化（materialization）及对其进行"占用"以实现利用集体生活能动特质的新形式极端资本主义感兴趣。因此，在我的论述中，新自由主义不仅是政府或企业经济政策的表达：它是屈服于经济形式的结果，也是许多相关学术领域借助技术思维来克服物理限制的尝试。

在福岛的阴影下

近几十年来，日本发生的任何突发事故都无法与2011年3月地震和海啸后福岛东京电力公司第一核电站反应堆熔毁相提并论。在灾难发生后的几年中，成千上万的民众涌向日本首相官邸与政府大楼前的街道和广场，要求政府出面让东京电力公司对危机负责，并废除国家的核能计划。尽管东京电力公司仍在继续努力清理和控制事故中的放射性元素泄漏，但这些诉求的呼吁似乎已是强弩之末。在东京的反核示威活动虽仍在继续，但它们已转化成了常规事件，参与者日渐稀少，无法推动变革的发生。

发生在日本东北部的灾难和福岛核电站泄漏事故是本书至关重要的例证，借助它们和机器理论，我们将重新认识人与技术的关系。在绝大多数方面，福岛核反应堆熔毁与日本东北部防灾基础设施的失败早已从政治和经济性质的伦理问题角度得到解释并总结。学者们已指出核工业、建筑公司和政府不同层级的诸多问题。[56] 但机器理论产生了一种介入和解释的新视角，它要求我们从一个集体的不确定性边际内部定义关系伦理，而不是为物质世界提供伦理秩序的理性构想。因此，机器理论能推导出一种非常特殊的技术伦理，它特别关注技术产生的关联性（relationality）。机器理论要求我们必须关注技术中的技术性，即技术集体的特征。根据机器理论观点，一个核电厂绝不可能仅仅是一个集体能源需求的解决办法。

虽然我将福岛核电站泄漏事故至今仍在进行的善后清理工作明确置于本书最后一章，但这事故却是隐含于全书所有论点背后的真正推动力。自 2011 年 3 月以来，福岛核电站核反应堆熔化并泄漏，它造成的影响不仅在于自然环境，而且深抵人们的思想观念。在此背景下，本书的问世可谓间不容息。作者尝试以全新的视角思考技术集合体，旨在引发批判性的思考乃至介入，重新看待核电站等技术产物并重新构想与其同构技术集合体生活的可能。

第一章

乘隙出行

> 车厢永远都这么拥挤，让人觉得五脏六腑都快要挤破。
> 每次到公司时，我早已精疲力竭。倘若有任何其他办法，我
> 绝不会搭乘如此拥挤的地铁。但我别无选择（仕様がない）。
>
> ——搭乘东京地铁的通勤者（律师助理、法学院学生）

"别无选择"——这是东京通勤者对拥挤的地铁早高峰的日常
抱怨。这简简单单的几个字不但反映出他们的无奈，也直白地解
释了通勤者们为何日复一日忍受这超乎寻常的拥挤。另一方面，
它也令人遗憾地将拥挤不堪的地铁简化为集体性服从的奇观。如
此一来，拥挤的车厢就仅仅变成一种对极权（totalizing）力量的
隐喻，而这种力量无处不在，在车厢之外，既存在于技术现代性
的历史进程中，也存在于日本社会文化的那种独特和顽固的关系
中。在前一个视角中，拥挤的地铁成了工业现代化中不断加剧的
合理化进程的一个逻辑结果；而在后一个视角中，拥挤的地铁则

暗示了日本文化对"权威人格"那种特殊的、在文化上根深蒂固的甚至病态的心理倾向。[1]

我们如何用一种非极权性的方式来理解拥挤的地铁，而不是简单地将其理解为一种对服从和屈服的体现？换句话说，我们如何能够将通勤地铁理解为涉及人与机器共生共存的持续不断的制造集体（collective making）的过程？其实，早在 20 世纪 50 到 60 年代，类似的问题就已经启发了哲学家吉尔伯特·西蒙栋的工作，他曾努力修正理解人与技术关系的概念性框架。[2]虽然当时的主流话语主要聚焦在技术发展的历史和技术产品对社会的影响，但西蒙栋并未人云亦云，他主张在理解技术元素、机器及其组合时，应当采用一种更加发展的眼光，从它们在相互之间关系所形成的特定环境中的起源的角度来进行理解。[3]在从历史研究转向成因研究过程中，西蒙栋重新构建了此方向研究的根本性问题，即技术如何通过设计生成（以及它对人类的决定性影响是什么）的问题应该转为技术如何通过人类的创新工作与特定环境的关联和冲突来形成的问题。根据这一观点，设计的概念其实可以用费利克斯·瓜塔里所谓的异质生产过程（heteropoietic process）来理解。在这一过程中，思维源自于物质关系，而非源于人类的抽象推理及对世界的认识。[4]那么，关键问题就变成：技术在多大程度上能够仍"处于形成之中"（in formation），即在多大程度上能够保持过程上或结构上的欠定性，从而使其性能可根据从其运行环境中获得的信息而变化？[5]也就是说，这种结构与过程、常规与意外之间存在的紧张关系造就了有机体或技术的不确定性边际。

通勤梦魇

因此，西蒙栋的思想强调的是技术集合所具有的不确定性边际在多大程度上允许它容纳扩大的关系网络和扩大的集体纠缠。[6] 在西蒙栋的思想中，活的有机体具有很大的不确定性边际，这意味着他们可以在所处环境中继续个性化或形成新的环境。[7] 与之相对，技术元素、机器及其集合则被理解为具有既定的或至少更有限的不确定性边际。[8] 技术在保持不确定性边际的同时实现关系的连贯一致性的程度，也就等同于它的具体化程度，后者就是西蒙栋所理解的技术性。[9] 因此，技术性不在于技术对象本身，而在于其构成的和意外产生的关系的特性上。因此，它使我们的注意力集中在与技术元素、机器及其集合的关系中形成的集体性（collectivity）的特定性质上。

德勒兹与瓜塔里将西蒙栋的遗传学方法用于研究技术，引入了"机器门"（machinic phylum）的概念。遗传学方法提供了一种全新方法论，引导我们提出关于技术的真正问题——不是技术是什么，而是技术能干什么以及由技术产生的集体会有何种局限与可能。[10] 这也是我在本章提出并关注的问题。通过研究日本快速城市化的一系列发展阶段，我探讨了一个世纪以来东京通勤铁路网的起源和发展。在回顾上述阶段时，我特别强调超员载荷运营的压力与日俱增，这就涉及关注一种策略能动性的演进。我将其称为在通勤铁路网的不确定性边际中的"间隙弥合"。所谓间隙弥合，是指在逻辑上本是无法实现的条件下，人或物却能适应特定环境、发挥作用。弥合（finesse）意味着克服遇到的一切困难。它表示的是一种技能、专业知识或系统性等不可或缺的方法，有时也可能会使人想到天分、自信、热情等词语。弥合超越了常规的、将因果作为可计算推论的理性方法的逻辑；它更多涉及直觉、情感与感受等特征——那种由于环境关系不稳定性而具体表现出的、感性的富有信息的特征。弥合表达了人们聚集协调事件或关系的能力，它也与"谋制"（machination）*的概念有着千丝万缕的联系，这个术语拒绝人与技术间的简单划分。将设备或设计视为一种谋制的体现（也就是在拒绝简单的本体论分类）谋制的概念必须援用人与技术间的关系概念借以表达。更重要的是，它暗示的是一种关系，是暂时稳定的活动过程间展现的技术性模式中的一种对话关系，而不是固有的本体存在表现出的一成不变的特征。开放性始终具有"待完成"的特征，是能够产生互动的持续过程。唯有凭借一定的开放性，一种使两者都活跃起来的持续性过程的未完成的性质，人与技术集合体才能进入对话关系。

虽然我追溯东京的通勤轨道交通系统网络的超员载荷运营的起源，但这并非意味着世界各地的城市居民必须学会日复一日地被填塞入极其拥挤的列车，甚至机械地遵守秩序排队候车。东京的通勤铁路网与超员载荷运营并非技术—社会组织模拟出的模型，相反，它是最为理想的用于思考的集体状态。为了对铁路网的技术性了如指掌，我们也必须借助它来观察、思考并重新构想我们

---

* machination，德语是 die Machenschaft，该术语源自马丁·海德格尔《哲学论稿》（*Beiträge zur Philosophie* [*Vom Ereignis*]）。其中，海德格尔提出两个基本词语，一是"谋制"，二是"体验"。"谋制"作为一种存在本现的方式，与希腊的技艺和制作相关，是指存在者的被制作存在（状态），由此引出海德格尔对于现代技术和虚无主义的沉思。至于"体验"，海德格尔指的是存在的"谋制"本质在现代的表现。海德格尔认为，现代人通过海德格尔所谓的"谋制"和"体验"不断地扩张着自己的强力。一种唯我独大的人类中心的立场使人彻底放纵意志，丧失了最基本的"抑制"和"持守"。（中译本参：《哲学论稿》，孙周兴译，北京：商务印书馆，2012。）

与技术的关系。这也是我在本书中的主要观点。在此方面，我并非认为服从和屈服的概念完全错误，但仅凭此为前提就定义了人与技术潜在的对抗关系也未免过于草率了。机器不会强制做出决定，它们只会引发关联性。与之相似，技术系统并不会因为精确和限制就一定起作用；或者更确切地说，它们的精确和限制并无法始终保证不出问题。只有当它们产生了集体性（即当它们允许人与环境间进行某种共同构成且互惠互利的对话时），它们才能起作用。在这种共同构成的努力下，集体性才能产生。东京通勤铁路网的超员载荷运营就是一个典型例证，因为如果通勤者们只是被动接受并遵守该制度，这套系统的运作就不可能成功。它之所以能运作，只是因为通勤者们持续不断地努力适应并融入集体。简而言之，我并没有将东京通勤铁路网的起源作为一个更好的技术世界的标准范例，我只是将其作为一个用于考量和讨论的类比，希望能够更加全面、细致地思考我们人类与技术环境之间及技术环境内部的种种关系的界限和可能。

俱收并蓄的交通网络

自20世纪初期伊始，日本的通勤需求持续增长。关于此现象的记录不胜枚举。[11] 同时，也有不少学术著作深入研究了它的历史背景。但无论是记录还是著作，都不过讲述了一个大同小异的故事——即聚焦于这一现象的三个重要发展阶段。第一阶段处于1914年至1918年的快速城市化进程中，当时正值第一次世界大战，为了向盟国供应物资，工业得以迅猛发展。[12] 第二阶段始于1923年日本关东大地震后，这场地震在东京大部分地区都造成了广泛的破坏和灾害。在地震发生之前，位于关西的大阪原本是国家工业和铁路发展的中心。在该地区，铁路行业由私人企业主导，这些公司采用来自国外的"通勤者—消费者"运营模式，他们在枢纽车站周围建百货商场，延伸线路直达高级度假村和娱乐小镇。[13] 在1923年关东大地震之后，日本国铁取得领导地位，在重建过程中将东京变成一个具有高度现代化通勤能力的大都市。也就是说，东京大部分人口都居住在郊区，市民搭乘城市轨道交通工具到市区工作、娱乐、购物，这一方式极大地刺激了对城市铁路网的需求。[14] 最后一个阶段，即第三阶段，发生于第二次世界大战后的几十年。在这一阶段，得益于政府统一规划下的经济高速增长，城市对商品和通勤运输有了史无前例的需求。[15]

在以上三个阶段，铁路公司始终面临着运输需求超出基础设施运力合理限制的困境。仅通过添加行车数量（更多列车）、提高系统效能或提供进一步的通勤者培训，根本无法解决这种困境。首先，行车数量长期以来一直都受到严格控制。更重要的是，即使铁路公司有能力实现绝对准时的操作并设法训练通勤者们像机器一般自动进入列车车厢（这通常是法西斯国家的梦想），这样的结果也并不一定满足运输需求。因为这套系统面对的是数量多到站台几乎容纳不下的通勤人群以及远超系统运力的特殊情况。换句话说，单凭合理化根本无法解决问题，它根本就不会起作用。在这种情况下，完美的结构、绝对的精确以及对系统的遵从都不是最为必要的条件，管控人与机器间互动的策略才至关重要。我将这种策略称为"间隙弥合",它最早形成于两次世界大战间,本是一种"容纳客流"(accommodating passengers)的方法。

日本铁路系统的发展史以记录详尽、引人入胜而著称。日本经济学家、基础设施历史学家三户佑子(Mito Yuko)记述了满足日益增长的通勤需求而诞生的"容纳客流"方法。[16] 这个术语源自日语习语"客をさばく"(接待客人)。原本这个习语指餐馆或零售商运营或管理其服务时,所接纳的客人数量远超原基础设施的拟定人数。三户佑子举了一个发生在城市中的典型范例——一家普通的拉面馆仅有为数不多的几个台面,但仍想方设法在正午就餐高峰时段尽可能多地接纳来客。拉面馆为何能超越其结构空间能力提供服务,这不能简单归因于有效利用员工、材料配置及顾客的合作。能游刃有余地在高峰期接待客人的方法正强调了三者间的相互作用,在时空方面的互动可视为一种能动性(将其作为一个具有特定操作、行为和响应参数的维度)而不是仅具有特定操作脚本的设置。拉面馆的顾客和经营者都必须始终灵活敏锐地适应相互作用的维度,并随时准备好适应不断变化的情境。这种调整与适应体现在具体生动、散布全局的注意力与环境的相互交织中,而非那种有意识的引导。这种调整还与"看氛围"(空気を読む,直译为"读空气")的能力有关。看氛围的对象包括人与物间的压力、热气、味道、声音等,我们可以将其视为一个集合空间(collective space)。随着一个人感受周围环境变化强度能力的提升,这种调整就会随之出现。当我们意识到这种调整的出现时,它其实就是种种差异在异质现实交织于环境氛围产生的特定结构中扩散的具体体现。就像在人头攒动的拉面馆中，顾客们即使屈身端着碗，沉浸在热气腾腾的面条与骨汤中，也仍会保持对周边环境变化强度的关注。

同样地，通勤铁路网中用于超负荷载客的容纳客流方法也绝不能轻易简化为提升工作人员和机器的工作效率或训练通勤者恪遵功令。问题的重点在于人与机器间的相互作用，以及其中为超越极限而获得最佳能动状态的一种能力。在通勤铁路网中，人与机器相互作用的维度即系统的不确定性边际。与之前的拉面馆的例子如出一辙，在通勤者和工作人员的互动维度中，双方都需要随着不断变化的情况随时进行调整，而不是循规蹈矩只会遵守预定的秩序，这一点至关重要。这里的调整既不是有意识的，也不是潜意识的。确切地说，它是一种集体和分布式劳动的结果。这种劳动不断调整适应一种持续的背景连接性，而此连接性又在通勤者间的言行举止和应答反馈中以有形的方式被记录和传递下去。这种集体协调能力并非来自固有的文化倾向，而是来自通勤者们与通勤铁路网间的关系。这种关系经历了一百多年，随间隙弥合的策略一起不断演进。我将在下一章重新回到通勤者集体协调活动这个话题。同时，我还想追溯作为基础设施运行模式的间隙融合策略在东京通勤铁路网运营中究竟如何运作。

正如三户佑子所解释的那样，第一次世界大战期间，间隙弥合策略正处于关键的形成发展阶段。在这一时期，运输需求急剧增加，主要线路的需求几乎增加了两倍之多，这就要求铁路公司必须增加列车数量。[17] 但事实上，增加列车数量谈何容易。在当时，日本自身尚未建立起强大的制造业，而来自美国与欧洲的相关进口又受到国际冲突的限制。[18] 因此，铁路公司只好在没有增加轨道及车量的情况下，增加运量密度（每小时的行车数量）。[19] 当时研发出的解决方案有两个：（1）减少列车完成运行所需的时间；（2）减少终点站的周转时间，以使列车更快周转流通。[20] 这些解决方案涉及几种"加速"策略：首先，通过减少站间行车时间以提高列车整体速度；其次，培训保洁人员在列车抵达端点站之前待命以缩短列车周转时间；最后，也是最重要的一点，加快旅客乘降，将列车停站时间从几分钟控制到 1 分钟内。

结果，1914 至 1918 年间，东京主要车站的停站时间均从约 2 分钟缩短至 1 分钟或更短。在中型车站，停站时间可缩短至 30 秒。[21] 这一时期制定的策略一直延续到 1923 年后，直至下一阶段发端。这一时期的发展虽然得益于如主要通勤列车线路电气化等一系列技术进步，但整个东京地区高峰时段的停站时间也非常高效地缩短至标准的 20 秒。至 1924 年，即日本关东大地震发生一年后，东京山手线在出行高峰时段完成一次折返的时间可控制在 62 分 40 秒（如今为 59 分钟），而在从中野站至东京站的中央线上，列车发车间隔时间仅为 3 分钟。至 1925 年，在东京至品川站的东海道线上，发车间隔时间竟然能缩短至 2 分半。[23] 由于发车相邻两趟列车的时间如此接近，车站不再提供候车室，车站建筑设计也由此变得集中，这更促进了通勤者们通过车站设施的持续流通。

将列车停站时间缩短绝不仅是个技术问题，它更是一个技术性的演进过程。在这个过程中，通勤者与通勤列车设备进入了一种关于为了超员载荷运营进行间隙弥合的对话。因此，这是一个更加强化的动态过程，通勤者在其中必须付出更多的努力，从而对系统环境的调节氛围进行愈发积极主动的调整。推动这一强化动态过程的部分原因在于一个基本悖论：越要求系统超运力运营，就越需要更久的停站时间接纳拥挤不堪的站台候车人群，而通勤列车系统操作员需要减少停站时间才能接纳更多通勤出行者。尽管这一悖论的逻辑非常简单，但这并未阻止研究者在 1926 年 6 月 5 日在东京附近的田端站进行一项极限测试。或许是由于当时在日本陡然兴起的泰勒式“效率运动”，日本铁路培训学院组织了 295 名学生前往站台，被要求以不同的人数及条件进行乘降。[24] 测试中的运行列车具有 108 名乘客的核定载客量，但估计能够容纳至少 3 倍的乘客人数，即约 320 名乘客。[25] 这次测试的具体结果如下：

乘客上车时间	
空车厢，50 名乘客	5 秒
增加 50 名乘客	4.5 秒（共计 100 名乘客）
增加 40 名乘客	6 秒
增加 60 名乘客	10 秒（共计 200 名乘客）
增加 30 名乘客	7 秒
增加 15 名乘客	7 秒
增加 35 名乘客	30 秒（共计 280 名乘客）
最后 2 名乘客	2 秒

一辆载有 200 名乘客的列车所需的乘降时间	
100 名乘客下车，50 名乘客上车	16 秒
50 名乘客下车，100 名乘客上车	15 秒
100 名乘客下车，60 名乘客上车	15 秒

通勤梦魇

这次测试的结果并不出人意料，它证明了越是在拥挤的条件下，通勤者上车时间就越长。不过尽管如此，这个测试对理解比肩继踵的车厢的起源仍有重要意义，它已经预示了我将在下面讨论的一个典型悖论——通勤集体的演进与日本战后经济复苏出现的快速城市化间的关联。

　　在战后经济复苏早期，随着通勤需求的激增，进一步缩短停站时间成为必选方案。但若没有遇到前面测试所证明的"僵局"，列车停站时间就无法进一步缩短。也就是说，间隙弥合系统已经达到了阈值。众所周知，这个阈值在战后早期通过技术创新等方式得以突破。技术创新通过一个动态递归的时间延误和恢复系统（a dynamic system of recursive temporal debt and recovery）在站间时空中打开了另一个间隙，即"间隙中的间隙"（interval within an interval）。这种动态性的特别之处在于，它不仅围绕不确定性边际产生了高度的不稳定状态，而且始终保持着非正式性，也就是说它是一种心照不宣的脚本化的集体操作模式。这种非正式的动态现象，我将其定义为"余裕"* 动态，并用它来定义通勤铁路网的当代技术性。

----

* 　余裕（よゆう）在汉语中对应的专业词汇是"裕量"，意思为"特意为正常要求量留出的富余量"，出于尊重作者的科研思路、成书背景等考虑，在此仍保留原著使用的日语词汇。

在高运力/高密度系统网络中创造"余裕"

"二战"后的二十年间，无论是日本国民还是政界领导人都将"科技强国"的观念奉为圭臬。[26] 20 世纪 50 年代中期，战后经济的高速增长激发了城市人口的急剧膨胀，从而引发了前所未有的拥挤状况。由日美关系所牵引的技术、政治和社会等因素促进了经济繁荣。20 世纪 40 年代之后，随着中美关系的演变，美国企图通过促进经济快速复苏来巩固其在日本的地位。为此，美国制定了臭名昭著的"逆流"政策（reverse course）*。这一政策的主要内容包括弹压战后在日本发展迅猛的劳工运动，同时引进先进的自动化技术并对日本商品开放美国市场。然而，日本的经济繁荣真正拉开序幕却是源于为朝鲜战争中的美方提供军事装备和产品的机会。[27] 随着战争的爆发和进行，对产品的需求激增，到 1956 年，日本经济企划厅已踌躇满志，准备宣布战后经济复苏阶段的结束，并预测一个"经济高速增长"阶段即将开始。[28]

20 世纪 50 年代初，日本国民（尤其是刚毕业的大学生）被美好就业前景所吸引，不计其数地涌入城市。巨量的人口流动导致城市出现了严重的拥堵现象，一度成为社会广泛关注和批评的话题。[29] 在这一时期，年轻的上班族们面对的永远是挨山塞海的购票窗口、站台上不见头尾的长队以及比肩继踵的车厢。这就是那时日常通勤的真实状况。甚至有人把这种令人望而生畏的出行体

---

* 在日语中称为"逆コース"，国内翻译为"逆流""逆向过程""反向路线"等。参见冯玮，《解构日本战后经济民主化改革"三大支柱"》，《史林》，2008（5）：155—161、188。

图 1.1　1964 年东京新宿车站早高峰时段。拍摄于早晨 8 点 40 分，拥挤刚刚开始
来源：每日新闻社（The Mainichi Newspapers），版权所有

验称为"通勤地狱"。

　　令人难以置信的通勤拥堵让战前制定的"容纳客流"策略显得左支右绌，唯有制定新策略才能应对这种现象。当时，无论是列车的停站时间还是行车间隔时间都几乎没有缩短的可能，以"容纳客流"为目的的策略所提供的解决方案必须综合考虑技术、政治和社会等各方因素。自 1957 年，日本开始使用一种称为"101 系新性能电车"的新型高速轨道列车。[30] 作为日本铁路行业的拳头产品，新型列车的投入使用也带来了能够容纳高运量密度和高通勤能力的系统，这也是东京通勤铁路网的基础所在。新型列车采用了重新设计的推进系统，振动小、动力足，由于采用了空气 / 电机制动系统和空气悬架系统，高速行驶的列车噪音低、颠簸小，行车更加流畅平滑。这种特点与本来就安静的列车车厢相得益彰，让整个行车过程几乎悄无声息。此外，新型列车的结

构设计还部分采用了曾用于日本军用飞机的航空技术。虽然日本在战后曾公开承诺拥护和平、永不再战，但这些掌握航空技术的工程师在短暂的失业后很快就再度找到自己的用武之地。[31] 技术发展和应用的令人侧目之处还在于所有上述因素的结合，这使得列车能够高速进站和驶离。只有具备这些条件之后，新的"容纳客流"策略乃至超员载荷运营方有实现的可能。[32]

除了新型高性能列车的研发外，在战后初期，各铁路公司也通力合作，齐心协力按集中的指挥控制模式重组交通控制操作。20 世纪 50 年代末，日本国有铁道及众私营铁路公司开始引入来自美国的集中交通控制技术（centralized traffic control）。我将在第三章中更全面地讨论这个话题。[33] 通过集中式系统，中央控制室的调度员可以在系统的大型原理图上实时监控列车的运行进度，并向列车和车站发出指令。结合系统内集成的自动化水平，调度员可以远程操作开关和信号，将列车指引至正确站点的指定站台。在美国，引入集中交通控制技术是为了通过合理化运营的配合提升运量。相比之下，日本的运输量彼时已达到或超过了最大值。[34] 因此，日本采用新技术是将其作为重新分配和减少劳动力需求的手段，将原本由各个车站自行承担的交通控制功能集中化、简化及自动化。

交通控制的集中化工作延续了数十年。直至 20 世纪 70 年代末，日本国铁的一些线路仍未配备集中交通控制技术。作为一个受权力集中欲驱使的项目，集中化工作事实上从未彻底完成。即使这个项目有朝一日完工，它也不一定就代表着成功。因为东京通勤铁路网中的主要线路（如中央线和山手线）实在过于复杂，仅它们产生的信息就比单个中央指挥室所能及时处理的信息要多得多。最终的结果是，这些主要线路上的大型车站通过共享交通—控制负担，形成了一种混合集中／非集中式的命令模式，因此，交通控制的集中化仍只是一厢情愿的理想而非现实。

在战后最初的几十年间，除了推广集中化之外，新型的高性能列车还带来了一种新级别的间隙弥合方式，这种为创造一个站间动态递归的时间延误和恢复系统提供了条件。系统规划者意识到了在异常拥堵的水平下，列车驾驶员根本不可能遵循严格规定的运行模式。为尽可能多地接纳排队等候的乘客，实现超员载荷运营，列车驾驶员就不得不背离预先计划好的列车运行图，超过预计的规定时间，从而延长停站时间。在实际操作中，驾驶员通常会借助新型列车的优异性能加／减速以补偿和调整行车时间。用轨道交通系统的行话讲，这就是"恢复行车"（回復運転）。在战后，作为超员载荷运营的一部分，恢复行车逐渐演变成了一种虽然心照不宣但又不可或缺的非正式运行策略。当在车站间隙中打开一个时间间隙时，恢复行车就有机会产生"余裕"。"余裕"中所谓的"余"是"剩余、超过、富余"之意，而"裕"则是"丰富、充足、多产"之意。我之所以借用日语中这个词，就是想表明那种以创造充足的、之前未有的时间和空间为手段来超越界限的过程。日本的《广辞苑》是最有名的词典之一，其影响力相当于英语世界的《牛津英语词典》，它对"余裕"的解释是"过量生产出所需的实物"（必要な分のほかにあまりのあること）。[35] 另外，余裕这个词所指的时空变化还可以用来表达人的情绪或心理的界限所受的影响。例如，当一个人用余裕来表示某人心中的位置／空间时，这其实意味着对某人某事心存同情（心の余裕）——也就是说，一个人已经突破了一定的生理和心理的阻碍，在其心中或生活中为他人创造了情感空间。在某种程度上，余裕这个词的内涵就强调了从无到有的那种感受，所以我们可以说它所要表达的并不是那种从天而降的、依赖于外部魔法力量的"时空炼金术"，而是一种人与人的、机器与机器的或人与机器的内生关系，这种关系产生于工作时各方在互动中实现间隙弥合的过程中。

有的时候，"余裕"被翻译成英语单词"leeway"，其字面意思是"自由空间、回旋余地"。但由于我在本书中特意强调的技术与社会组织的特殊性，我在本书剩余章节仍将继续使用日语词汇——"余裕"。作为一种概念同时也是一种实践，余裕对于合理化的系统或任何涉及技术、社会或人为等因素的系统组织都不容忽视，它是通过这些维度巧妙的互操性及与周围环境的关系创造出的一种节余。余裕总是表现为一种内嵌环境因素的过程。在通勤铁路网的间隙融合的背景中，余裕就产生于标准运行图和操作实践的差异间隙之中。

对列车驾驶员而言，只有具备了直觉、技术及对操作中变化条件的协调这三者的独特组合，才能产生余裕。这种能力绝非一日之功。例如，由于通勤列车的轻量级载荷结构，当遇到运输高峰时，其负载重量的变化非常显著。列车负载越重，制动所需的时间和距离就会越多。由于是通勤列车，驾驶员必须将列车准确地停在每个车站的规定标记点。乘客若能对此多一些认识和了解，他们或许会对列车驾驶员更添几分敬意。此外，正如三户佑子所提到的那样，驾驶员必须具备从容应对突发制动的能力，因为在那种情况下，车厢中早已拥挤不堪的乘客会随之前倾，同时整组列车也会因此而发出刺耳的吱呀噪音。[36] 当然，我刚才说的直觉、技术及对操作中变化条件的协调这三者的独特组合并非仅是驾驶员的必备能力，通勤者们也同样要具备才行。他们必须习惯系统产生的种种间隙，视其为出行中突发情况的紧张状态与潜移默化中形成的关系模式间的一种张力（我将在第二章详述这个话题）。

当然，恢复行车的方法并不是二战后才出现的。自日本轨道交通诞生之日，驾驶员就一直在用了。不同的是，在二战后这种方法被归为默认的、正常的解决方案和策略。也就是说，余裕被暗中编入了计划的列车运行图中，它的产生被视为一种通过集体（人与机器）产生节余以突破现实限制的手段。

检票口

若将东京与通勤铁路网分开会是什么样子？人们恐怕难以想象。事实上，这两者根本无法分割。然而，这座城市与它精密复杂的交通网又必须被分别视为两个不同量级的系统，只不过它们已在一个脉脉相通的环境中实现了系统运作的功能贯通性。这种功能贯通性并非只体现在那种无缝对接的互动中，而在于不同量级、不同速度、不同时间延绵不绝产生的矛盾冲突的对应解决方案。为了在这个彼此休戚相关的环境背景中保持活力，东京和通勤铁路网必须留有既彼此独立又相互纠缠的空间。

自动检票口是城市与通勤铁路网空间划分的界线。检票口仅有一米多长、半米多高、一掌的宽度。检票口通常连成一排，像是城市与通勤列车之间疏松的"边境线"。以大阪为中心的关西地区直至 20 世纪 70 年代早期才实现检票口自动化，而以东京为中心的关东地区则到了 20 世纪 80 年代后期才实现检票口自动化。当时的检票口只不过是一个小小的椭圆形围栏，里面有一名穿着制服的工作人员负责打孔。[37]

图 1.2　1978 年，时值日本国铁工人罢工。在池袋站，仅有一名工作人员在检票
来源：《读卖新闻》(*The Yomiuri Shinbun*)

　　由日本 NHK 广播公司制作的《X 项目》(*Project X*) 纪录片系列曾广受赞誉，其中一期就专门介绍了日本自动检票口的发展史。[38]《X 项目》最初于 2001 年 6 月在 NHK 电视台播出，当时

的时代背景正是日本经历长期经济衰退的十年之后，原本理想的社会结构出现不可弥合的裂隙，青少年犯罪与日俱增。为消除民众在过去十年间累积的消沉无望，纪录片制作人想通过展现日本往日的非凡成就以鼓舞民心。节目开头向观众展示的是20世纪60年代的录影——地铁站厅人潮汹涌，而人工检票口成了阻塞人潮的"瓶颈"，此时旁白解释说：由于当时经济飞速增长，东京和大阪两地的通勤人数也随之陡然暴增。地铁站的人工检票口常常不堪重负，淹没在人潮之中。这不但严重扰乱了系统内的乘客流动，加剧了堵塞，而且为通勤增添了额外的痛苦，甚至当时从站台跌落到轨道上的乘客数量都因此而增加不少。为了将拥挤度降到可控水平，车站只能被迫定时关闭检票口。但这无异于饮鸩止渴。因为这种做法只能导致通勤者更加焦躁地等待，甚至错过他们预计搭乘的列车。

该节目继续介绍，在1963年关西地区的私营铁路公司近畿日本铁道（简称近铁）决定向日本所有主要的电子电器公司寻求技术解决方案。不过，关于检票口的技术创新最终并非来自大公司，而是出自一家濒临破产的小公司立石电机的几位名不见经传的年轻工程师之手。虽然几经失败并遭到近铁公司的中途撤资，但立石电机的工程师们不懈努力，终于在1967年制成了现代自动检票口的原型机。

立石电机最终研发出的自动检票机与美国IBM公司一位工程师为美国中央情报局研发的塑料身份证检测原理一致。通勤者的每月通票或单程票的所有票价信息都被编码并附在票背面的磁条上，可由检票口的自动读卡器识别。在找到一家能够将磁条贴在纸上的公司之后，剩下的问题处理起来就游刃有余了。至此，第一个自动收费系统就诞生了。1969 年，近铁公司率先采用这项技术；而自 20 世纪 70 年代初开始，自动检票口已成为关西地区地铁和私营铁路线的必备设施。彼时，只有日本国铁继续抵制这项已在全国推广的技术（许多评论家称推广的阻力实际来自工会施加的压力，旨在保留大量员工）。直至日本国铁被民营化为日本铁道集团后，这项技术方得以广泛应用。

自动售检票系统将通勤重塑为用于集约化通勤客运管理的信息，不但为轨道交通的超负荷运营创造了便利，而且是至今仍在不断演进的自动化过程的第一步。由于通勤者大多办理的是地铁月票，新型磁卡月票就能巧妙而悄无声息地收集持有人每日的通勤情况，从四面八方汇集来的信息数据可为调整列车运行图提供有力支持，甚至还可为车站和车厢的广告营销展位布置提供参考。美中不足的是，计算机处理能力的不足阻碍了信息更广泛的应用，还有可能从自动检票口的操作中剔除真正的即时搭乘数据。从许多方面看，在通勤铁路网中引入磁卡通行机制的影响力堪比 20 世纪 70 年代早期在商品管理中引入条形码。正如杰西·莱卡瓦利埃（Jesse LeCavalier）曾提出的，借助条形码，物品不但能被用信息编码，而且能在物流管理的时间和空间中被转化为信息，这为商品的存储和流通带来了翻天覆地的变化。[39] 磁卡型地铁月票将这种信息化逻辑再向前推进了一步，使其成为整个系统中重要的一环。在发售这种卡片时，每个作为单独个体的通勤者的信息都得以被收集。但是，在几十年后一系列经济和技术革新彻底改变这个系统之前，人们暂时还未有将这一环节中的信息用于校准系统

　　　　　　　　　　　　　　　　　　　　　　　通勤梦魇

内广告营销的概念。关于此话题，我们将在第三章详细论述。

小　结

人们常常只关注东京地铁中令人忍无可忍的拥挤，又总是会在自己熟悉的认知中为它找到一番解释，认为地铁就是技术非人性、异化和合理化效应的化身和媒介。本章通过观察和讨论间隙弥合的演进，追踪和分析了东京通勤地铁超员载荷运营中出现的特殊情况，我尝试另辟蹊径，提出过度拥挤的通勤地铁是围绕不确定性边际构建的集体表达。我的论点在于，在此种情形下，超员载荷运营现象不能被草率地低估并解释成技术进步所带来的精确和效率的表现。相反，我试图证明此现象是一种通过减少系统内各部分规定性互动的程度，接纳自然产生的间隙弥合，从而扩大系统不确定性边际的运作模式。换言之，若从反直觉的角度出发，我们会发现超员载荷运营并不总是由预先计划好的因素决定，相反，它是一种预先计划较少的技术表现模式。因此，每次系统超员载荷运营的不确定性边际扩大都必然导致系统中集体环境活力的增加。这些技术关系的基本特征共同构成了东京通勤铁路网的技术性。这个系统的独特性与其技术性相辅相依。这种关系尤其体现在产生余裕的过程中各方临时关系的建立和配置。我在本章中的论点集中在技术方面，通过关注东京通勤者们的活动和表现，关注在特殊情况下产生的间隙弥合模式。接下来的章节中，我将更详细地介绍和讨论通勤者们间隙弥合的具体形式以及他们究竟如何习惯于超员载荷运营中的不确定性边际。

　　通过分析不确定性边际的演进，我们可以挑战传统的技术—社会分析模型，更深层地理解东京通勤铁路网超员载荷运营的现象，这种生动但深刻的理解模式能够让我们将轨道交通系统理解为一个动态的技术集合体，其自身功能赋予了它产生极大程度不确定性的能力。这种观点与将轨道交通作为现代典型的、约束性极高的技术设施／设备的主流观点背道而驰。我们在本章讨论到的动态的、开放的、特殊的案例通常是用来描述晚期资本主义后工业社会基于控制论的信息技术的。通过强调一个技术集合体，即日本东京的通勤铁路网的技术性，我在此提出的观点正是为了提倡一种全新的视角和方法，从而绕开这些描述中起作用的种种假设，关注集体生活的问题。

第二章

“隙”以为常

当亨利·列斐伏尔（Henri Lefebvre）识别空间在资本主义社会关系中的作用时，他将空间从历史唯物主义的被动背景转变为充满辩证主义矛盾的主动环境。[1]列斐伏尔并未止步于马克思主义理论，他的作品具有高度的生成性，能够用于考量典型的城市空间活动现象，如作为协调矛盾场景的通勤列车车厢——一方面，它是一个现代的、理性的城市主体，服从工作中严格的规定和指令；另一方面，其中的每个个体又高度受到情绪因素的影响和消费经济欲望的驱使。[2]然而，在提出基础设施协调空间必须服从于资本和现代性合理化过程的形式总逻辑（formal overarching logic）后，列斐伏尔的研究方法陷入了分析的局限。列斐伏尔的概念模型遗漏了基础设施的特定技术性及人与集成机器内部关系的特征。

那么，我们该如何从不确定性边际的内部进行思考，去更深刻地理解通勤列车的空间，尤其是东京拥挤不堪的通勤列车中的种种情境？解答这个问题的角度之一首先当数地铁上"惊醒"的通勤者。我们都常在深夜的地铁上见过：在地铁上昏昏睡去的乘客在某一站猛醒过来，随后箭步闪身，在车门关闭前一刹那侥幸下车。他们在车上的沉睡状态都大同小异——头向后仰，嘴巴张开，身体逐渐倾斜，在某种情况下又突然做出一些动作想要保持原有的姿势，就像是一个被看不见的绳索随意拉扯的玩偶一般。他们睡意正浓，甚至不会抬起眼皮看一眼窗外的到站情况，直到突然醒来，才匆匆蹿起，抓起手边的公文包或袋子，直向车门奔去。当列车离站时，人们还可以看到已经"安全上垒"的通勤者，在刺眼的灯光下揉搓着惺忪睡眼，既有庆幸，又有迷惑，似乎仍在回忆刚才的梦。这个趣景让通勤者这个集体不再那么正襟危坐，列车上的人常对此忍俊不禁。但我对此景象却另有一番充满悖论的看法："猛醒者"们在睡着的情况下如何判断该下车了？换句话说，他们究竟如何做到既能昏昏沉睡又能及时惊醒不睡过站，这种在通勤铁路网中对周围环境波动的敏感究竟是怎么一回事？

对此，三户佑子有她的答案："列车的节奏早已蚀刻在城市居民的身体里。"我和佑子在东京的东急涩谷蓝塔大酒店大堂咖啡厅聊到这个话题时，她向我如是解释道。为了介绍她的观点，佑子模仿列车的节奏，用手在桌子上拍出"咔嗒、咔嗒、咔嗒"的声音。烫染过的蓬松头发，棕色的超大边框眼镜，浅棕色的西装外套，佑子的着装打扮与咖啡厅里那些衣着笔挺的上班族和妆容精致的中年女性截然不同；她拍出的咔嗒节奏也似乎与邻桌的谈话风格大相径庭。果然，我们这一桌引人侧目了，不过佑子并不在意，她继续向我解释东京通勤地铁协调融入整个系统网络节奏的过程。

她强调，整个过程最重要的是"行车曲线图"（driving curve），也就是标示理想状态下站间行车的加 / 减速模式。如图所示，纵轴表示速度和行车时间，横轴表示行车距离。作为站间时空划分的图示和列车运行图的补充，行车曲线图包含了一种不确定性边际，佑子将其视为东京通勤出行者的身份特征之一。她解释道：

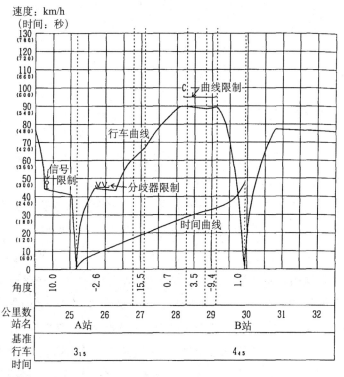

图 2.1　行车曲线图

来源：岡村淳弘，「列車ダイヤへの招待」，『鉄度ジャーナル 29』，no. 6（1995）：43–48

无论在东京乘坐哪条地铁线路，站间的加减速模式都非常相似。列车离站时，电动机的声音随着列车快速加速不断提高——呜呜呜呜呜；当列车达到巡航定速时，它发出平稳一些的声音——噗呜呜呜呜；当列车减速时，声音的音调也会随之降低——嘟呜呜呜呜，突咔突，突咔突……（随之而来的就是报站广播了）"列车已经到达某某车站。"这就是每位通勤出行者从小就内化于心的行车曲线图。对于出行者而言，这种节奏有一种舒缓的感觉，使他们一上车就不由自主地昏昏欲睡。城市居民的身体节奏与这种模式始终保持着同步，哪怕遇到只有 30 秒钟的延误，他们也会敏锐地察觉到；如果延误超过了 1 分钟，他们可能就会产生生理上的不适感。[3]

　　佑子对通勤中猛醒者们的分析和描述恰好解释了我在本章想要分析讨论的不确定性边际观点。在她的阐释中，列车车厢空间并不塑造通勤者，相反，是通勤者出现在不确定性边际的张力范围内，亲身体验并参与传播了系统内的声音、节奏、共振和动能。

　　通勤者对调节周围环境变化强度已经有了根深蒂固的感性认识。环境的细微变化已融入每个生活在其中的生命的特征。通勤者所期望的并非只是盲目的服从，而是持续关注的、感同身受的协力合作。如同关系亲密的伴侣或令人眼花缭乱的舞蹈中的舞伴，通勤者对系统的提示和波动早已山鸣谷应、心照不宣，以至于即使短短 30 秒到 1 分钟的差异也能在其内心激起波澜，并通过明显的不适反映出来。因此，通勤者不仅要学会居于不确定性边际，而且还必须学会在结构与过程、模式与突现之间紧张的边缘中感

通勤梦魇

到舒适。从这个角度看，通勤者既能够弥合通勤间隙又能够体现其矛盾，因此能在小憩中适时清醒，既广泛参与深度协调，又在感情和社会方面置身事外。借助间隙弥合，通勤者对不确定性边际逐渐适应，从而产生上一章节所提到的"余裕"——借助不确定性边际的模式、活力和变化，在没有空间之处产生空间。

我在本章主要论述超员载荷运营的情况并非是一个强加于东京通勤出行者们的系统；相反，它是通勤者劳动中在有机层面产生的一种集体现象，以维持不确定性边际不牢靠的亚稳态完整性（precarious metastable integrity）。在前一章，我们将讨论重点放在了超员载荷运营间隙弥合模式的生成，而在本章，我们则将讨论重点放在通勤者如何通过间隙弥合创造一个本无法起作用但事实上却勉强发挥了作用的系统，并在这样做的过程中，能够对居于那些难以忍受的同时又难以为继的技术社会现实（technosocial reality）中习以为常。在本章，我们将聚焦列车车厢内的空间，考量在此种情形下集合体究竟如何产生，以及通勤出行者如何通过对常规的严谨依循、拥挤车厢内的沉默、出行方式等参与其中以实现间隙弥合。除此之外，本章还会讨论各种形式的媒体——从手机到广告屏再到海报，这方面的变化在近年已成为新的通勤出行特征，值得关注。在上述话题中我特别关注这些新设备究竟如何在通勤列车车厢中调解种种矛盾，以至于改变这个集合体的局限和潜力。我探求的是，它们在不确定性边际范围内产生的究竟是何种时空间隙？[4]

本书的总体目标是考量通勤铁路网的不确定性边际，而本章的目标则是考虑集合体的具体表达，看这些表达内容如何在通勤列车车厢的时空限制中实现间隙弥合。从这个角度看，车厢可被视为一个协调场景，集合体的生活特征在其中能特别易于理解。在列车车厢的时空中，我们能发现关于一些张力的清晰表达，比如系统内部技术组织与相关的通勤环境的互动所产生的固定模式与新生现象间的张力，稳定结构与突发事件间的张力等。因此，在本章，我丝毫没有将通勤者视为盲目屈从的个体，相反，他们绝对是一个个积极活跃的主体。对于通勤列车的不确定性边际，他们早已习以为常，能够面对种种紧张和不稳定现象思考和行动。

挨肩叠背的列车

日本白领的日常行程都非常固定。我每天早上 7 点 5 分准时出发，到车站后，在 7 点 23 分抵达的通勤列车第 9 节车厢第 2 个门排队。日复一日，都是如此。除了每日准时出发到达外，还有一件东西始终相伴——腋下的《日经新闻》。从我乘车的车站到涩谷，人总是非常多，我只好拿着报纸，举着手。在涩谷站，很多乘客会下车，这样我便有 15 分钟来快速浏览报纸中的重要内容。每天与我同行的人不少，但我们从来没有过任何交流，哪怕是打招呼或点头问候。公司职员在清晨总是打不起精神，因为总会想到"唉，又要上班了，又要挤地铁了"。一想到这里，没人愿意多浪费一丝一毫的精力。

——明（Akira，音译），某银行职员[5]

通勤梦魇

明先生的讲述正反映了工作中间隙弥合的一个典型矛盾。当通勤者们无休止地抱怨让人忍无可忍、精疲力竭的拥挤列车时，他们却始终一丝不苟地重复着每日的通勤。如果这不是出于虔诚的热情、严苛的自律或难以泯灭的荣誉感，那会是因为什么呢？事实上，如此日复一日，甚至整个职业生涯都不得不忍受列车上的拥挤，会被视为一个成年人积极为社会做贡献的表现。虽然通勤人群的集合体中可能有人持有这样的观点，不过这种所谓的荣誉感却仅限于个人。在拥挤不堪的列车上，通勤者们四面相对、恭默守静，虽没有任何交流，但心中所想却大同小异。与许多公司职员一样，明先生对他有机会找到 15 分钟的空隙浏览完报纸上的重要新闻非常满意。

值得我们注意的是，明先生所描述的在拥挤的车厢中乘隙读报并非偶然。它已成为日本铁路行业协会（Japan Association of Railroad Industries）用以衡量列车超员载荷运营情况下乘客立席密度的一个重要参数。如图 2.2 所示，在满载率 100% 的情况下，我们能抓住车厢内的吊环；在满载率 150% 的情况下，我们与其他乘客并肩而立，但还有空间可以浏览报纸；在满载率 180% 的情况下，我们必须把报纸折了又折才能勉强浏览；在满载率 200% 的情况下，我们已经比肩继踵，但还有可能乘隙阅读一本杂志；在满载率超过 200% 的情况下，我们就成了图上描绘的挨肩叠背的样子，读报就是毫无可能的事情了。正如那张图所描绘的，当火车行进时，动弹不得的我们唯一能做的就是"随波逐流"——与他人一起随着列车摇晃倾斜。这时别说是移动，就是抬手也只是徒劳的挣扎。明先生讲述中的另一处矛盾就是他始终如一的精

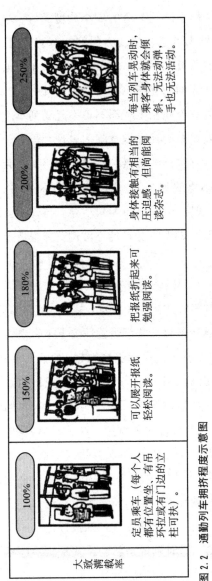

图 2.2　通勤列车拥挤程度示意图

来源：沟口正仁，「日本の鉄道車輛工業について」，日本铁路车辆工业协会，2007. http://www.tetsushako.or.jp/pdf/sharyo-kogyo.pdf

大致满载率	100%	150%	180%	200%	250%
	定员乘车（每个人都有位置坐，有吊环拉或有门边的立柱可扶）。	可以展开报纸轻松阅读。	把报纸折起来可勉强阅读。	身体接触有相当的压迫感，但尚能阅读杂志。	每当列车晃动时，乘客身体就会倾斜，无法动弹，手也无法活动。

通勤梦魇

准行程。明先生向我们详细说明了他每日清晨的出行安排和实施，这说明他的行为与一个可预测的、精确的系统运作完全一致。通过他讲述的方方面面，我们仿佛能亲见东京通勤者们的传统形象，他们严于律己、规行矩步，总是严格遵守技术系统的指令要求。但真相远非如此。明先生每日清晨7点5分准时离家出行，在7点23分到达的通勤列车的第9节车厢的第2个门排队。但可以确信无疑的是，7点23分到达的通勤列车不可能总在7点23分出站。最有可能的是，列车到站晚点或出站晚点。换句话说，明先生在日常通勤中引以为荣的遵纪守时其实不是死板严格的系统精确性，而是系统的不确定性边际。正是系统的这种不确定性，而不是确定性，造就了明先生这样的通勤者的热情、自律和荣耀。

恭默守静

我认识所有与我一道通勤出行之人的面孔。当他们中有人连续几天没有现身时，我会开始担心。当我再次见到他们时，我很想上前询问他们是否安好，是不是出了什么事情。但事实上，我从来没有这样做。一旦我主动走上前去问候他们，也许我每天早上都要不得不与他们打招呼。可能最终我只是偷偷绕过他们，到另一节列车门口排队以化解尴尬。这实在是有些过分。

——美智子（Michiko，音译），某医药公司前职员[6]

与明先生相似，美智子能认出同行者的面孔，但她也从来没有采取任何行动向他们致意或示好。更重要的是，虽然美智子直言会对通勤同行者的情况变化表示关心，但她却对与通勤同行者的社交互动比较抵触。长久以来，人们认为这种矛盾心理是通勤空间特征常见的外化表现，也是都市陌生人间不期而遇的一面之交的典型特点。[7]这种矛盾心理在东京通勤铁路网中愈发表现出其特殊性：它不但来自通勤者磕头碰脑的列车车厢——除了情侣没人能忍受的那种拥挤让人连气都喘不上来，更不要说讲话交流；它更来自明先生与美智子的直言不讳，在那种情况下，没人会想与陌生人认识交流的。奉命唯谨的通勤者们日复一日重复着自己的行程——每天同一时间、同一班列车、同一节车厢、同一个车门，这意味着通勤同行者们其实并非真的形同陌路，不过他们也并非亲密无间的挚友。他们之间的关系充满了不确定性，介于熟悉与不熟悉之间，将彼此视为同行的"他者们"。

如美智子所言，通勤者对与"他者们"进行社交互动的抵触是因为不想让自己暴露于彼此均感到往复循环、枯燥乏味的日常关注中。同时，这种抵触也源于对对方的体贴——不希望将枯燥乏味的日常关注强加于对方，让其感到不适，迫使他／她偷偷变更乘车位置。日复一日共享着列车车厢内的拥挤闭塞空间，但彼此从未有过任何交谈，这种与其他通勤同行者若即若离的极其矛盾的心理，在拥挤列车恭默守静的氛围中尤显突出。通勤者们的沉默并非强制规定，是人与机器的互动为它的出现创造了条件。因此，它也算是通勤铁路网独有的技术性特征之一。

我要把通勤列车上的恭默守静部分归因于安静的行车设备装

通勤梦魇

置。从站台进入车厢，意味着乘客们从铃声、钟声、提示音、警告音、广播通知等密集的"音景"（soundscape）中过渡到车厢内的静谧空间。当车门关闭后，虽然站台的嘈杂声并未完全消除，但也清静许多，俨然像是进入另一个境界。随后，能听到的就只有电动机的声音，转眼间列车就驶离了站台，空气悬挂系统将列车车体从构架托起，在单轨上平滑运行，整个过程几乎悄无声息。曾几何时，机器设备的晃动与冲击为理论干预技术现代性习惯环境提供了充足依据，现今它们却悄无声息地消逝，只留下电动机产生的轻缓共振和空调风扇柔和的呼呼声。列车内的安静与沉默可以让一切变得亲近而敏感，你能听到你周围人的呼吸声、肠胃响声甚至心跳声。这种超近距离带来的感受为一种物质力量的传播创造了条件——它能产生一种接触感，对通勤者们费尽心力维持的（非）纠缠程度带来了不小的"威胁"，而这种充满威胁的尴尬只有报站广播的柔和女声和车站工作人员带着鼻音的呼叫提醒才能化解。

正如明先生和美智子女士所言，东京通勤列车上的沉默是一个被刻意保持的状态。我们可以将其理解为在没有空间的情形下，通勤者们为自身创造空间的一种表现。从某种意义上讲，这就相当于凭空创造出一种状态，这种空间和我们在第一章讨论的间隙弥合创造出的"余裕"是一个道理。如果说超员载荷情况下的间隙弥合创造出的是一种非规定的动态的时间延误和恢复系统，那么在极度拥挤的车厢内间隙弥合创造出的沉默则是个体与集合体某种程度上的纠缠与关联。虽然这并非一个真实的空间，但人人都极易察觉它的客观存在。通勤列车越是拥挤难忍，就越得付出努力创造这种间隙。因此，这虽然听上去有些反直觉，但事实却是我们越是被周围的乘客挤压到无法动弹，我们的身体就越是处于一种被托马斯·拉马尔称为"分子运动"的状态。⁹通勤者的精疲力竭正是分子运动造成的后果。

广告：调节沉默

东京通勤列车中的广告是调节沉默的一种方式。车厢广告的播放音量通常较大，以至于来自其他城市的人会觉得"太吵"。地铁广告或"车厢媒体"的目标定位就是不放过哪怕只有一秒的目光所及，处处都要有所展示。除了世人皆知的"海报区"（在车顶和侧壁间的弧形过渡区域）之外，一节列车的四个车门处的车顶天花板位置也要悬挂广告（中吊り广告）。这些广告通常由日本最具影响力的出版公司垄断和控制，占据着通勤列车中的各个有利位置。广告的内容不仅包括每周及每月杂志的详细目录，也包括严肃文学、经济、社会、娱乐及漫画等五花八门的宣传介绍。此外，通勤列车的车门、吊环、吊环带甚至地板上都会出现各式各样的广告。在最近十年间，广告的位置逐渐扩张，甚至列车的车体外部也出现了所谓的"包装广告"（wrapping advertisements）。

与传统媒体不同，关于分散注意力的传统逻辑远远不能解释车厢媒体吸引观众的水平。虽然广告大部分只是商品或服务的宣传推广，但其中许多却是令人赞叹的精巧之作，它们或利用机巧的短语、双关表达，或利用引人侧目的插图和照片，通过字与图

通勤梦魇

的完美组合，模糊了广告与娱乐间的界限。尽管人人皆知广告的目的是鼓励人们购买商品，但通勤者们仍乐在其中，非常欣赏甚至是期待见到这些广告。正是广告带来的这种期待感和满足感，使其与通勤者建立起了一种关系。那些系列广告更是如此。

回想起过去大客流公共运输与大众媒体紧密合作的年代，作为电视广告的延伸和补充，系列广告通常只是以静态呈现，并且每次的展示主题大多只是一个产品。在我印象中，最近的一个成功案例是日本软银移动运营商（Softbank Mobile Carrier）的"白色智能手机家庭计划"系列广告。其中的母亲、女儿、儿子均由知名演员和媒体人扮演，唯独父亲是一只白色的北海道犬。除了宣传移动运营商的定价计划或公布技术信息，每一集广告的焦点都集中在了父亲身上。这位"狗爸爸"不仅煞有介事地当起了一家之主，而且还具有日本传统男性所具有的保守、倔强的性格，不过这种性格在剧情中却每每让父亲陷入滑稽尴尬的窘境。对通勤者而言，每个软银系列广告中的角色都是他们的"老朋友"，而广告剧情的推进呈现出一种对话感，从而替代了通勤者间无法进行的交流。正如电视剧观众总是期待看到下一集，通勤者们也希望看到每次广告投放展示的角色性格和剧情进展。该系列广告的剧情特色与投放特点是如此吸引人，以至于不少人在时隔多日再次搭乘地铁时会觉得错过了精彩内容，甚至与整个车厢环境都格格不入了。那种感觉与我们在观影中匆匆离席后再次返回时的怅然是一模一样的。

图 2.3　日本软银移动运营商赞助的"白色智能手机家庭计划"系列广告

　　近年，JR 东日本引入了数字平面显示屏，将其置于列车车门上方。在没有列车信息通告时，显示屏会循环播放广受欢迎的电视广告。当 JR 东日本企画公司（ジェイアール東日本企画株式会社，简称 JEKI）首次采用这种屏幕时，列车操作员普遍疑虑重重，担心广告的声音会打破车厢的沉默与安静，甚至影响正常的广播通知。[10] 作为妥协，JEKI 同意在静音模式下播放广告。令人感到意外的是，这种无声广告竟然异常有效地吸引了通勤者们的注意力。当然，如果将通勤者与无声广告间的"无声对话"关系与通勤者间的"恭默守静"联系起来，我们就不难理解这种特殊的效果。虽然在电视上早已播放过无数遍，但作为地铁早间新闻间隙插播的内容，这些在屏幕角落显示时间的广告仍在每日通勤中有着重要作用。通勤者们对这些广告的内容早已耳熟能详，可以自行脑补被抹掉的语音和音乐。

　　列车中的恭默守静不只是为通勤者在脑中"补全"静音的广告创造了条件。有天上午我乘中央线地铁去新宿，当时列车上的

　　　　　　　　　　　　　　　　　　　　通勤梦魇

乘客并不多，我却邂逅了一件既费解又难忘的事情。有位男性乘客径直站在车厢中央正对广告屏幕的地方，保证他从最佳位置看到循环广告。接着，他"热情"地为他周围的乘客演绎了正在循环的静音广告，一人担当了全部男女角色的配音。他简直就是一位广告大师，用完美的音调再现了每一首旋律的细微差别。除了这种令人惊诧的行为外，"大师"其实并没有什么不寻常之处。他身材略胖，身着白衬衫、领带、商务套装，手里拿着一个再普通不过的黑色尼龙公文包，完全就是一个普通的年轻公司职员的样子。这次的表演显然不是他的首秀，尽管他像是自娱自乐，精心地将音量控制在只有周围乘客才能听到的程度。不过遗憾的是，周围的乘客并无意成为他的拥趸，纷纷选择为"大师"留下发挥的空间和舞台的焦点位置。虽然他人要么没有注意，要么不感兴趣，但他仍然继续自己的表演，双眼紧盯屏幕，口中念念有词，不错任何一个节拍，唯一能打断他的只有地铁的广播通知了。

手机：改造沉默

在 20 世纪 90 年代的日本，没有什么比手机的广泛使用更有效地改造了列车中的沉默。手机打破了列车中的沉默，将原本列车中空间与时间的短暂脱节转变为随时随地的畅所欲言。虽然手机并非专为通勤而生，但设计者却煞费苦心将拥挤不堪的通勤也纳入了考量范畴。有的手机不仅可以舒适持握，还能单手操作，这样通勤者们就能在站稳扶好的情况下轻松使用。虽然手机的方寸屏幕既不能展现城市新貌，也不能尽收沿途风景，但它为通勤者们带来了全新的交流维度和令人无法自拔的新世界。

在日语中，手机被称为"携带（けいたい）"，是"携带電話（けいたいでんわ）"一词的简称。日本文化中的缩略语通常仅保留能够显示事物特性的那些词，故称之为"携带"。正如人类学家伊藤瑞子在 2005 年提出的关于手机的观点，关于手机的技术构想（technological imaginaries）及其社会文化特异性使日本在世界各国的手机使用方面脱颖而出。[11]伊藤指出，与英美国家不同，日本的手机使用不太关注移动性和功能性通信的理念，它更像是"一种舒适而亲密的技术社会链条，一种保障人们日常生活中方便快捷、平凡世俗的交流工具"。[12]在伊藤提出这种观点时，手机已在日本流行了十年左右，人们在生活中越来越离不开手机，尤其青年一代更是如此。面对手机的广泛应用和日新月异的特点，有不少研究者已开始注意到这一新现象，尤其是藏身于手机中的小说阅读和约会网站。[13]

在日本，要谈论手机的操作和使用，必须追溯到 1999 年诞生的 I-mode 移动互联网技术。虽然随着 2000 年前后美国苹果公司在日本发售苹果手机，人们对智能手机的接受度越来越高，但这种 I-mode 模式与其他提供访问互联网服务的智能手机原理并不相同，它提供的是一种类似"专线上网"的模式，用户可访问与其匹配的特定网站的"移动版"，却不必耗费过多的时间和数据流量。可以说，I-mode 模式的形式部分是基于 20 世纪 90 年代至 21世纪初无线技术的发展瓶颈，而它也为移动通信运营商带来了经济利益。这种模式使移动通信运营商得以在开发大量适配 I-mode

模式的网络服务（如 I-mode 新闻或 Ezweb 列车时刻表及路线图等）的同时严格控制通过手机访问的内容，并按收发数据包信息量收取费用。由于在该模式下的许多操作和应用非常容易迁移至智能手机，在一定程度上我们可以将支持 I-mode 技术的手机视为智能手机的先驱。

尽管伊藤概括的人与手机的紧密关系事实上已经遍及世界上任何一个拥有强大的无线网络和繁荣的智能手机产业的地方，其发展在很大程度上始于手机邮箱地址的出现。在 I-mode 模式下，用户的手机专用邮箱虽然能正常接收其他计算机发送的邮件，但只能通过手机查收浏览。[14] 以这种方式，手机为每个人提供了一种离散通信和连接的模式，简单说就是，我们只要通过一个随时随地触手可及的移动设备（无论把它放在口袋中还是在通勤路上拿在手里），只要一个铃声或一次振动，就可随时得知最新消息的到来。在日本使用 I-mode 模式的手机用户只要通过邮箱订阅就能享受特定内容的服务，如手机杂志、手机小说、手机新闻及网络留言板信息等，让手机的使用平添了几分亲密感。相比通过智能手机、计算机等设备浏览到的互联网内容，电子邮箱中收到的内容更有私人的感觉，这也为手机增添了亲密的意味。

在通勤列车上，人与手机的亲密关系更明显、更重要也更难舍难分。人们的首选交流方式不再是语音通话，而是短信。因为在公共场合接打电话，尤其是在列车车厢内这样做，在日本常属于禁止行为。或许在列车恭默守静的氛围中，文字交流更像是与自我的切切细语，让我们默默地分享着身边的一切。

电车礼仪

　　通勤者在挨肩叠背的列车上的沉默是"余裕"的表达。凭借此种方式，他们得以协调与他人的"纠缠"。正如人类学家马克·欧杰（Marc Augé，旧译马克·奥热）在其关于巴黎地铁的民族志著作中将其称为一种孤独（solitudes）的集合。[15] 同时，沉默不但反映出通勤者认识到了这种孤独的集体本质，而且也认识到这一间隙弥合过程的不稳定性。作为一种既能发挥作用又看似充满悖论的协调活动，沉默在拥挤不堪的列车中其实是一种隐形的交流方式，而这种方式为超员载荷运营创造了条件。因此，沉默是日本电车礼仪（電車のマナー）的最高表现形式。

　　简单说，所谓电车礼仪是指每位通勤者都将列车视为一个具体的公共空间和技术环境，主动遵守其中的行为规范。例如，在出行乘车时，通勤者们都选择用文字短信交流而非接打电话，或者尽量为孕妇或老年乘客让座。这些文明行为反映了普遍的社会价值观，其实也与维持不确定性边际的完整性密不可分。所以，我们可以将电车礼仪视为构成通勤列车网络的技术和社会条件不可分割性的体现。在法律方面，通勤铁路网则严格规定了三种违法行为：性骚扰（痴漢）、蓄意破坏（破壊行为）、暴力行为（暴力）。在此类犯罪事件中，通勤管理机构往往会迅速、准确地执法，动用大批工作人员迅速拦截并将违法者从列车中移出处理。与上述违法行为相对，违反电车礼仪的行为不足以产生法律后果及惩罚，通勤者们也极少与之发生对抗，更多的时候他们都采用转移注意力或闪身离开等被动策略应对不文明行为。

电车礼仪是一种操演过程（performative process），其中，通勤者不论作为个体还是集体，都将为弥合超员载荷运营的间隙而构建的通勤铁路网具体化了。东京的电车礼仪不仅与世界其他国家交通系统的乘车礼仪相比独具特色，甚至与日本其他城市相比也称得上特立独行。这种特殊性源于东京通勤铁路网的高度不稳定性，而正是这种不稳定性倾向使得电车礼仪成为东京人非正式辩论的话题之一——无论是在喝茶闲聊还是在网站或社交媒体社区中的长篇阔论，它始终会引发人们的关注和激烈交锋。通常，这种讨论最终都会将问题上升至"究竟何为电车礼仪"这样的高度。对一些人而言，电车礼仪是公民的基本常识问题；对其他人而言，电车礼仪却可能是一个人同情心或原始的共情心理的显现，展示了他／她的社交能力和反应能力。不过，每位通勤者都有与电车礼仪相关的故事。这些故事有时是对列车上奇人奇事的幽默叙述，但更常见的，是对无礼行为的愤怒描述，比如，有人插队、年轻女性在列车上化妆、有人无视优先座位等等均是如此。人们口耳相传的与电车礼仪相关的故事中不仅常充满了戾气、质疑与愤怒，有时甚至可能演变成对社会风气恶化的抱怨与推测。如果仅听这些故事，恐怕大家都会认为电车礼仪永远都时乖运蹇、难以为继。

上述关于电车礼仪的种种故事都让我们愈发关注通勤者这个集体，将其视为不确定性场景的重要组成部分。它们并未提供探究电车礼仪运作方式的路径，也不曾给出发现其正在发挥的其他作用的线索。为了探寻这些问题的答案，我们必须密切关注在超员载荷运营情况下构成不确定性边际的各种集体行为方式间的关系。

电车礼仪宣传画

电车礼仪宣传画其实可以视为不确定性边际与通勤集体间关系的体现。这些画在东京各个车站中无所不在，车站大厅、站台、列车，只要是人们能想到的地方，都有它们的身影。一些画只是对通勤系统中日常行为的规范，如：有序排队乘车、礼让座位、禁止躺在座位或地板上等。而另一些则特别强调通勤体验，如：乘车时不得打电话；尽量降低耳机音量，防止音量"外泄"影响他人；女性不在乘车时化妆；等等。这些宣传画的内容其实具有准制度性的迭代，因为这些礼仪规范宣传画虽然由铁路公司制作和宣传，但其中的内容与规范却来自通勤者的建议或年轻人的想法，有时甚至还会从相应竞赛中选出。

我们必须要注意，电车礼仪宣传画事实上并不产生电车礼仪，它们并非影响通勤者遵守行为的约束性技术。按照 JEKI 规划与制作高级项目总监吉原美穗子（Yoshihara Mihoko）的观点，没有任何证据可证明礼仪宣传画与遵守礼仪间存在直接的必然结果。[16]也就是说，通勤出行者并不会因为张贴的宣传画增加了，就更加自觉地去排队。相反，电车礼仪宣传画唤起的其实是一种集体感，凡是违反电车礼仪的行为都会招致所有通勤者的注意和抵制。在这样做的过程中，宣传画将集体援引（invoke）为一种系统间隙中的矛盾调解所塑造的人与机器间的不稳定聚合。

这种诱导式宣传策略虽然已诞生了几十年，但其基本前提始终未变。例如，1925 年前后，日本铁路的官方机构制作的"先下后上、有序乘车"的电车礼仪宣传画，曾遍布东京各个地铁站。

这幅宣传画还配有下述解释：

> 从中野到东京，一站延误 30 秒，14 站延误 7 分钟；从蒲田到东京，7 站延误 3 分 30 秒，导致从中野到东京 2 小时内发车次数从 44 趟降到 35 趟，蒲田到东京发车次数从 20 趟降到 17 趟；短短几分钟，受阻人数多达 2000—3000 人。

我们或许会好奇有多少乘客会在宣传画前驻足，甚至会从公文包或口袋里拿出纸笔，来算一算上述延迟现象背后的真实数字。但事实上，这张宣传画并非独裁体制下"驯化服从"的表达——"服从指令！违者严惩！"；相反，它更像是一种通过理性展示引发通勤各要素间合作的恳求，是标准运行图与实际操作运行图间差异的重要性的展示。值得注意的是，宣传画的文字从开头起，就没有明确的读者指向，它只是一个操作逻辑的陈述，承载着时空间隔产生的物质力量，展示 30 秒的延误在各个车站的时空间隔中如何影响到 2000—3000 人。整个宣传内容直奔主题、平铺直叙，用赤裸裸的数字展示系统延误的恶果以及因拥堵停滞而躁动不安的人群。文字内容一气呵成，让读者读完不免胸闷气短、长吁短叹。

相比之下，虽然主导策略未变，但当代的电车礼仪宣传画完全采用另一种方法诱发通勤者的集体意识。前述 1925 年的宣传画强调了列车与车站间的间隙，而当代的电车礼仪宣传画则将间隙转换为通勤体验中的约束表达（prescriptive registers）与情感表达（affective registers）间的张力。如图 2.4 所示，JR 东日本中

央线上的电车礼仪宣传画以这样的标题开头——"乘车时要整齐排队啊"（乗車の際は、きちんと並んでね）。下一句则更直接具体——"为快速上下车，请自觉配合有序排队"（スムーズににに乗れる「整列乗車」にご協力ください）。

图 2.4 "乘车时要整齐排队啊"——JR 东日本乘车礼仪宣传海报

在这个带有请求语气的标题背后是一幅图画，向读者呈现站台上两位通勤者的腿部，二人均站立于白色排队指示线内、黄色安全线后。男性通勤者穿着休闲裤和略显笨重的棕色鞋子，而女性通勤者穿着裙子、长袜和粉红色波点鞋。他们相邻的鞋子上都有一个具有明显性别特征的、传统的笑脸图案——男性鞋子上的笑脸相对较大，显示出"男性化"的开口大笑；而女性鞋子上的笑脸则看上去更加娴静，显示出"女性化"嘴角上扬的微笑和表

　　　　　　　　　　　　　　　　　　　　　　　　通勤梦魇

示友好的眨眼。在他们二位身后，我们还能看到一列车门关闭的地铁。这幅宣传画对车站设施的描绘绝对准确，但由于采用绿色和蓝绿色软化了色调，使得图片远离了照片级的真实。

之前我们在 1925 年的宣传画中看到的对系统逻辑的理性描述早已一去不复返了。相反，这幅当代宣传画的宣传策略旨在强调约束表达与情感表达的结合，穿梭于命令表达、姿态模仿、语气变化和"可爱"的美学间，尝试以合作的方式管理系统间隙。宣传画的目标受众既包括作为特定个体的"你"，也包括作为非特定的群体的"我们"。在标题句结尾处，宣传画作者还加入了非常难以翻译的语气词"ね"。这一语气词通常表示社会交往中尝试寻求协调合作与确认的语气。第二句话则采用了日语中女性常用的要求、命令语气"ください"，表达了一种"积极的礼貌策略"。[18]"ください"的使用将要求、命令转化为希望得到对方同意的请求。加之，这种类女性语气的表达与图画中女性鞋子上示好的眨眼笑脸的组合一下让整个表达变得柔和起来。这一句还用了一个片假名书写的"スムーズ"（即英语单词 smooth），与官方严肃的汉字单词"順調"（意为"顺利"）相比，前者更像是注入了轻松有趣的语气，同样起到"软化"指令约束的作用。另外，通过化被动为主动的方式，标题句中的"整列乗車"（意为"有序排队上车"）采用了引号标记，意在暗示此为受规范约束的既定惯例，是大众常识的一部分，并最终希望大众能够遵循。同时，宣传画中眨眼微笑的鞋子实现了亲切俏皮的拟人，进一步完善了宣传画制作单位的全面诱导和劝说策略。另外，宣传画所体现的"权威"在页面的底部也得以进一步消解：上面写着制作单位是"铁路少年团"（鉄道少年団），其成员们出于对和谐社会的关注，合作制作了宣传画。虽然我的猜测不一定准确，但这类地铁礼仪宣传画通常都是相关竞赛或向通勤者征求意见后的作品。

像这种约束表达与情感表达组合的地铁礼仪宣传基本上算是一种标准程序。甚至如"不许装睡不给老人让座"等一些略带强制性质的宣传标语也常在规范、示范与展示间来回摇摆，时而强硬，时而亲密，有时既像是针对个人，又像是针对全体通勤者。这一点在使用有趣称谓的电车礼仪宣传画中尤其显而易见。在这方面，JR 东日本的"蔬菜—双关"系列地铁礼仪宣传画是一个绝佳的案例。如图 2.5 所示，宣传画的标题句是"要知道只有排队才能更快"（並んだほうが早イモん）。下面是一群可爱的、面带

图 2.5　JR 东日本赞助的宣传海报"有礼貌的土豆"

　　　　　　　　　　　　　　　　　　　　　通勤梦魇

微笑的土豆在站台有序地排队候车。双关的梗来自"芋「いも」"（意为"土豆"）与单词"早い"及终助词"もん"组合中的发音相同。*

　　东京电车礼仪宣传画通过弱化的指令、生动的示范以及友好的语气实现了宣传目的，可谓威廉·马扎雷拉（William Mazzarella）的"情感管理"（affective management）的生动体现。[19] 作为描述"专业协调情感"行为的术语，它诞生的最初目的在于呼吁人们关注公共话语的必要性：集体生活的构建不只需要来自权威的规范约束，更来自公共话语。正如马扎雷拉所写的那样："要想任何非强制力约束的社会活动有效，先要给它注入情感。"[20] 马扎雷拉的观点并非只是想将情感压缩到话语中，更确切地说，他认为，集体生活来自情感（affect）和象征性阐述（symbolic elaboration）或"情感与表达"差异中形成的不稳定的协调（modulation）。这对于思考电车礼仪与列车空间的关系具有非同凡响的意义。事实上，集体生活本身就是一个"不完整、不稳定、不全面"的过程，一种永无定论的辩证法，在公共话语的象征性调节和情感调节间来回往复。正如马扎雷拉指出的，前者的特点是抽象，是涉及如公民身份和公民社会等严肃正式的法律范畴的集合，后者的特点是感性，它虽各不相同但又屡见不鲜，是吸引我们每个人遵守情感社会秩序的源泉。[21]

　　在呼吁人们关注差异作为集体生活中的过程性不平等现

---

* いも是日语平假名，其片假名写法是"イモ"。由于是双关，旨在强调其发音近似，所以用片假名书写。

象的同时，马扎雷拉主张让我们将权力视为具有拓扑结构的（topologically constituted）、在调节间隙中存在的、终结于往复的无法判断的表达间的行为和内容。在马扎雷拉看来，差异是"权力生效的条件"，而所谓生效，就是吸引我们注意、促使我们投入、勾起我们欲望的能力。[22]换句话说，不只是机构话语、经济或技术力量强制我们服从、参与和投入集体创造活动。人们参与社会集体生产与生活来自社会集体生产与生活的自身差异性的诱导，它作为一个过程空间与潜在场景，允许人们在其中寻求机遇、不断尝试，最终产生全新的人或物。

马扎雷拉还指出，差异产生于公共话语在视听方面的调节与改变，其中既包括一国的科技进步，也包括娱乐媒体及消费广告的影响。具体到通勤铁路网中，差异形成于该系统的不确定性边际在生活体验方面的表现，也同样形成于不确定性边际在具体矛盾与系统规范间产生的紧张关系之中。它体现在列车电动机的共振与车内恭默守静间的协调、沉默拥挤的车厢内通勤者们若即若离的特殊关系中。具体到通勤中的紧张矛盾，挨肩叠背的车厢不仅让人无法动弹，甚至让人压根儿喘不上气来，车厢照明的灯光让人头晕目眩，风扇卷起吹散了带有洗发水、香水、肥皂味道的体香，也扬起了咖啡的余味、香烟灰的臭气、汗臭及各种由压力和腐烂产生的不可描述的气味。这些存于系统中的各种具体和抽象的矛盾始终与通勤者们日复一日潜移默化的通勤行为存在联系与冲突，表明了系统中各要素间的互动与通勤铁路网中反复广播宣传的通知、提醒与警告之间难以名状却约定俗成的规则。

通勤者集体作为一个操演过程而生成，在此过程中，无论是个体还是群体，通勤者都要设法处理通勤体验中约束表达与情感表达存在的间隙。重要的是，电车礼仪仅是这种活动的表达，而非活动的制造者。更进一步讲，电车礼仪是前述"具有拓扑结构的"权力运作的一种表达，也就是说，间隙本身作为一个具有可能性与潜力的场景，从中引发了拥挤不堪的列车中的种种具体参与活动。因此，当我们在第一章随机采访的通勤者说"别无选择"的时候，其实他的话只对了一半。作为高度发达的资本主义国家，日本的社会生活氛围要求社会个体必须在每天早晨准时到达工作单位或学校。与此同时，日复一日的重复活动，也让通勤者们在超员载荷运营的间隙弥合这一高度不稳定的过程中潜移默化地产生了一种内在的承诺感（immanent sense of promise）。不确定性边际的承诺，总是靠参与到集体中的、以克服客观物质限制为目的的尝试来实现。具体而言，挤上拥挤的列车就是参与到集体中，参与到世界上其他通勤人群难以仿效或忍受的过程中。而在其中产生的集体承诺感更让通勤者一致将违反电车礼仪的行为上升为众矢之的，使之成为大众口诛笔伐的对象，进而将其视为日本社会世风日下的典型案例。

车厢中的情色经济

如果说东京地铁超员载荷运营的间隙弥合是一个不稳定的活动过程，它将拥挤的车厢变成产生承诺感的空间，那么车厢内男性通勤者与女性通勤者的承诺在本质上却大相径庭。对女性通勤者而言，拥挤的车厢永远与其中暗藏的性犯罪威胁脱离不了干系，这在一定程度上是缘于将列车车厢作为男性劳动与幻想之空间的历史性别化。虽然女性乘客始终都有，但她们在车厢中的地位如同在日本社会中的地位一样边缘化。虽然日本女性对国家和家庭都做出了不可磨灭的贡献，但她们常被社会视为"无关紧要的""不稳定的"劳力。虽然有海量关于劳动与性别的研究文献证明日本女性为战后所谓的"日本经济奇迹"做出了巨大贡献，但长期以来，日本女性的工作种类仅限于非管理性的职位，并被视作在中小型企业就职的兼职劳动力以及为大银行、大公司等大型企业提供支持或某些专门服务的岗位。[23] 这些不合理的社会现象与规定让日本女性在职场沦为廉价劳动力，同工不同酬、没有涨薪福利、晋升机遇渺茫的情况比比皆是。这也使各公司得以根据一线大企业的生产需求迅速进行人员调整。日本的这种特殊社会结构也让小康之家的女性常在婚后就辞职返家，全心全意相夫教子。

正是由于上述原因，工作中的女性往往会被有意无意地"无视"。但它也促进了挨肩叠背的列车中与工薪阶层生活的联系，以及围绕男性对异性的欲望的规范概念而形成的车厢空间组织。若追溯日本通勤文化的历史，人们只需要看看 20 世纪初的相关文献，就会发现通勤列车在当时其实就是充斥着男性劳力和欲望的空间。[24] 这些文献足以证明，日本女性始终是通勤人群的一部分，也是劳动制度结构性不平等的生动写照。社会要求女性既要是欲望的对象又要是劳动的主体，但却在后者中竭尽全力模糊弱化她们的地位和作用。

虽然在车厢内不乏针对女性通勤者的广告，但车厢的空间中却始终弥漫着男性性幻想的迹象，这尤以广告视觉经济的种种现象为甚。虽然针对女性通勤者的广告无可挑剔，以时尚、个人卫生、化妆品、健康、家居等内容为主，但更多不计其数的杂志和漫画广告，无论是政府丑闻、社会危机、违法犯罪还是其他任何题材的内容，都常常会配着身着比基尼女性的彩图。这种图画中的女性通常都是20岁出头的年轻女孩儿，并摆出凸显诱人身材的造型。

这种广告是将列车车厢空间构建为男性为主导的异性性幻想场景的核心。广告尺寸通常很大，且悬挂在通勤者头上方的空间，占据着车厢中间位置。如果考虑到这些广告画与杂志目录的关系，我想它们表明了文明社会中的男性参与的社会活动，无论内容多么轰动一时或针锋相对，都需要一些情色特权的额外承诺。杂志广告中那些摆出性暗示姿势的少女形象图画正是这一道理的生动体现。在拥挤不堪的列车中，男性读者看到这些页面时，总是目光闪烁、鬼鬼祟祟，翻页的时候也常常慢慢吞吞，而我却从未在列车上见过有哪位女性着意浏览此部分。

另一个在通勤列车中以男性视角的情色视觉经济的极端例子就是所谓的"成人漫画"。在日本，你可以在车站附近的便利店中的书架上找到它，它一般紧挨着时尚、烹饪和新闻期刊。尽管日本的审查规则禁止广告行业在杂志封面刊登比比基尼泳装更暴露的图片，但成人漫画杂志却可以加入插图，以极富创造性的方式取悦读者。除了比基尼泳装女郎和成人漫画中的插图外，男性视角下的情色视觉经济还包括晚间体育报纸中附加的衣着暴露的年轻女性图片。与之相比，我从未发现有任何为女性通勤者制作的同类男性图片或插画。

车厢中的性变态者

　　情色视觉经济与地铁车厢中长期存在的针对女性的性骚扰犯罪威胁是否存在关联？虽然我没有找到关于这个问题的研究，但很难想象这种关联是子虚乌有。事实上，从社会学角度研究关于地铁列车上性变态者（痴漢）对女性的性暴力问题的成果已经不少。[25] 这项工作让这一社会问题昭然若揭。然而探讨地铁上的性骚扰犯罪本身就需要不止一部著作的体量，因此在这里我不打算深入讨论这个问题。但地铁列车上的情色图画问题仍需要在此分析讨论清楚。

　　将通勤列车构建成一个男性欲望弥漫的空间甚至衍生出针对女性的性暴力问题，其背后的根源之一在于日本这个国家的色情业（風俗）。在日本，色情业被视为"合法""健康"的服务业，其中一个色情电影主题"电车痴汉"（痴漢電車）就是以男性为主角，模拟通勤列车中的场景，为其提供偷窥、猥亵等性欲的满足和幻想。[26] 正如有的网站对其的描述——"强制猥亵性侵无助的女性"（無防備女を強制痴漢）。据我所知，没有向女性开放的此类服务。

　　自 20 世纪起，日本拥挤的通勤列车上始终存在针对女性的性骚扰问题。无论在电影、电视剧还是文学作品中，对这个问题的描述和批判都倾向于以中年男性通勤者性骚扰女学生为主题。但事实上，日本女性在整个职业生涯中都不得不面对这种事情的困扰。早在 1912 年，一些旅客铁路公司就创制了"女性专用车厢"，尝试缓解此类骚扰问题。[27] 在当代东京，这种策略依然沿用，在高峰出行时段仍设立了若干节"女性专用车厢"。[28] 旅客铁路公司也长期在车站和列车上张贴宣传画以提醒通勤者性骚扰违法。我曾见到一些宣传画，上面写着"依法严惩猥亵、破坏财产和暴力行为"，同时也有指导妇女擒获性变态者的方法——抓住对方的手，在空中举起并大喊"变态"（痴汉）。我认为，旅客铁路公司在同一张宣传画中将"猥亵"与"破坏财产"和"暴力行为"三者并列的举措并不妥当。这不仅反映出旅客铁路公司浮于形式、缺少智慧，也指出了一种可能性：以男性为主导的企业界无法甚至不愿反思和解决导致针对女性的暴力的更深层的社会预设，这才是针对女性通勤者的列车性骚扰这一长期问题的根源。

JEKI 规划与制作高级项目总监吉原美穗子告诉我，大约一个月前她公司收到了关于通勤列车中比基尼女孩彩图广告的投诉信。吉原总监说，此类投诉信通常是母亲寄来的，她们担心这类广告会导致自己的女儿在上下学途中受到不良人士的骚扰。但因为此类的投诉信数量实在不多，JR 东日本从未采取改正行动。吉原总监勉为其难地承认此类广告与性骚扰行为有关联，并说以前曾有女权民间组织公开反对在车厢内悬挂女性比基尼图片，但与其他此类投诉一样，最终都不了了之。

车厢中的情色视觉经济与针对女性乘客的性骚扰行为间的关联目前似乎还难以被广泛承认。其中原因如同 JR 东日本怠慢处理此类投诉的理由一模一样——有太多的骚扰行为并未报案。对此，我调查的包括熟人与朋友在内的女性乘客中，大多都将其归因为车厢过于拥挤，无法确定接触身体的行为是否有意为之。[29]但在我看来，让女性保持沉默的并非她们无法确定行为的企图，而是车厢内的沉默。由子（Yuko，音译）是一位27岁的女性，在一家进口公司担任管理层。她每天都要搭乘中央线上下班。她曾告诉我有好几次她都怀疑有人在故意触摸她，但她并没有勇气抓住并举起对方的手，高喊"变态"。她不知这样的举动在打破车厢内的沉默后会有什么样的后果。对由子而言，由于女性专用车厢的位置过于偏僻，加之上下车的通勤者太多，为了赶时间上班，她最终还是无法选择女性专用车厢。[30]

末班车中的间隙弥合

三户佑子认为，在晚高峰时段，通勤者可分为不同的类别。[31]下午6点—8点是"准时回家"型，晚上8点—9点半是"回家前小酌"型，晚上11点之后是"赶末班车"型。东京地铁的一个与众不同的特点是，晚高峰始于晚上9点左右，终于午夜的末班车。主要线路的车厢中全都挤满了乘客，虽然人数不及早高峰，但有着与早高峰完全不同的体验。

晚间地铁车厢的空气中常弥漫着酒气。常有身着西装的男性通勤者满脸通红，他们要么刚参加完生意上的应酬，要么刚在车站附近与同事或朋友吃了夜宵，一手拉住车厢内的吊环，虽然腿上像灌了铅一样迈不开大步，但仍尝试保持着笔挺的站姿。如果他碰巧有同事或朋友乘同一线路返家，通常二人都会趁着酒劲儿一路畅所欲言，甚至进入车厢后也是如此，直至其中一位到站下车。二三十岁的青年男女以及穿着时髦休闲的大学生是另一类群体，即使人再多，他们也往往尽量保持着三三两两的"小团体"，或是重温昨晚的活动或是分享工作中的故事，偶尔还会大笑起来。车厢中的大多数都是独行的通勤者，他们要么手拉吊环安静地站着，要么一言不发地坐在车厢两侧的软垫长椅上，有些人在看手机、发消息、刷网页，有些人则掏出口袋本小说，还有些人则干脆翻起了厚厚的杂志或漫画。所有人都表现出疲惫的状态，从他们的倦容仿佛可以看到他们或在公司里荧光灯下长久伏案工作，或在下班之后仍不得已在喧嚣吵闹、空气污浊的饭馆或酒吧中满脸赔笑地应酬同事或上级的模样。

疲惫的通勤者身处拥挤的车厢，被他人体温所温暖，被列车节奏所催眠，剩下的就只能是恹恹欲睡了。但真正能"享受"睡眠的也只有那些坐在长椅上的幸运儿。疲累不堪的他们被地铁列车电动机的共振声所催眠，最终昏昏睡去。当有人开始犯困时，他们原本拿在手上的书或手机就悄无声息地落在了腿面上，留下看到一半的页面或写到一半的电邮。当邻座的人开始打瞌睡，随着每一次不由自主的"点头"，他的脑袋逐渐靠向我们的肩膀，甚至整个上身的重量都要压过来的时候，我们理还是不理，这对每位夜归的通勤者而言都是个难题，它产生于列车车厢内的时空矛盾特征。

夜半至深夜的通勤列车上也常会遇到因为有醉酒的乘客吐在了车厢里，其他乘客就对这节车厢避之唯恐不及。不只是乘客，就连车站的工作人员面对此类情况也如临大敌。借着酒劲儿，醉醺醺的通勤者无所畏惧地罔顾地铁礼仪，穿过狭窄的走廊，逆行越过站台边缘的黄线，直接绕过排队候车的乘客扬长而去。随着列车进站，站台上的工作人员似乎也愈发紧张起来，他们手持对讲机，第一时间冲上去，催促乘客紧急避让以清理"危险"区域。他们的声音虽经站台广播放大，但仍难以盖过整个通勤列车系统的其他诸多杂音，并且随着列车进站，整个车站的氛围都变得异常紧张。此情此景日复一日地上演，以至于已经有旅客铁路公司开始尝试通过地铁礼仪宣传画，上书"喝酒不过量，全家喜洋洋"（Let's return home safely on days that we drink），恳请通勤者解酒后再上车。对通勤列车驾驶员而言，醉酒的通勤者永远是令他们提心吊胆、焦虑不安的源头。"上夜班太难了。我就是想平平安安地度过这几个小时。"佐藤道。作为一位有 25 年工作经验的 JR 东日本山手线资深驾驶员，他每次与我聊起这个话题时都非常紧张，哪怕我们只是在新宿车站的罗多伦咖啡店聊天，他也是如此。[32] 在佐藤 25 年的工作经历中，他只遇到过一次通勤者从站台跌落到轨道上，不过万幸的是，这个人躲过一劫。但在 2001 年，有两名男子（其中一人是韩国交换生）在山手线上的新大久保站（就在新宿附近）跳下站台，尝试搭救一名 50 多岁的醉酒通勤者。令人遗憾的是，这次的搭救没有成功，三名男子都被进站的列车撞死。虽然地铁站台现在都在显著位置配备了带有明显标识的紧急按钮，以在特殊情况下制动列车，但要么事发突然没人想到去按，要么当时所有人都只关注轨道上的救援忘记去按。

道尽途穷

在本章伊始，我们曾讨论总有一些通勤者能在到站之时猛醒过来，在车门关闭前一刹那侥幸下车。但是，有成功下车的，也有没能及时下车的。有的通勤者仅仅错过几站，而有的则在终点方才醒来。对那些深夜 11 点后"赶末班车"类型的通勤者而言，在地铁线路另一端的终点醒来真的恍如隔世。面对空旷陌生的站台，他们唯一能做的只有搭乘明早的地铁返回原点。这些通勤者因此成了"通勤难民"，只能被迫找寻车站之外的容身之所，在那里"度夜如年"地等待第二天早晨的列车。有时你能在不打烊的快餐店或者车站附近的一些家庭饭馆中看到他们，弓着身子蜷缩在桌子一角喝着咖啡。这就是快餐店和小饭馆遍布车站附近的原因之一。"通勤难民"是孤独疲惫的一群人，他们不得不竭力摆脱之前与同事在一起时的醉醺醺状态，并保持一个让店家信服的清醒姿态，以免被"驱逐"出这唯一的"全天候避难所"。随身带有现金的"通勤难民"或许会在一家通宵漫画咖啡馆或网吧寻到方寸容身之地。尽管前者号称拥有丰富的漫画，后者号称自家的电动按摩椅舒适过瘾，可这些都不是"通勤难民"们的心之所向。

在整个铁路网中，最包容也最适合通勤难民逗留到第二天清晨的车站当数在中央线西端的终点——高尾山下的高尾站。从车站出来步行 10 分钟左右，就有一个通宵的温泉接待疲惫不堪的"通勤难民"。整个店面宽敞但粗糙，看上去像是年久磨损的混凝土建筑，店里店外都刷着枯燥单调的颜色，令人颇感沮丧和沉重，那种风格看上去就像是某个苏联时期的度假胜地。温泉水疗中心的图标是一个微笑的蛋形人，手腿粗短，头上的三条波浪线代表洗浴，但看上去却更像是蛋形人稀疏的头发。其实，这个贴在窗户和门上的店面标识根本无法改变这里阴沉忧郁的氛围。

不过，这里的浴池及其他设施的确能满足每一位"通勤难民"所急需的恢复和放松，让他们第二天再回到拥挤的列车。浴池既有大的公共浴池，又有小的花园浴池，每位客人只需1080日元（约10美元）的入场费及另外1080日元的住宿费就可在此逗留一夜。这里不但提供热水、浴袍、桑拿房及药浴，而且还供应面条、米饭、啤酒等简餐和鱿鱼干、饼干之类的小吃。其餐厅打烊后，客人还可从自动售货机购买可乐、咖啡、啤酒等饮料以及零食。餐厅外有一排躺椅朝向巨大的门窗，门后面通向阳台。在另一个房间，则有一排柔软舒适的按摩椅，每把椅子前面都有一台小电视，整个场景看上去就像豪华飞机的头等舱或巨型游轮的娱乐室。对那些焦躁难眠的客人来说，游戏室可能是他们该去的地方，无论是否有人光顾，游戏室内的街机永不关机，循环播放着嘈杂的演示动画。

虽然该温泉的客人大多是中年男性，但也总能看到个别女性光顾，只不过陌生人之间仍保持着距离，没有问候，更没有交谈。对那些夜不能寐的客人而言，看漫画或读报成了他们打发时光的主要方式，甚至一罐啤酒也能让他们品味良久。这时候，谈话交流不仅不合适，也没有必要。虽然在沉默中共处一室，共享让人放松的设施，但人人都想在其中保持自我，这不由得让我再次想起列车中的沉默。

通勤梦魇

小 结

　　以东京通勤铁路网中的列车车厢为焦点，思考其中存在的种种间隙让我们得以管窥该系统中不确定性边际各要素间的关系特征。以这种方式，我们可将超员载荷运营视为人与机器间共同"劳作"的集合体。对通勤者而言，"劳作"意味着在每日通勤时遇到的重复性事件及差异性事件中调控张力或矛盾。所谓的重复性事件，即内化于系统的移动和互动模式，例如，每日在同一时间同一位置排队时遇到的同一个熟人，挨肩叠背的车厢中的沉默，循环播放的广告和通知，列车在进出站时的加减速以及电动机发出的轰鸣声，等等。而所谓的差异性事件，则主要指列车延误、非计划事件以及受外界影响产生的系统波动，所有这些都产生于整个系统的环境，大多是为了实现超员载荷的目的。要成为一名老练的通勤者，抱怨是没有用的，只能以积极的、身体力行的态度去面对和解决不确定性边际中存在的各种张力和矛盾，并致力于集合体秩序的再生产。同时，通勤者们还必须掌握不确定性边际中的种种运作模式、能量以及变化，从而为自己创造空间，不必妥协于集合体的整体秩序。

　　通勤者对不确定性边际习以为常的能力实际上反映的是他们影响机器以及被机器影响的能力，也是一种兼具积极和消极价值的能力。一方面，它展示了与技术过程产生本体纠缠（ontological entanglement）的潜力，这是集体生活可能性的基本条件。人类无法垄断与技术过程产生本体纠缠的潜力。正如人类学家已证明的，有许多非人类生物已经很好地学会并融入技术基础设施。[33] 然而，人类拥有的是一种更加可贵的与技术共同演化的能力，它不仅涉及调整与适应技术，而且涉及更广泛的概念性和实质性创新。另一方面，正是这种可贵的能力成为困扰我们的难题——它不仅使我们能包容技术，而且让我们能相当舒适地享受集体生活的形式，但这种生活形式无益于我们自身和这个星球上其他生命的繁荣。

第三章

无载荷运营

　　1996 年 12 月，东京最大的通勤列车运营商——JR 东日本推出了一个全新的列车—交通控制系统，用于管理计划列车运行图与实际列车运行图间的差异。新系统被命名为"自律分散式列车运行控制系统"（Autonomous Decentralized Transport Operation Control System）或简称 ATOS。* 它应用先进的信息技术和网络通信技术部署 JR 东日本的通勤铁路网，将其变为一个分散的、自治的自适应系统。在接下来的二十年中，JR 东日本在关东地区的通勤铁路网中陆续引入了 ATOS，近年则实现了在整个东京的铁

---

* 该系统在各个车站都设有微型计算机，各车站及中心一起联在一个由光纤连接的二重环路上，车站与中心在环路上处于同等重要的位置，车站的微型计算机与光纤的接口担负接收从环路传来的信息及将自身的信息发送到环路去的任务。见周丽英，《一种新型的行车指挥自动化系统——自律分散系统》,《铁道科技动态》, 1988（03）：25—26。

路网中的部署。*

ATOS 项目是 JR 东日本于 1987 年日本国铁民营化和重组后的首批重大项目之一。虽然新系统对通勤列车运营有着举足轻重的意义，但它对通勤者出行体验的初始影响却很小。尽管 JR 东日本的系统工程师和管理层声称这套系统可以将通勤系统从 20 世纪的旧式城市公共交通模式中解放出来，但事实上，ATOS 的部署应用并未彻底解决通勤列车的拥挤情况，甚至连稍作缓解都未曾实现。[1] 相反，ATOS 扩大了通勤铁路网的不确定性边际，并将其超员载荷的主要运行模式变成了无限制运营。最终，一个既能从容运作又能应对极端意外的运营系统诞生了，原本非常规的运营模式在其中变成了"合规"程序，这竟使得挨肩叠背的通勤列车变成了一种更加可持续的实践。

表面上看，ATOS 是 20 世纪 90 年代技术进步和理论突破偶然汇集的成果，不过这些技术创新应用的初衷竟在于帮助 JR 东日本应对突然飙升的通勤者自杀事件。如前所述，ATOS 本身就是为应对突发事件、减少系统混乱而生的。[2] 本章虽以之前的讨论为基础，但我们将更多关注作为极端基础设施运营的一种模式或"图式"（schema）。极端基础设施是指应对世界日益恶化的环境危机的建筑或设施，作为其中的一部分，ATOS 提供了对极端基础

---

* ATOS 是当今世界上最大的自律分散应用系统，它管理着日本东京地区 200 多个车站和 2000 多公里线路，实现了行车指挥、设备监控和旅客信息服务综合自动化，实现了列车的高密度运行，并实现了系统的分阶段建设，具有典型性和代表性。参见褚晓锐，《自律分散系统特性与体系结构及应用分析》，《自动化与仪表》，2009，24（05）：32—36。

设施需求的初步响应，通过自组织（self-organizing）的方式，兼容秩序紊乱现象，应对运营过程中的极端突发事件。其次，ATOS的应运而生（如应对 20 世纪 90 年代通勤者自杀现象飙升），让世界各个城市看到了应对当前和未来极端环境事件威胁的真切希望。面对人类世（Anthropocene）*的种种存在威胁，ATOS 体现出了一种前所未有的技术乐观主义（techno-optimism）。这种技术乐观主义认为，未来的条件一定会比过去更好，环境危机的技术解决方案将奇迹般"适时降临"。同时，如果 ATOS 的自组织模式使其成为未来遏制环境灾难所必需的极端基础设施的典范，那么它终将成为极端基础设施借以成为将带来诸多环境灾害的极端资本主义这一矛盾的杰出实例。另一方面，极端资本主义是一种新的、激进的、毫无节制的即时资本主义生产和消费模式，它凭借基础设施得以实现，不仅能承受并适应由消费者多变需求产生的全球市场的变化和波动，而且能为波动的亚稳态创造条件。极端资本主义形成于华尔街高频交易的串联，而实时信息交换系统将广告数据与用户印象联系起来，以生成为我们"定制"的在线体验并产生一个全球性的商品生产、运输和消费网络。[3]若按极端资本主义的逻辑，像唐纳德·特朗普（Donald Trump）这样的人才是经济生产的象征，不是因为他们的商业头脑，而仅是因为他们具有随时随地炮制突发的极端媒体事件的能力。

所谓的"不规律即规律"（irregularity is regular）原则早已被

---

* "人类世"指人类自工业革命以来的活动对环境的影响可成立一个新地质时代的理论。

那些支持所谓的"适时的"极端基础设施和极端资本主义的拥趸奉为圭臬。从生命科学、物理学和计算机科学的学科交叉理论中诞生的"不规律即规律"原理为技术基础设施提供了承受预计环境灾难和资本主义无节制剥削的基本机制。主流技术理论观点常将其描述为分散的、自组织的、应急的基础设施的实现，认为这既是技术不断发展进步的证据，又是集中式结构限制而进行必要的放弃。相比之下，借助 ATOS 的例子，我认为基础设施工程所体现的原理并非不可避免。我更强调，极端基础设施不只是一个不可或缺的、用来逢凶化吉的预防措施，它的适时诞生可以帮助我们应对明天难以阻挡的灾难。在一定程度上，它是应对过往危机和未来不测的产物。自 20 世纪 60 年代后期开始，随着劳动、环境和经济的全球性危机的不断显现，"不规律即规律"原理渐渐成为被世人认可的解决思路。在这种背景下，极端基础设施也重新进入人们的视野并引发了相关的新思考。

在思考极端基础设施时，我追溯了 20 世纪 70 年代全球出现危机以来 ATOS 运作模式的起源及其演变。在这一过程中，我重新考量了这个新系统的技术性。回顾我在本作开篇所提出的观点，我主张技术性的伦理内涵是使其成为一种尤为强大的技术思维概念的一部分。通过要求我们根据技术元素、机器或集合体的"具体化程度"进行思考，技术性反而破坏了"技术"这一术语的整体价值。简而言之，具体化程度越高，集合体演变的技术性和能力就越高。这方面，具体化意味着各个异构组成部分（和现实）之间逐渐产生的功能一致性。然而，具体化不可简化成技术优化（technological optimization），因为在工具性术语中，技

通勤梦魇

术优化是指资本主义为推动提升市场效率技术系统的超合理化（hyper-rationalization）。[4] 在西蒙栋的著作中，技术优化指的是一个集合体的不确定性边际及其随环境进一步演进的过程的潜力。唐娜·哈拉维也曾写到，"随……一起演进"（becoming with）的概念具有重要伦理吸引力（ethical gravity）。[5] "随……一起演进"并非意味着将一件事物融合于另一件事物，而是通过不同量级的系统（或环境）之间的通信生成新的相互依赖关系的全新表达。对于西蒙栋而言，技术集合体的演进以发展程度更高的技术性为代表，是一个技术系统通过模拟有机个体的一定程度的具体化而"有机演进"（becoming-organic）的过程。[6] 因此，对于西蒙栋来说，真正的技术创新涉及将技术集合体的不确定性扩展到更大的具体化和更高的技术性。在西蒙栋的思想中，这种创新似乎表达了一种"技术心态"（technical mentality），表达了对技术集合体内部冲突和局限性的临时解决方案的愿望。[7] 因此，西蒙栋似乎将技术纯度（technical purity）的要素归结为真正的工程创新的源泉。但是，ATOS 的出现将这一观点复杂化了。

为了实现一个突现且有弹性的系统，ATOS 凭借应用源自对有机生命体的观察的"不规则即规则"原理，成为有机演变的理想范例。与此同时，ATOS 展现出的高级技术性不但成为暴露更深层次潜在矛盾的例证，还变成人类适应气候变化与实现无节制消费的一种手段。换句话说，有机演进已经变成与极端资本主义串通一气的同谋。我的这一主张与梅琳达·库珀的观点一致——资本主义已经学会借助"生物技术"（biotechnology）来剥削"剩余生命"（life as surplus），为看似无限的资本开疆拓土。[8] 我在这里介绍的 ATOS 背后的概念谱系与库珀的生物技术的批判史之间存在相当密切的关系。二者都集中在 1970 年前后工业资本主义的产能危机（crises of capacity），并将自然界重新概念化为一个亚稳定的"不规律即规律"系统的推论。然而，库珀强调，要通过利用一种新的有机的逻辑来分析当代新自由主义的特殊性。日本的新自由主义改革当然属于 ATOS 前世今生的一部分，但将所有 ATOS 项目都归因于新自由主义则未免过于简单化，尤其是考虑到 ATOS 首席工程师的创制动机方面，"自律分散"（distributed autonomy）这一有机的、核心的概念不容忽视。在本章，我将证明产能危机的观点影响了 ATOS 首席工程师去中心化的应急基础设施的设计思想，同时还包括推动控制论发展的乌托邦理论对他的启发。而这些其实也与西蒙栋的思想一脉相承。因此，在本章，我将以 ATOS 为例，结合传媒史学家奥里特·哈尔彭对韩国智能城市——松岛新城（Songdo）的研究进行分析论述。哈尔彭的论述虽然始终聚焦松岛新城，但她的观点却具有更广泛的适用性。在哈尔彭看来，松岛新城的规划和建设并不能轻易归因于时代激变（radical historical shifts）或新自由主义（neoliberalism）[9]，相反，它似乎是一个令人胆战心惊的矛盾体，并引发出一系列问题，如"究竟哪里出错了？""控制论下的哲学与后人类（posthuman）项目最终是如何导致对网络化环境的贪得无厌以及对毫无节制的数据经济的饕餮之心？"或者，换句话说，作为内在乌托邦（immanent utopia）的有形审美表达，令人"心荡神摇"的数据如何蜕变为新自由主义经济价值的世俗工具？ATOS 也引发了相似的疑问。通过它，我们或可了解东京通勤铁路网是如何成为极端基础设施和极端资本主义媒介的典型实例的。

ATOS：无所不在的东京魅影

历史学家沃尔夫冈·希弗尔布施在研究北美和欧洲铁路的历史中将铁路描述为一种技术集合体，它需要集中化管理，以协调庞杂交通网络中的列车而不发生灾难。[10] 迄今为止，集中化的指挥控制系统仍然是铁路运营的理想模式。在 20 世纪 20 年代，美国铁路技术工程师们开发了集中交通控制系统（Centralized Traffic Control，简称 CTC），该系统已成为全球铁路的主要控制技术。虽然日本一些私营铁路公司在第二次世界大战之前就采用了 CTC，但直到 20 世纪 50 年代，日本国有铁道才开始引入并普及该系统。[11] 我们曾在第一章对其进行过简单介绍，在 CTC 模式下，位于系统中央控制室的调度员监控系统大示意图上列车的运行进度，并向列车和车站发出指令。调度员的劳动强度在很大程度上取决于沿线的交通密度以及系统的自动化水平。在自动化程度较低的 CTC 中，调度员的任务是远程操作开关和信号，并将列车引导至每个车站的正确站台。无论自动化程度如何，调度员的唯一目标都是尽可能严格按照主要的计划列车运行图进行操作，同时允许充足的"余裕"进行超员载荷运营。

JR 东日本通勤铁路网的中央指挥和控制室是东京指令室。东京通勤者通常是在电视和广播的早间新闻中看到由 JR 东日本女性职员播报的来自指挥中心的最新交通信息及偶然出现的"特别交通报告"（special traffic report）。但是，东京指令室的位置属于机密，从未对外公开。JR东日本指令室是世界上最繁忙的列车网络的核心，也是东京轨道交通的大脑，它负责监管18条不同轨道交通线上的12,000多列火车，每天运送旅客累计超过1700万人。[12] 正如一位JR东日本的员工告诉我的："如果没有了指令室，全东京地区就要瘫痪。"[13] 虽然这句话可能有些言过其实，但它也印证了我对该公司指令室戒备森严的保安措施的深刻印象。事实上，指令室绝不是一个可以随意出入的场所。我花了一年半的时间想方设法才最终有幸获准参观那里。2005年11月的某天，我在市区某火车站外与一群JR东日本的新入职员工汇合。[14] 他们都是男性，20岁出头，穿着标准的代表新员工的蓝色西装。我们这个小团队与为我们当导游的两名来自指令室的技术人员一起，从车站步行一小段路程，来到一座位于多层高速公路和列车轨道中间的不起眼的玻璃和钢结构建筑，这就是指令室的真面目，在入口处，我们收到了一个带有官方JR徽章的胸针，并将其别在上衣上。然后，两位导游带领我们穿过一扇烟色玻璃门进入电梯，然后沿着大厅走到一扇毫不起眼的沉重的灰色金属门前，门上挂着一个漆木标志牌，刻着黑色的字符"东京综合指令室"（東京総合指令室）。

其实，这个漆木标志牌有点误导性。在这个巨大的椭圆形房间中，集中指挥和控制不再是这个指挥中心采用的主要操作模式。2005年11月，随着ATOS的诞生，该机构正经历从集中式到分散式组织的最后过渡阶段。东京的每条主要轨道交通线在指挥中心都有对应的ATOS终端，这一系列控制台包括以100MB光纤电缆连接铁路网中每个站点的网络、站台信息公告牌、信号系统及开关系统。终端以环形方式布置在房间内部，而管理工作站和一张巨大的椭圆形木桌是发生紧急状况时的临时会议点，它们位于房间中央，且高度略高于各个终端。

当我参观指挥中心时，仅剩南武线（即立川站与川崎站间的区段）这一条线路尚未接入 ATOS 终端。南武线升级改造的工作正在进行，并且指令室中早已组建好新的计算机终端设备，就差最后的联网了。在当时那个阶段，南武线仍在采用一种小型的集中指挥控制模式。我看到管理台上还放着电话、传真机和几部插着耳机的发射机。在桌子旁边的一块大黑板上，有用白色粉笔匆匆写下的几个车站名称、一些时间表更正。调度员的工作看上去非常固定、死板，他必须专注于监控交通状况报告、发布指令和分配时间变更。说实话，即使按照 CTC 标准，这一整套设备与设置也相当"简陋"。这不由得让我想起在 ATOS 诞生之前是如何调度控制指挥更复杂的列车线网的。以中央线的 CTC 控制模式为例，调度员可以看到实时显示的列车进度，并能通过控制台远程控制轨道开关。平台站间列车进路（routing for stations）也可通过位于中央指挥中心或沿线站点的计算机实现自动化。

与南武线的指挥控制台部分相比，指令室中的埼京线 ATOS 终端部分则更显得悠然。一群年轻技术人员将行政风格的高靠背办公椅从计算机控制台推到了一边，围成一个圆圈，坐在那里聊天打发时间。其他列车线路的 ATOS 终端处的氛围也基本是如此——虽然计算机控制台设计工作人数为 3 到 4 人，但大多数情况下，只有一名技术人员在查看列车运行图的打印资料或坐在其

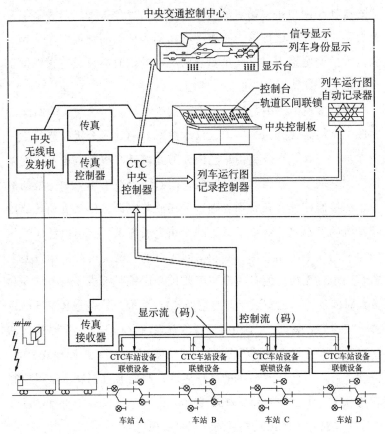

中央交通控制中心

信号显示
列车身份显示
显示台

列车运行图
自动记录器

控制台
轨道区间联锁
中央控制板

传真

中央
无线电
发射机

传真
控制器

CTC
中央
控制器

列车运行图
记录控制器

传真
接收器

显示流（码）   控制流（码）

CTC车站设备	CTC车站设备	CTC车站设备	CTC车站设备
联锁设备	联锁设备	联锁设备	联锁设备

车站 A   车站 B   车站 C   车站 D

图 3.1 CTC 模式示意图

来源：Takashige, Tetsuo. "Signalling Systems for Safe Railway Transport."
Japan Railway & Transport Review (September 1999): 44–50

中一个计算机监视器前点击查看各种系统状态。这就是 ATOS 终
端的特点，工作人员紧张严密的监督在这种模式下不是必需的。

ATOS 将指挥和控制去中心化（decentralization），这意味着

系统每个组件都负责制定自身决策，而非依靠中央调度员来监控交通情况和发出指令。描述这种组织系统的术语在日语中称为"自律分散"（じりつぶんさん）。"自律分散"其实是一个复杂的术语，因为日语假名"じりつ"转为日语汉字时，既可以是"自律"，也可以是"自立"。与汉语词义相近，所谓"自立"主要指"独立"，而"自律"则主要指"自我控制"，后者既可以属于法律概念范畴，也可以属于哲学概念范畴。在这种情况下，"自律"并非用来指独立行动的能力。它更多表示在同一领域内，通过互动交流，与具备相同或相似行为潜势（possibility for action）的人或物保持一致的行为与情况。这种互动交流原则是 ATOS 去中心化的关键。

对 ATOS 而言，最值得强调的重点在于，它不通过协调主要运行图与运营运行图间的差异来改变交通控制的基本原则。相反，ATOS 改变的是产生"间隙"的组织运营模式，从而改变"间隙"的概念。在集中交通控制系统，即 CTC 模式中，指令是自上而下发出的，但在 ATOS 中，允许指令自下往上发出。

在 20 世纪 90 年代早期的自律分散系统国际研讨会（International Symposium on Autonomous Decentralized Systems）上发表的一篇论文中，两位日本工程师总结了自律分散系统对通过集体自治实现自组织的启示："自律分散是这样一种系统，其整体的功能顺序是由子系统之间的互动协作产生，每个子系统都拥有部分控制系统的自主权"。[15] 如图 3.2 所示，尽管我们很容易用示意图的方式解析系统运作方式，但这种互动在软件和硬件层面实际发生的情况却非常复杂。基本上，轨道交通各个站点可以理解为系统中的节点（node），它们收集信息，然后在一般的"数

实现符合信息时代的
高级运输管理系统

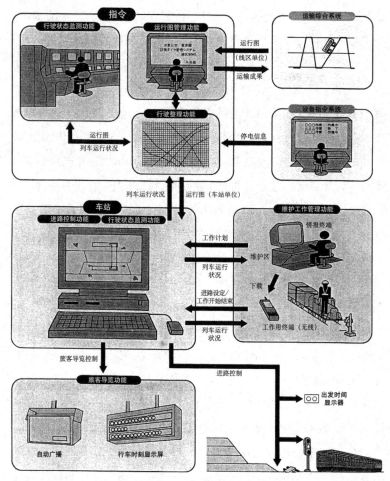

图 3.2　ATOS 各组件间信息流运行模式示意图（日本人所理解的"信息时代的高级交通运输管理系统"）

来源：*Japanese Railways Engineering Journal*, no. 135 (1995)

据域"（data field）中与其他系统组件共享信息。

　　ATOS 一般不会改变网络结构的拓扑结构。站点、轨道、开关和信号可以仍保持 CTC 控制模式中的位置，不过 ATOS 却真切改变了每个系统与其系统之间的互动模式，其结果是产生一个自下而上的、用于处理紧急情况的新拓扑结构组织。对控制室中的技术人员而言，从 CTC 系统过渡到 ATOS 最为明显的标志就在于在面对计划运行图与实际运行图的差异时从"管理"到"监督"（监视）的方式转变。从管理的角度看，它事关对交通运输的即时积极关注和对列车运行情况和秩序的管理（如前所述的南武线调度员的例子）；从监督的角度看，它似乎更加被动，只需要调度员观察渐次发展的运行秩序。从管理到监督的转变在外部还表现为显示台（display board）的移除，那个系统中央控制室中调度员监控列车移动运行的大型示意图随着这场过渡也随即宣告作古。在 ATOS 中，显示台被系统紧急模式所取代。如果需要，控制室的技术人员可随时在 ATOS 配置的显示器上查看运行图的最新情况。（显示屏上的线条和数字的排列，不由得让我回想起了1999 年由沃卓斯基姐妹执导的热门科幻电影《黑客帝国》中，模拟世界的紧急秩序是如何呈现为绿色代码雨的。）以显示台作为指挥控制的视觉媒介，调度员位于整个网络中的"阿基米德点"，拥有很高的权限。换句话说，显示台体现了人类对视觉和知识进行"集权化"的全景愿望。米歇尔·福柯（Michel Foucault）在解读杰里米·边沁（Jeremy Bentham）的环形监狱（panopticon）时，将环形监狱描述为一种理想化的、从"集体生活的任何阻碍（obstacle）、抵抗（resistance）或冲突（friction）中抽象出来"

的权力分布图。[16] 在福柯的分析中，环形监狱反映了关于现代权力集中的规训（discipline）逻辑，即集权意味着排斥所有的不规则性和不确定性。在福柯后期的研究中，他用关于安全的论文重新修正了他对现代权力的阐释。[17] 鉴于规训在自我生成的模块化空间中对个体产生作用，那么一个理想的安全机制应遵循去中心化的模式，在现有流通网络中对人口进行相应操作，以调整而不是消除不规则性和不确定性。虽然福柯可能并非有意为之，但他从规训到安全过渡的图示化表达映射了从现代工业经济到后现代、后工业信息社会的历史转变，并可进一步扩展映射 20 世纪资本主义向 21 世纪新自由主义转向的概念。

从 CTC 模式下的管理运行图到 ATOS 模式下的监督运行图复杂化了这一历史叙事。即使在 CTC 的集中控制模式中，只要主要运行图能保持理想的秩序，那么它就并非"阻碍、抵抗或冲突"的结果，而是超员载荷运营的必要因素。正如我在第一章中所论述的那样，若列车调度员一味坚持严格遵守主要运行图，那么轨道交通系统将永远不可能容纳城市中的通勤人口。所谓的"分歧"（divergence），其实就是超员载荷情况下系统间隙弥合的问题。因此，从 CTC 集中控制模式到 ATOS 自律分散模式的转变不能简化为从要求绝对遵守规范的"规训"结构转变到协调不规律现象的过程机制的历史性转变。无论哪一个系统，最核心的内容都在于结构（structure）与过程（process）、控制（control）与突现（emergence）的动态特征。如何协调动态因素是区分模式差异的主要考查点。集中化系统通过管理网络中的不同参与者对动态特征进行判定，而在 ATOS 这样的自律分散系统中，系统调度人员

通勤梦魇

的首要任务是对互动场景进行监督，从而便于更直接地接触系统的不确定性边际。我们还可借用列车运行图中的差异对这两种模式进行概念区分。在集中化模式中，运行图的差异虽在所难免，但仍将其视为可控制的熵力（force of entropy）*，但在 ATOS 中（稍后我会详述），运行图的差异则被视为突现的必要条件。

更进一步讲，轨道交通运营的首要关注点就是要从系统网络的参与者过渡到互动空间。与以往的集中化系统相比，ATOS 其实允许更大的命令集中化。如我在第一章中所言及的，在 CTC 系统下，主要铁路网的复杂度和行车密度使得轨道交通公司在客观上无法实现绝对的集中控制。单一的控制器根本无法即时管理和响应列车交通线上的海量信息。因此，主要列车线路常常会有多个控制中心，由它们向东京指令室的中央控制器发送报告。尽管 ATOS 具有去中心化模式的潜势特征，但它也允许即时和全面的集中化控制。在我的东京综合指令室之旅中，就发生了两次集中化控制的现象。当警报声响起，技术人员飞速回到各自岗位来控制系统。这两次"特殊情况"都仅涉及轻微事故，只需要对列车

---

* 熵（entropy）的概念最初由德国物理学家鲁道夫·克劳修斯（R. Clausius）提出。它表示一个系统在不受外部干扰时，其内部最稳定的状态。我国物理学家胡刚复教授于 1923 年根据热温商之意首次把此术语译为"熵"。任何粒子的常态都是随机运动，也就是"无序运动"，如果让粒子呈现"有序化"，必须耗费能量。所以，温度（热能）可以被看作"有序化"的一种度量，而"熵"可以看作是"无序化"的度量。如果没有外部能量输入，封闭系统趋向越来越混乱（熵越来越大）。例如，房间如果无人打扫，不可能越来越干净（有序化），只可能越来越乱（无序化）。而要让一个系统变得更有序，必须有外部能量的输入。1948 年，香农（Claude E. Shannon）提出信息熵的概念，将其定义为离散随机事件的出现概率。一个系统越是有序，信息熵就越低；反之，一个系统越是混乱，信息熵就越高。所以说，信息熵可以被认为是系统有序化程度的一个度量。

运行图进行微调。在通过电话与相关车站进行问询和确认后，技术人员只需要点击鼠标就完成了相应的工作。一旦微调完成，其余分散的去中心化指令则重新交由 ATOS 处理。

载荷问题

当媒体理论家亚历山大·加洛韦（Alexander Galloway）和尤金·萨克（Eugene Thacker）反复论及德勒兹的"我们已经厌倦了根茎"（we are tired of rhizomes）那句话时，他们是在提请读者注意将分布式拓扑作为新自由主义生物政治的技术组织媒介的挪用及其随后作为"抵抗"模式的崩溃。[18]加洛韦和萨克并非批评德勒兹在评论流行（甚至在某种程度上，也涉及学术）媒体的话语中将技术拓扑与社会政治形式的组织等同起来的倾向。[19]据这种观点，一个由大众媒体调控的社会无可避免地降低社会个体的地位，将其置于交流与控制的集中系统中，而分散式网络在具有自组织特征的突现性集体（emergent collective）中产生自主个体（autonomous individual），最终塑造一种（潜在的）解放性的技术社会，如点对点文化（peer-to-peer culture）、快闪族（flash mobs）及脸书（Facebook）。因此，我们不难想象，ATOS 及自律分散原则如何被人们视为将通勤者从 20 世纪城市大众运输模式中解放出来的中流一壶。

但 ATOS 从未有意解放列车上的通勤者，而"解放"则意味着主动减轻系统运行环境中极端事件产生的影响，并将超员载荷运营转换为无载荷运营。与所有技术创新一样，科学与铁路类期刊首先刊载了大量此类研究的文章，其中不少是在 ATOS 应用之前，于 1993 年开始的两年一届的自律分散系统国际研讨会上宣讲的。[20] 这些早期的会议论文集等文献无一例外地列举了集中交通控制系统的缺点，同时不遗余力地褒扬将自律分散型管理技术引入 20 世纪铁路管理的优点。[21] 他们认为，集中控制模式系统的根本缺点在于其"劳动密集"的特性。这里他们所说的"劳动"含义非常广泛——它可以指代控制中心调度员努力弥合列车运行图中的间隙的压力、出现运行混乱时恢复列车运行图的困难、将列车运行的最新消息通知给通勤者的必要性、系统维护以及其他任何工作。所有的这些"劳动"都明明白白地凸显了一个缺陷：在没有充足人力保障的情况下，集中控制模式系统缺乏处理无规律的意外活动或行为的灵活性。对东京的通勤列车运营方而言，这种缺乏灵活性的特点尤其在两种不同但相关的情况下表现出来——通勤需求短时激增以及由技术故障或通勤者自杀等意外事件而导致的列车运行图的混乱。两种情况都属于系统运行环境中的突现事件，都可能导致大规模的系统故障。

铺画列车运行图的技术人员始终追求将不确定性边际转换为历历可辨的交通运输管理的对象和预测的对象。日本通勤列车投入使用的最初几十年间，列车运营机构逐渐学会了将体育赛事、音乐会、法定假日等活动的预期运输需求增长纳入考虑范围，不过事实是，他们无法预料到所有意外情况。游行示威等政治事件、全民关注的体育赛事、市中心的消费者活动都可能导致根本无法预料的列车通勤高峰。这些事件造成的突现无序，为轨道交通运营机构管理运行图间差异的能力造成了一定程度的威胁。如果说这些极端事件都属于几乎无法控制的范畴，那么高峰时段的技术故障或列车线路上突发的通勤者自杀所导致的通勤者大量涌入并滞留车站寻找替代路线，则更使系统处于极度危险之中。即使有一定数量的备用列车在为应对这种突发事件待命，列车运营机构也无法在如此短的时间内将列车以最快速度调配到车站以适应需求。如此一来，站台将变得更加拥挤，不断涌入的通勤者则会大大增加出行者掉落或被推落到轨道上的危险。总而言之，这种预料之外的的通勤需求激增造成了交通运行的混乱无序。这种无序会在整个系统中蔓延，最终导致列车主要运行图的彻底崩溃。作为对此类突现危机的响应，指令室中负责列车运行图的技术人员将不得不匆忙计算并铺画临时运行图。一旦计算与铺画完成，还必须通过传真机依次发送到轨道交通系统网络中的每个站点，随后才能恢复交通运行秩序并重启列车运行服务。

自战后时期直到 20 世纪 80 年代，日本的旅客铁路公司一直在设法通过数量庞大的劳动力来维持轨道交通运营，同时努力减轻不可预测的无序突发事件造成的影响。作为研究日本轨道交通历史的专家，三户佑子向我描述了日本国有铁道曾经如何招募大学生作为兼职志愿者，预备在极端异常操作情况下赶往各个车站，协助管理平台汹涌可怖的人群。[22] 突发事件的不可预测性为什么无法通过劳动力得到有效解决？这其实与 20 世纪 70 年代开始的一系列政治经济的变化有关。关于这点，我将在本章的后面再次谈到。而目前，我主要想通过对 ATOS 的探索，挖掘超员载荷运营的真实意义。

无载荷运营

通过调动自律分散的组织架构，ATOS 将 JR 东日本东京通勤铁路网从受固定运营限制困扰的系统，转变为将极端情况下的突现事件作为可管理的无规律情况以保证其能够容纳于常规运营秩序内的系统。这样的结果造就了一个具有高度灵活度的峰值运行阈值系统。这种转变究竟意味着什么？信息科学学者山本昌人（Yamamoto Masahito）为我们举了一个非常轻松生动的例子作类比——他将传统的集中控制模式的列车交通运行控制系统类比为传统寿司店，而 ATOS 则相当于新式的回转寿司店。[23] 在回转寿司店中，顾客坐在装有传送带的柜台旁，从传送带上不断循环的各色盘子中选择自己喜爱的寿司，不同颜色代表不同的价格，消费者根据他们在用餐结束时累计的盘子颜色付费。

回转寿司店的布置模式可以实现无阈值运营。山本解释说，在一家传统寿司店里，寿司厨师只在收到客户的订单后才开始准备寿司。与之类似，在集中交通控制系统中，调度员首先要等候车站发出的指令，然后再将列车调遣前往车站。因此，传统寿司店和集中控制模式都有明显的运营阈值。若传统寿司店中突然涌入大量顾客，所有人都想在短时内下单并得到服务，那么寿司厨师就会不知所措乱作一团了。同理，列车调度员也会因通勤需求的瞬时激增而手忙脚乱。相比之下，在回转寿司店中，寿司厨师通常不会等待顾客下单。[24] 他们会观察店内传送带上的寿司取用情况，从而自行决定要准备哪种寿司。山本指出，回转寿司店内的传送带相当于 ATOS 中的"数据域"。通过传送带，顾客与寿司厨师（可视为

"子系统")能够共享信息,这使得双方协同处理数据变为可能。由于回转寿司店中的寿司厨师无需等待订单,而是根据其自主判断来制作寿司,因此该系统不受传统的集中式寿司店的运营限制。山本还通过曲线图描绘了回转寿司店运营模式的高峰情况,该曲线表明运营峰值始终保持稳定,仅略高于传统寿司店运营模式。经过详细论证,他指出回转寿司店实际上不存在所谓的高峰时段。

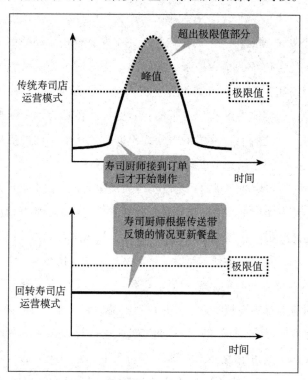

图 3.3 寿司店运营模式对比示意图

图中上半部分显示,传统寿司店运营模式下系统极易超过极限值;而图中下半部分显示,回转寿司店模式下系统产出始终保持稳定,且始终在极限值之下。

来源:山本昌人,「世界に広がる自律分散」,*Landfall* 48(2003):1–5

在组织管理通勤铁路网方面，ATOS 能够聚焦极端环境事件下的不规律现象，将其视为网络运行重点，并将这些不规律现象融入常规运行秩序中。以这种方式，ATOS 造就了更为高效的交通管理系统：它是人类在大规模基础设施层面上设计的应对突现事件的一个典范。随着 ATOS 的研发和推出以及大量学术文献和企业书刊的描述和论证，人类似乎对这个新系统的需求既无可回避又一拍即合。但是，正如在下面我们要讨论的，ATOS 的出现既非无可回避又非无可置疑。

极端基础设施与产能 * 危机

面对势不可挡的全球气候变化趋势、极端环境事件的持续威胁，人们不仅视 ATOS 系统模式为应运而生，而且认为这是 21 世纪基础设施不可或缺的配置。例如，美国国家气候评估报告（United States National Climate Assessment Report）官网上有一句致访问者的话：“人类的基础设施正不断被上升的海平面、暴雨及季度高温所破坏。随着全球气候的持续变化，破坏正日益严重。”[25] 该网站由 GlobalChange.gov（美国全球变化研究项目的官方网站）负责制作维护，网页采用“关键信息”呈现风格，以全

---

* 此处原文用词为 Capacity，它在英语中是多义词，其含义包括 “能力” “容量” “产能” “载荷” “资格” 等。在轨道交通领域，其意为 “载荷”；在政治经济领域，其意为 “产能”。从某种意义上理解，这个词虽然在不同领域的中文表达方式不同，但表达内容均有相通之处。

屏图像的方式呈现了包括受高温炙烤而变弯的道路、被暴雨淹没的地铁和被洪水冲垮的桥梁等系列图片，作为对 300 名专家编撰呈递的《国家气候评估报告》结论的支持。该报告的最终结论郑重告知我们：最坏的时刻还未到来。经过数十年的疏忽大意和管理不善，美国已经在应对气候变化方面落伍。而在未来数十年内，危及全球的气候变化终将肆虐，至关重要的交通运输、城市供水与电力基础设施等将确定无疑受到极端环境事件的严重侵袭直至遭到毁灭性打击。对美国乃至全球的基础设施而言，关于未来全球气候变化耸人听闻的预测的反应和所谓的应对之法或许只限于网站上那些循环播放的令人震惊的图片。而即使是滚动播放的图片也不足以让人认识到这一危机的可怖，那些将暴虐的极端天气和环境污染造成的破坏惨状与悠然自得的田园风光交错展示的图片循环正深刻反映出这一点。

人类世创造了一种新的载荷问题——盈千累万的天气状况。仅为缓解夏季的酷暑热浪，成百上千万台空调产生的压力就能直接导致城市电网的崩溃。面对前所未有的骤降暴雨和洪灾，根据过去两个世纪的天气数据设计的城市下水道和排水系统完全无力应对。饥荒和战乱导致难民流离失所，从边境涌入其他国家，交通运输、跟踪和处理系统则因响应速度过慢而对此束手无策。随着人类对未来的预测愈发带有世界末日的氛围，成熟完善的自组织应急系统已成为世界各国政府、城市规划者和相关企业力图攻克和实现的宏伟课题，他们期望将关键基础设施转变为能够承受日益严峻的突发环境事件的、具有快速恢复能力的集合体。

ATOS 的问世似乎恰逢其时。体现在其中的自律分散原则提

通勤梦魇

供了一种操作模式，也似乎完全针对当前和未来极端环境事件的产能危机量身定制。因此，ATOS 代表了技术拯救迫在眉睫的生态崩溃（ecological collapse）的希望。凭借人类的技术创造力，目前这种技术发展模式将继承下去，我们的子孙后代也将拥有一个比我们从父辈那里接手的更好的世界，这已成为世人所共同寄望的愿景。但是，问题在于，ATOS 无法完全代表人类为克服即将发生的灾难而不断创新的潜力。我将在下面证明，ATOS 及其运作模式的起源原本就不在于对世界末日的预见，而在于过去产能危机的应对。因此，ATOS 及其运作模式并不代表着希望，而是以往临时解决冲突矛盾的技术适用性与当前和未来（似乎）不可避免的创新之间存在令人困扰的反馈回路（feedback loop）[*]。

斯蒂芬·格雷厄姆（Stephen Graham）和西蒙·马文（Simon Marvin）在他们的城市基础设施开创性历史研究中回溯了 1860 至 1960 年作为西方国家的现代城市发展主导范式的"现代基础设施理想"（modern infrastructural ideal）的兴衰。[26] 正是由于这种最高形式的城市规划的实施，才有了乔治-欧仁·奥斯曼（Georges-Eugène Haussmann）主持设计的巴黎和罗伯特·摩西（Robert Moses）主持设计的纽约，也正是在这种理想的主导下，具有高度现代主义的设计规划总将追求科学与技术视为给自然的无序力量带来文明秩序的一种手段。在现代基础设施理想下，已构建的系统被部署用于设计和构建社会秩序。更重要的是，这种理想催生

---

[*] 反馈回路亦称"反馈环"。由两个以上的因果链首尾相连形成的闭合回路。当作用链首尾相连形成反馈环后，将无法判别最初的原因和最终的结果。参见陆雄文主编，《管理学大辞典》，上海：上海辞书出版社，2013，第 555 页。

了工业资本主义的狂飙突进。城市以惊人的速度扩张，工厂数量激增，人口急剧膨胀，但在自然界中，大量有毒废液倾倒于河流湖泊，森林因木材和空间的需求被砍伐殆尽，而人类赖以生存的空气中也充斥着有毒气体和碳氢化合物。

　　作为一种设计范式，现代基础设施理想在 20 世纪初盛极一时，直到 20 世纪 60 年代后期工业资本主义中的经济、环境和社会危机达到顶峰时，它才彻底由盛转衰。[27] 在很大程度上，它的衰落是一种国际现象，其特征表现在芝加哥、纽约、东京和巴黎多地均爆发了类似的危机。尽管这些危机的特点有所不同，但它们的根源在于所谓的"一般能力问题"（general-capacity problem），即受经济和环境等方面因素的影响，工业生产能力已达到极限。在需求不断下降（工业生产在其中占了很大比重）导致行业面临亏损的同时，人类也开始注意到，原本就脆弱不堪的自然生态系统在数十年的工业污染影响下不断恶化甚至濒临崩溃。对这个时代的许多社会、政治与经济思想家和而言，这重重危机标志着工业资本主义作为一种可持续的政治、经济和社会体系的明显局限。1972 年，一个名为"罗马俱乐部"（Club of Rome）的智库发表了一份题为《增长的极限》（*The Limits to Growth*）的报告，*其中明

---

*　罗马俱乐部是关于未来学研究的国际性民间学术团体，也是一个研讨全球问题的全球智囊组织。其主要创始人是意大利的著名实业家、学者 A. 佩切伊和英国科学家 A. 金。俱乐部的宗旨是研究未来的科学技术革命对人类发展的影响，阐明人类面临的主要困难以引起政策制定者和舆论的注意。目前主要从事有关全球性问题的宣传、预测和研究活动。成立于 1968 年 4 月，总部设在意大利罗马。罗马俱乐部于 1972 年发表第一个研究报告《增长的极限》，它预言经济增长不可能无限持续下去，因为石油等自然资源的供给是有限的，做了世界性灾难即将来临的预测，设计了"零增长"的对策性方案，在全世界挑起了一场持续至今的大辩论。《增长的极限》是有关环境问题最畅销的出版物，引起了民众的极大关注，卖出了 3000 万本，被翻译成 30 多种语言。1973 年的石油危机加强了民众对这个问题的关注。参见：德内拉·梅多斯等，《增长的极限》，李涛、王智勇译，北京：机械工业出版社，2013。

确地表达了这种观点。[28] 该报告由四位具有环境科学、教育和气候学专业背景的人士撰写，他们与来自十个国家的不同领域的学者（其中包括东京经济研究中心 [Economic Research Center in Tokyo] 的成员）进行了长期对话与讨论。该报告一经发布，随即引发了全球范围内关于环境运动的大辩论。[29] 总体而言，该报告对未来地球生态健康状况和工业资本主义下的民众福祉忧虑重重。借助新的计算机技术对复杂的非线性动态系统进行建模，该报告预测，若人口持续增长，同时对自然资源的使用和污染没有减少到生态可持续发展的水平，全球生态终将崩溃并对人类生活和社会产生灾难性的影响。换句话说，工业资本主义下的"超员载荷"（产能问题）已达极限。

　　日本的产能危机代表了当时世界各国的主要情况。日本历史学家泰莎·莫里斯－铃木（Tessa Morris-Suzuki）在论述 20 世纪 60 年代国家危机的特殊性时指出了四个因素：城市化速度下降、出生率下降、劳动力成本上升以及对日本进口商品的外贸壁垒的增加。[30] 此外，她指出，在若干环境污染案件接连发生后，很多受害人都是婴儿和儿童。例如，日本南部九州岛的港口城市水俣湾及周边工业废水排放污染造成的汞中毒引发的"日本水俣病事件"（Japan Minamata Disease Events）。[31] 莫里斯－铃木认为，对经济主义的抵制还涉及了年轻一代对于劳动和就业观念的改变。战后婴儿潮这一代人通常被称为"对战争一无所知的孩子们"（戦争を知らない子供たち）。他们经过大学教育后随即加入劳动大军，却似乎不情愿接受那种为公司全力奉献、牺牲个人的精神。但是别忘了，正是这种精神在战后日本经济复苏的第一阶段确保了充足的劳动力。莫里斯－铃木还指出，这一代人对社会不公平和社会结构僵化的沮丧情绪日渐高涨，成了民众反对日本政府与美国签署安全条约的示威游行（以及后来的反对越南战争的示威游行）的动力。到 20 世纪 60 年代后期，这场反对运动不但席卷了日本的大学校园，还蔓延至东京街头。[32]

莫里斯－铃木指出，1973 年第一次石油危仅仅是一系列不稳定因素爆发的起始，但这一事件也创造了一种"真正的危机模式"。[33] 与其他国家一样，在日本，危机感为亲货币主义者（受米尔顿·弗里德曼［Milton Friedman］的影响，通常表现为新自由主义者）提供了机会，他们一直在等待制定体制性政策以分解该国战后的劳动力结构和产业结构。[34] 在一系列改革活动中，日本国有铁道成为首要目标。该公司员工众多，且有三个势力强大的工会，其中最大的名为"国劳"（国劳），其鼎盛时期的成员有近 50 万，且该组织与日本社会党（Japan Socialist Party，简称 JSP）保持着稳定联系。[35] 亲货币主义的经济学家都明白，日本国铁是战后日本国企结构的基石。如果将它分解并打破其工会组织，将为其他主要国企（如日本电报电话公司和日本邮政总局）的重组打开局面。[36]

事实上，直至 1964 年，日本国铁一直处于盈利状态。但随着汽车产业和飞机产业的高速发展及随之而来的铁路客户的骤减，日本国铁的营收日渐窘迫。此外，来自政府的带有政治分肥（pork-barrel）性质的政策剥夺了来自乡村的企业利润，这也为该公司的困境雪上加霜。尽管如此，公司亏损的主要责任还是算到了劳动者的头上。公司拥有过多的员工，因为他们，企业才会

"超员载荷"。对此，工会进行了反击——1964 至 1980 年间，日本国铁管理层和日本交通运输部有六次旨在减少日本国铁劳工的投标均先后宣告失败。[37] 此后，随着 1970 年日本政府和日本国铁发起了所谓的"生产力改善计划"（マル生運動）政策，日本国铁管理层与工会间的紧张关系达到顶点。日本国铁工会"国劳"将这个计划视为眼中钉肉中刺，想尽一切办法促使计划流产，最终导致工会领导占得上风，有权决定企业运营条件，同时也更利用手中权力党同伐异。

在这些对抗中，尽管民众倾向于支持"国劳"，但 1975 年，"国劳"为争取罢工权进行了为期八天的大罢工，其目的在于搞垮经济，使事态发展转向对其有利。这时，民众情绪发生了明显变化。正如查尔斯·韦瑟斯（Charles Weathers）对当时的态势发展的关注与描述记载的那样："全日本民众都通过电视对公司职员们举步维艰前往单位上班的场景铭记在心。"[38] 不仅罢工给通勤者带来的极大不便影响了民众的意见，而且当时的日本社会早已由于左翼劳工政治运动而精疲力竭。虽然 20 世纪 60 年代后期，由反对日本重新签署与美国的军事合作条约的左派学生运动引领的东京街头示威变得暴力，且引起了全国的关注，却没能取得切实的成果。此外，1972 年震惊全国的浅间山庄事件（一群激进的年轻人挟持了山庄主人的妻子，与警方对峙了九天。同时血腥地"清洗"自己的成员），进一步加深了公众对于左派运动的惨无人道的暴力和教条主义的负面印象。

因此，日本国铁工会"国劳"为争取罢工权的八天罢工实际上是一场造成严重后果的进退失据，并直接促使中曾根康弘在

1982 年当选日本首相。中曾根以亲货币主义政策和对工会的敌意而闻名日本政坛,他当选后立即着手国铁的民营化和重组。在他领导的自由民主党于 1986 年大选中取得决定性胜利后,他推动日本国会通过最终立法改革重组了日本国铁。1987 年,日本国铁实现了私有化,划分为六家区域性客运铁路公司、一个研究组织(日本铁道技术研究所〔RTRI〕)和一家信息系统公司。尽管在民营化谈判中,日本国铁工会设法获得了一项承诺:对"冗余人员"进行再培训,并留其继续在日本铁道公司集团任职,但事实却并非如此。这些员工在被送往人才活用中心(人材活用センター)进行所谓的培训之后,被分配到与培训完全无关的岗位,如除草、清洁及油漆围栏等工作,以迫使他们放弃工作。据 1986 年 7 月进行的一项调查,在重新分配到人才活用中心的员工中,75% 是曾抗拒合理化的国铁工会"国劳"的前成员,而来自其他两条铁路的员工一共才占 22%。[39]

技术性与经济

1987 年,JR 东日本从日本国铁继承了大部分东京通勤铁路网,面临着全新的运力挑战。民营化使年轻的 JR 东日本可能面临劳动力大幅削减的问题,这使其将在应对未来几年通勤需求的激增时捉襟见肘。当时距离应用全新的自律分散系统的部署准备工作尚有 10 年的时间,而其出现绝非偶然。与 JR 东日本一样,自律分散模式的概念诞生于 20 世纪 70 年代产能危机期间(尽管不是在日本），当时，不少基础设施不得不关闭。具体说，该模式是在 1977 年 7 月 13 日晚上 8 点 37 分诞生的，当时，一次意外的雷击破坏了纽约市电网的变电站关键设备。这引发了一系列技术故障和人为错误的连锁反应，使整个城市陷入了 25 小时的大面积停电。由于纽约市之前就已面临老旧基础设施亟待更新的问题，加之当时城市犯罪率上升和财政困难（部分原因是投资银行家们的"惩罚措施"）。在这种背景下，这场意外雷击引发的大面积停电正可谓"屋漏偏逢连夜雨"。因为随后发生的大规模抢劫、骚乱和社会动荡 * 让人刻骨铭心。[40]

但对于日本工程师森欣司（Mori Kinji）而言，1977 年纽约大停电则是一个使他灵光乍现的"尤里卡时刻"**，促使他创制了自律分散系统。森先生当时是美国加州大学伯克利分校的博士后研究员，也是日立公司系统开发实验室（Hitachi Corporation's System Development Laboratory）的新员工。从那以后，他就成为日本系统工程师中的名人，日本国内许多技术研究期刊纷纷刊登对森

---

* 1977 年，美国正处于第七次金融危机的深渊中，经济严重倒退，整个社会动荡不堪。这场持续时间长达 25 小时、席卷整个纽约地区（除了皇后区部分地带外）的大停电事件，给这股罪恶暗涌带来了一个绝好的突破口，因此引发了一场罕见的大骚乱。趁着漆黑的夜色，无数贫民、流浪汉和流氓暴徒走上街头，开始一轮又一轮的打砸、抢劫和纵火，随处可见的火光、破坏和抢劫等暴行把那一夜的纽约变成了一个彻彻底底的罪恶都市。整个停电事件中有 550 多名警察受伤，多达 3776 名嫌疑犯被拘捕，但这无异于杯水车薪。到恢复电力供应时，共计有 1616 家商店遭到了抢劫和破坏，全城共爆发了 1037 起火灾，这其中还包括 14 起严重火灾。整个停电事件的损失总计超过 3 亿美元。

** 据说阿基米德洗澡时福至心灵，想出了测量皇冠体积的方法，因而惊喜地叫出了一声："Eureka！"从此，人们把通过神秘灵感获得重大发现的时刻叫作"尤里卡时刻"。

欣司的访谈，以及讲述他开发自律分散系统的原理和软件的文章。从那以后，从石油炼厂到电子支付技术，从通信网络到产品跟踪，自律分散系统已成为全世界广泛使用的复杂多代理系统的基础架构。作为系统工程创新者，森欣司教授还拥有渴望摆脱传统思维方式的远见卓识，这为他赢得了多个日本乃至中国大学的职位。[41]近年，森欣司教授在早稻田大学的绿色计算系统研究与开发中心（Green Computing Systems Research and Development Center）担任实验室负责人。我在2012年春季一个温暖的午后拜访了他。

当我与森欣司教授见面时，他刚刚就任新职，许多书籍尚未搬入办公室。这里除了洁白的墙壁、铁皮文件柜及带玻璃门的白色书架外，还有一张极具美感的ATOS的大海报贴在进门处的桌子前。当我们进入办公室时，他还特意向我指了指那张海报。作为宣传ATOS的最初介绍活动的一部分，海报将指令室、列车、乘车信息播报牌和信号交通灯等视为独立系统，将其置于一个个圆圈内，并通过多个双向箭头在各个系统间建立关联。这张海报的重点在于向读者宣告了一个自治系统网络如何通过相互关联和相互依存实现运作。

森欣司教授长身玉立、精力充沛、笑容可掬。他十分乐于向我讲述他创制自律分散系统的前因后果。我们在教工俱乐部的茶室聊天和用餐时，他能在日语和英语间自如切换。当然，森欣司并非第一个构想分散系统（decentralized system）的研究者。但他却是第一个在城市大规模基础设施上实现自律分散系统的软件开发者。在他的讲述中，他的创新其实融合了各方矛盾面临的困境，就是有机演进的理念。一方面，它践行了传统"数字化观点"，将去中心化设想为技术进步必不可少的一部分，以使20世纪的城市基础设施与21世纪的新兴全球经济发展实际情况相一致。在此方面，1977年的纽约大停电纯粹是对经济产生了影响，这表明需要有充足的具有能动性的基础设施来适应新兴全球信息经济日益增长的强度。20世纪70年代新兴的基于信息的全球经济的节奏快、流动性强且难以预测的模式要求城市基础设施系统以前所未有的水平快速适应时刻充满变化的环境，同时还要具备高可靠性和维护力。在这种背景下，技术系统突然被要求全天候在线，以与日益密集和联系紧密的全球经济时刻同步。技术系统还需要根据市场各方力量的变化适应快速的市场调整，同时也要保持较强的故障适应力。森欣司随后用工程术语解释了环境概念，他将当时面临的挑战定义为创建具有高度"容错能力"（fault tolerance）的技术系统。容错能力指即使关键子系统发生故障，系统也可以仅以稍微降低的性能水平保持运行的能力。因此，容错能力是衡量系统处理异常情况能力的重要参考。

此外，森欣司还描述了他对创新的追求与探索源于他对技术问题的哲学思考和关注。在这一方面，森欣司的思想反映了一种乌托邦式的与技术共同演进的对话关系，而正是这种观点激励启发了当时其他旨在实现复杂性的技术表达的项目。在森欣司的讲述中，他多次提到1977年的纽约大停电事件。森欣司认为这场突发事件不仅是一种经济悖论，而且是一种哲学意义上的悖论，其中体现的去中心化已成为扩展技术系统的不确定性边际的问题。纽约大停电事件表明工程领域在工作中存在概念上的僵局。他指出，当时分散系统的开发失败不是技术能力问题，而是思维问题。换句话说，设计者对集中化模型的执着是一个认识论上的执迷不悟和在特定领域沉溺于"绝对视角"（绝对视点）的方法论上的作茧自缚。这种绝对视角往往只接受一种关于现实和真理的观点。森欣司认为，坚持"绝对视角"是现代科学中的还原论方法（reductionist approach）的后果，该方法试图将可观察到的现象提炼为绝对基本原理，以产生概括性的自然法则。森欣司指出，若将绝对观点转换为一种工程方法，就会产生对绝对设计的执念，认为任何系统的参数都必须在构造前完全确定。这种理念产生的后果便是，一旦系统构建完毕，就无法在没有重大中断的情况下对系统进行修改。换句话说，这种理念构建的系统必然只具有极狭小的不确定性边际以及有限的技术性。森欣司早些时候曾将基础设施设计僵化的问题比作一种经济困境，他将其引申为"绝对视角"观点下的本体论问题。森欣司说，绝对视角产生了一个技术决定的现实，迫使人类行为必须与机器固定操作阈值相一致。在这种情况下，演进途径就彻底封闭了。森欣司举了一个例子做类比：上一代地铁站的电子检票口要求通勤者插入一张纸质车票，经机器处理后，在机器另一侧弹出，供通勤者收回。由于受运营阈值限制，检票口每分钟仅能接纳一定数量的通勤者。[42]若一分钟内有过多通勤者要通过电子检票口，检票系统的计算机则会因无法跟上计算速度而宕机，从而导致该检票口关闭。森欣司尝试在技术系统中实现一种"相对视角"（相对视点）以克服这种技术限制。相对视角的提出有望将技术从现代科学的束缚中解放出来，但它的实现则有赖于技术集合体，或者，按照森欣司的观点，它将引发"科学主导的世界演进到技术时代"（サイエンスの世界からテクノロジーの時代へ）的历史性转变。为解释后者含

通勤梦魇

义，森欣司再次用了检票口的例子。新一代检票机使用了自律分散系统结构以克服旧电子检票口的操作限制。具体的情况是，使用新一代检票机可让通勤者不再需要插入纸质乘车票。通勤者只需将带有嵌入式集成电路的智能卡（IC Card）与检票机的传感器轻触即可实现计费。在闸机入口处，初始费用从卡中扣除，当通勤者出站时，根据出行者行进距离计算最终票价，并从卡中扣除。在森欣司看来，新一代检票机不需要通勤者调整步速以配合闸机的处理阈值就是"相对视角"的具体体现；相反，是检票机去遵循与人类的步调——若它不能足够快地计算出通勤者的票价，它会标记该智能卡以便跟上通勤者，稍后再在系统中完成计算并扣费。换句话说，与 ATOS 一样，新的检票系统采用自律分散来处理突现的意外情况。

森欣司认为，新一代检票机所具有的作用不止在于解决轨道交通的运营问题，其意义在于它能使通勤者获得不受运营阈值支配的权利。自律分散将技术潜力无缝转换为治理问题（questions of governance）——它将日本的管理式社会转变为一个有能力应对突现事件的社会。借此，自律分散有望结束社会评论家认为的导致国家经济衰退的创新僵化与社会停滞。森欣司说，日本民众其实在各个领域都拥有巨大的创新潜力，但是被僵化和过时的、仅有利于精确计划和大规模中央组织管理的社会政治结构所压制。在森欣司看来，日本对核电的过度依赖是这种社会政治结构最令人觉得震惊可怖的例子。同样地，森欣司认为，上一代电子检票机也可视为治理技术的一种隐喻。

尽管当时森欣司还并不知道，他对相对视角技术手段实现的追求使他与理论物理学的当代前沿发展保持同步，计算机技术的进步允许当代理论物理学对相对论进行建模并推动其转向复杂动力系统理论。根据詹姆斯·格雷克（James Gleick）的观点，绝对视角，也称为"牛顿决定论"（Newtonian determinism），在很长一段时间里确实是现代物理科学背后的驱动原理，激发科学家"将他们眼中的宇宙分解为遵循科学规则的最简单粒子"。[43] 这种方法为计算机和计算机科学的最初开发人员也提供了极大帮助。例如，约翰·冯·诺伊曼（John von Neumann）据说坚决主张在开放系统内的预测事件中，不必承认相对变量。[44] 相比之下，复杂性理论（complexity theory）则试图通过探索非线性动态系统的不确定结构和事件来支持相对视角理念。

在非线性能动系统（nonlinear dynamic system）中，系统设计没有中心，也没有总体原则，也就是说，系统设计没有总体观点或现实在物质上施加的特定顺序或结构。非线性能动系统的作用是产生自组织的复杂体。[45] 自组织首要考虑"在没有设计的情况下"的突现事件秩序，将其作为前提，在自下而上的运作过程中，将各种原理、视角及现实情况统合组织起来，形成可理解行为的增强复杂性特征。[46] 因此，当系统显示出"自组织"的属性时，其各部通过协作交互产生秩序。复杂理论（complexity theory）强调动态演进（dynamic becoming）胜过强调动态存在（dynamic being），强调亚稳态（metastability）胜过强调平衡（equilibrium），强调自然状态（condition of nature）胜过强调物质的自然条件（natural condition of matter）。在 20 世纪 70 年代中期，这一原理被应用于生命科学研究，它模糊了生命与非生命

　　　　　　　　　　　　　　　　　　通勤梦魇

间的界限，并重新定义了人类对自然与生命的理解。人们的注意力由此从生活与情感的结合转移到对生命的理解，将生命视为一个复杂的突现过程，在其中物质的自组织愈发复杂，并连结为越来越密集的交互网络。[47]流动性、弹性和必然的适应能力已成为生命的标准定义，从而取代了之前人类仅对解决问题的认知能力和社交互动的关注单一视角。

对人工生命（Artificial Life，简称 ALife）的研究可追溯至1987 年由克里斯托弗·兰顿（Christopher Langton）主持、圣塔菲研究所（Santa Fe Institute）主办的一次会议上。自此，这种概念性生命系谱学研究也将自组织突现现象纳入生命属性特征之一。[48]人工生命研究者声称，控制论之所以未能发展出人工智能（artificial intelligence，简称 AI），正是因为它采用还原论方法（reductionist approach）来处理人类对现实的感知，而人工生命研究者则采用了应对突现现象的方法在虚拟计算机环境中创制具有自组织能力的模型。

最终，在森欣司发展自律分散系统的同时，麻省理工学院的机器人研究者兼企业家罗德尼·布鲁克斯（Rodney Brooks）正在创制他的"生物"——一种利用了他称之为"包容性结构"的自律分散架构的自主移动机器人。[49]在他的研究中，布鲁克斯描述了他创制的"生物"在现实世界中可完成非常复杂的任务，而当时使用集中式处理系统的主流机器人研究却仍囿于开发可在模拟、统一的环境中越过简单障碍的机器人。例如，布鲁克斯创制的第一个"生物"机器人的主要任务就是在实验室的办公区域内徘徊，寻找并回收空的汽水罐，将其存放在固定位置。这个任务虽然听起来很简单，但是当将其分解为几个步骤时，操作的复杂性就显而易见了：

> 该"生物"必须能够避开物体，沿墙壁运行，识别并穿过门，匹配学习过的地标，朝向可返航方向前进，学习"出发点"的方位标记并跟随这些标记，定位并接近桌子状物体，扫描桌面以寻找约一个汽水罐高的圆柱形物体，驱动机械臂，将机械手移到侦测到的物体上方，使用手部传感器定位汽水罐大小的物体，如果其足够轻，就用机械手抓住，然后存放该物体。[50]

与自律分散系统一样，布鲁克斯的"生物"的能力是由功能性指令产生的，这些功能性指令则是由其半自治组件的协作交互产生，而非由集中控制机制发出的指令。其实，布鲁克斯比森欣司的研究更向前进了一步——他完全取消了中央处理器：他的"生物"拥有半自治层（semiautonomous layers）。每个自治层都有特定功能，这些功能可根据层之间循环传递的信息状态来启用或关闭。

布鲁克斯和森欣司都创制了使用自律分散系统原理的机器，这些机器在许多方面满足了人工生命项目中的"生命"的参数要求。然而，他们都坚持认为自己的机器能够像人类一样，在复杂环境而不是在虚拟世界中"生存"和发展，这一点与人工生命项目的观点背道而驰。这意味着，创制能够及时响应动态环境变化的机器，就需要具备高度容错能力以应对各种无规律情况，同时

通勤梦魇

能够根据易变的操作条件重新确定多个目标的优先级，以及，最后，可执行有益于真实世界的操作，正如布鲁克斯所言，这些机器需要有一个"存在的目的"。[51] 可以说，布鲁克斯和森欣司两位学者在使用自律分散系统原理开发创新的技术集合体时，他们从生命科学和哲学的相似来源中收获了灵感。

使不规律成为规律

当森欣司致力于探寻集中控制式架构基础的替代方案时，他或许借鉴了日本建筑界新陈代谢运动（Metabolist Movement）。该运动始于 20 世纪 50 年代后期并一直蓬勃发展直至 70 年代初。它是一个由乌托邦理念激励（utopia-driven）的项目，旨在通过发展能够灵活增长并无限适应预期的后工业时代的基础设施将城市有机化的过程。[52] 森欣司并没有真正向新陈代谢运动倡导者寻求灵感，这或许与该运动关于基础设施的愿景有关：尽管这场运动的名称如此，其愿景主要是坚持一种解剖模型，设想一个由可互换的模块化组件组成的中央规划的超级复合体。[53] 换句话说，新陈代谢运动倡导者首要考虑的只是扩展，而没有考虑可容纳极端突现事件的无限制系统的紧迫性和必要性。

相反，森欣司从既启发生命科学也启发人工生命研究者的论述中汲取到灵感。若考虑到二者对克服集中控制式架构和突现事件复杂性的共同关注，这就不足为奇了。森欣司特定的对话者是理查德·道金斯（Richard Dawkins）。道金斯于 1976 年出版的

《自私的基因》（*The Selfish Gene*）将进化重新想象为一个以基因组为中心的、分布式计算的过程，其中活生物体仅充当基因组复制的载体。另一对话者则是古斯塔夫·诺萨尔（Gustav Nossal）。他将免疫系统重新定义为高度分散、复杂、自适应的网络，而免疫细胞则以局部分工但全局协调的方式对威胁做出反应。也就是说，每个免疫细胞自行调整以适应和反应，而无需"中央"发布的指令。[54] 此外，森欣司还受到德国生物学家雅各布·冯·于克斯屈尔（Jakob von Uexküll）的影响，于克斯屈尔的物种特异性体现知觉理论，或用德语术语称之为"die Merkwelt"，意为"感知世界"，这一理论对人工生命演进到"新 AI"阶段发挥着异常重要的作用。[55] 在没有转向主观性观点（从而避免现象学）的情况下，于克斯屈尔主张将感知和认知理解为相互关联且有形分布的现象。很大程度上得益于智利生物学家和哲学家温贝托·马图拉纳（Humberto Maturana）与弗朗西斯科·瓦雷拉（Francisco Varela）在 1972 年提出的一种自生理论（autopoiesis），该文献有助于将突现条件下的生命重新定义为一种分布式的、自组织的、可以应对极端环境事件的系统。

在森欣司看来，这些思想家推翻了主流的关于生命有机体的还原论观点（reductionist view），这种观点将生命有机体视为集中系统，其中的每个细胞都在子系统中承担特定的任务与功能并执行来自大脑的严格指令。森欣司认为这些思想家的观点提供了一种自律分散的模式，其中不存在主从级差关系，只有"各细胞间的持续协作交互或互惠"（细胞はお互い対等な関係で強調試合って体全体を作っている）。在这种视角下，生命有机体被重新概念化为局部聚焦但全局协调的运作网络，从而将突发事件整合入突现秩序中。换言之，正如森欣司所言，自律分散系统正是要"以不规律为规律"（異常が正常）。

更为重要的是，人工生命研究者在创制应对突现现象的自组织技术系统时，从相似来源中得出了相同的结论。与森欣司的研究相对应，人工生命研究者已开始将不规则性视为自然界中应对突现现象的自组织集合体的主要特征。在自然进化传统理论中，不规律的突现是发生变化的"引擎"，但所谓"异常"只不过是原本稳定的系统中的特殊事件。与自然进化的传统理论不同，人工生命从反直觉的前提出发，即自然的特征是亚稳态，而不是稳态（homeostasis），这意味着不规律现象是自组织和复杂体所必需的。根据人工生命研究者克里斯托弗·兰顿的说法，在任何系统（经济的、社会的等）中，动态性的最佳点就是"混乱的边缘"（edge of chaos）。[56] 人工生命研究者将这一理念应用于研发，以应对突现现象的复杂虚拟实体，布鲁克斯将其用于创制自主移动机器人，而森欣司则将其用于自律分散以研发用于大规模技术集合体的操作系统。通过应用这一理念创制的大型技术集合体可以模拟有机生命的生长、代谢更新和免疫，并将其用于技术的可靠性、可维护性和可扩展性。不过，颇具讽刺意味的是，尽管这一理念某种程度上可能预示了人工生命向新人工智能的演进，但交通系统中自律分散系统的第一次实际迭代却恰巧缩写为 HAL，这不禁让人想起了 1968 年斯坦利·库布里克（Stanley Kubrick）基于亚瑟·克拉克（Arthur C. Clarke）的小说改编的电影《2001 太空漫游》（*2001: A Space Odyssey*）中"精神错乱的"人工智能型主

控电脑"哈尔9000"（HAL 9000）。[57] 最终，该系统被重命名为
ADS（Autonomous Decentralized Systems），即自律分散系统。

极端资本主义的新产能

当森欣司致力于通过"以不规律为规律"原理化解20世纪70
年代的产能危机时，他大概还无法想象这一创新会引起如此广泛
的关注和共鸣。为了在技术集合体中实现"以不规律为规律"，协
调系统运作中的新陈代谢模式，森欣司提出了一种对实现有机演
进理念至关重要的类比思维方法。这种思维方法产生的成果便是
新颖的ATOS，虽然它本身并非有机，但它能体现不确定性边际
一定的扩展和具体化推论的程度。我们可将这种设计理解为"新
有机"（neo-organic）。对森欣司而言，创建一种能够在正常运行
中容纳无规律现象的系统就实现了容错的技术目的，我将其解释
为极端基础设施。

一方面，在森欣司的思想中，不规律的外在表现是技术系统
承载负担的激增。在这种情况下，不规律性是一种无序的力量，
因此必须要能容纳和控制它。另一方面，通过类比代谢过程，不
规律性具有潜在的积极意义——活动的加剧和增长会导致需求激
增。在此方面，不规律性是突现事件自组织的动力，是系统运作
动能和蓬勃发展的重要指标。在这种视角下，不规律性成了对于
一个健康的亚稳态系统的多变性特征的表达。梅琳达·库珀认为，
不规律性是资本"新有机"配置的表达。这两种观点实际上异曲

同工。而我认为不规律性是极端资本主义的基石。

梅琳达·库珀的一些论点与我之前提及的全球危机如出一辙。但是，库珀主要论述20世纪70年代后新自由主义的特殊性，并将其与福柯关于20世纪30年代至40年代资本主义危机与新自由主义诞生的观点进行区分。在库珀看来，当代新自由主义的特殊性源于它与非线性复杂计算机模型的发展相结合，以及人工生命研究中所认为的自然的特征在于亚稳态而不是稳态的反直觉观点。[58]库珀指出，相较于罗马俱乐部对20世纪60年代末至70年代初的经济、社会和环境危机的看法以及对未来的惨淡预言，这种对自然的重新概念化提供了另一种新的解释。显然，罗马俱乐部的预言均基于自然的均衡模型，而另一方面，自然的重新概念化则通过接受亚稳态发展了一种新有机主义逻辑，将危机从畸变和突现事件转变为动力和新生复杂体的引擎。因此，(环境、经济或其他)增长极限的观点不足以完全采信。如果自然是一个能够不断重组的动态自我组织系统，那么危机就是生命再生的指标，而不是极限。换句话说，无论是产能还是载荷，它们均已从最高性能和实际阈值问题转变为对突现复杂体的应对和度量。库珀通过经济领域的一系列立法和机构决策来追踪这种新有机主义逻辑的转换，她发现这种表达体现在一种新的投机金融结构中，这种结构参考结合了生物技术理念，利用了有机生命体动态多变的特征为其服务。由此产生的最为关键的推论是，在新自由主义中价值生产的位置从有机生命体的劳作转移过渡到生命本身的活力。

虽然在信息时代有好几种经济价值理论，但其中大多都停留在信息是一种新的非物质商品形式的观念上，它能解决工业资本

主义下物质商品生产和消费的物质和环境限制。迈克尔·哈尔特
（Michael Hardt）和安东尼奥·内格里（Antonio Negri）则尝试
将这种观点向前推动一步：在从福特主义向后福特主义经济过渡
的过程中，劳动从商品生产中的剩余被重塑为基于网络的、在全
球信息网络支持下建立全新交流方式的非物质劳动。[59] 库珀呼吁
我们考虑资本产生的方式转变——完全从（物质或非物质）劳动
过渡到生物学和技术交叉所产生的影响下产生剩余生命的过程。
在新模式下，经济生产将在"遗传、微生物和细胞"层面进行。[60]
更重要的是，新模式产生了不规律，具体表现为社会经济的不稳
定现象，这是为了新兴的经济活力而需要培养的力量，而绝不是
要加以绝对遏制的对象。库珀完全同意这种生物技术新有机主义
逻辑的产生，不过我对它作为极端资本主义的基础性周期活动
（infrastructural interation）的解释更感兴趣。

极端资本主义改变了极端基础设施能力的前提。对于森欣司
来说，20世纪70年代技术系统面临的主要挑战，是如何适应不断
变化且难以预测的动态世界和市场中日益增长的经济强度。在森
欣司的论述中，由动态性和不可预测性产生的不规律性需要在不
冒系统性失败风验的前提下加以处理。因此，要求技术系统能随
时随地紧跟全天候的经济活动是必需的。这种情况下所面临的挑
战在于设计一种具有广泛的性能—承载力范围的弹性系统，以专
门应对各种不规律现象。不过，在极端资本主义的新有机主义逻
辑下，动态的不可预测性已不再是基础设施所要限制的力量，反
而是其被要求生成的对象。

极端资本主义以极端基础设施为媒介，致力于产生和捕捉来自

复杂集合体千变万化的动态性，并将其作为新的货币价值的形式。因此，通过东京通勤铁路网表现出来的极端资本主义不仅仅关乎增加生产和消费规模，它产生了一种新颖的、无摩擦的人机协同作用，向着无限消费发展，因而它也是对机器理论的一种颠覆。

劳动之外

当 JR 东日本开始采用森欣司的自律分散原理创制 ATOS 时，由于人们对通勤列车网络中的价值生产提出了新的挑战，不规律性的概念因此还具有了其他含义，JR 东日本的前沿服务研发实验室（Frontier Service Development Laboratory）的主任曾在《JR 东日本技术评论》（*JR East Technical Review*）的一篇文章中对其进行了总结：

> 当人们的日常活动已经变得相对固定，运输需求可以通过调查人口或经济数字的变化来适当地预测，JR 东日本客户的数量也可以被合理准确地预测。但是，当前价值观念、思维方式和活动的多样性正日益变得重要，且如今的日本社会制度和结构正发生较大变化，故预测交通运输及其他相关活动的需求预测有一定困难。[61]

"当人们的日常活动已经变得相对固定"曾是战后日本民众的主要特点。实验室主任的论点是通勤铁路网作为大众运输工具已不再像战后时代那样有稳定收入来源。相反，在以不规律为规律的情况下，通勤铁路网必须不断努力创造新的价值来源。在这方面，不规律现象不是指需求失序或需求激增，而是指城市人口中突现的各种活动和思维方式。换句话说，经济价值不再是在将身体运送到劳动需求机构中所获得的剩余，而是各种无规律的生活方式的衍生。森欣司在与我一起谈话时也反复重申了这一论点，认为在日本 20 世纪 70 年代后信息社会中的新社会经济条件下，JR 东日本需要转变观念，逐渐从一家交通运输企业过渡到"创造服务"的企业，即通过"丰富我们的生活"（我々の生活を豊かにする）来创造价值。

在上述文章中，作者继续提出了创造价值的新式系统的构想——新系统将把通勤铁路网从往返于劳动、教育和消费场所的运输手段转变为目的地本身。从本质上讲，近年 JR 东日本通过对东京地区各个车站进行翻新已经实现了主任所设想的那种环境。20 世纪，列车终点站 / 百货商场始终是主导城市铁路增长的模式，而在新理念构想下，检票口内的区域这一按照大众运输原则设计的最佳流量空间，已转化为一个设有精巧店铺和特色美食的消费走廊。这种设计产生的氛围介于购物中心和主题公园之间，它能提供展览、表演和轨道交通运输（而不是过山车）的功能。最近，东京中央线的三鹰站和立川站的装修更证明了这种转变。在这两个车站的检票口和站台间，通勤者必须经过各种各样的面包店、书店、咖啡馆、服装店、熟食店和礼品店。值得补充的是，森欣司将这些新变化视为具有积极意义的创新，但他希望这种创新能走得更远。在他看来，铁路车站未来会发展为"城中城"，在其力所能及范围之内，尽可能容纳更多的日常生活服务机构，如健身中心、幼儿园、医院及城市管理机构等。事实上，现在有许多机构已成为"列车—车站复合体"的一部分。这种模式与森欣司本人强调的去中心化的种种优点似乎有些自相矛盾，不过这看起来并没有使他感到困扰。

浩乎无际的协同效应

将车站变成购物区只是东京通勤铁路网转型的第一步，但这还不足以创造出 JR 东日本前沿服务研发实验室主任所认为的同时也是维持公司生存发展所必需的新价值来源。JR 东日本需要将现有铁路网转变为极端资本主义工具，使其能够产生和转换多变的消费需求，最终产生经济价值。为此，他们研发了"超级城市智能卡"（Super Urban Intelligent Card），也称 SUICA 卡。SUICA 卡由森欣司教授的一个学生研发，采用了 ATOS 的自律分散原理来创建数字票务和支付系统，并且已成为专为城市设计的共生自律分散系统的新兴生态体系的一部分。

SUICA 卡采用嵌入式集成电路（IC）芯片代替了传统的纸质车票和通勤月票，这种技术现已广泛应用于信用卡、智能手机。SUICA 卡还可用作电子钱包在系统内部乃至整个城市范围内购物。当 IC 芯片接近传感器发出的射频信号时，使用分布式处理的计算机系统将以每秒 250 KB 的速度进行双向通信，该系统读取并验证卡，计算价格并重写金额，整个过程花费的时间不到 0.2 秒。在这一过程中，通勤者只需在检票口或商店的传感器上轻触钱包，即可进入地铁系统或进行购物。进入系统时，系统会先扣除基本费用，而出站／结算时则扣除全价。

有了 SUICA 卡，"不规律"现象——消费者的"冲动"就随之产生了。消费者在进入地铁系统前不再需要计划好出行的目的地或活动，只要消费者已将 SUICA 卡与银行账户或信用卡绑定，系统就会保证其无缝连接，进而也就保证了持卡消费的移动性和自发性，最终刺激消费者的消费欲望。整个 20 世纪，时空是塑造城市人流和商品流的决定性因素，但现今的这种新型消费则完全突破了时空的限制和束缚。SUICA 卡能够产生并引导偶发事件走向突现的经济协同效应。由于从一开始就不需要通过系统确定行经路线和目的地，每次出行似乎都有无限的可能。通勤者不但可以随心所欲变更出行方向或路线，而且有机会探寻一次次偶遇。2010 年，日本关东和关西地区所有火车和地铁线路都采用兼容系统时，原本通过交通网络在城市内部产生的所有空间划定都烟消云散，整个区域都合为一股无缝的、短时的消费流程。

"SUICA 卡与我相伴同行"

SUICA 卡自 2001 年问世以来，不但刺激了消费欲望，而且引领了一场无可限量的消费潮流。通过一组相关商业广告，我们便能管窥其巨大的作用。SUICA 卡的系列商业广告是关于一位 20 多岁的时尚女性与可爱的企鹅同伴的日常冒险故事。选择企鹅作为 SUICA 卡的官方吉祥物是因为日语中的一个拟声词"スイスイ"（suisui），意思是"在水中顺畅地滑动"，这承载了运营方期待其在城市系统空间内造就无缝、顺畅的移动消费的愿望。另一方面，企鹅在 SUICA 卡的系列商业广告中兼具了爱人、孩子和伙伴的角色，无论具体身份为何，它都是广告中女主角的唯一同伴。不过大多数情况下，女主角和企鹅似乎也并不孤单或与各自物种的社会圈子过于疏远。在广告中，企鹅与女主角两人住在一座带有后花园的传统日式木制平房中。清晨通常女主角还在睡觉的时候，企鹅就会在花园中活动。这组广告还配以欢快的背景音乐，向我们呈现了他们在东京通勤铁路网内外享受着看似无忧无虑的娱乐和冒险生活。企鹅还会和女主角一起坐地铁、在古朴的街道散步、逛逛新奇的小店、徜徉于乡村美景等，不过，每次出行或郊游他们都会有些冲动性消费，例如，搭乘地铁、购买企鹅喜欢的零食（当然是鱼肉香肠）或购买服装等。每次购物或坐地铁时，企鹅都会为女主角掏出 SUICA 卡或支持 SUICA 技术的智能手机，而女主角只需要在传感器上轻触即可轻松完成交易。这一系列的商业广告通常在购物后随即收尾，这时女主角会说"SUICA 卡与我相伴同行"（私は SUICA と暮らしています），同时，这句话还会以女性手写的小字在屏幕上展示出来，辅之以地铁列车经过的背景。事实上，该短语具有非常直白的双关含义，一方面这句话可以理解为女主角与 SUICA 卡的企鹅吉祥物一起生活，而同时在生活中，SUICA 卡则与她朝夕相伴，为她提供了无忧无虑、怡然自得的生活和能够追求无限制消费的方式。事实上，SUICA 卡这一系列的商业广告自始至终丝毫没有提到通勤的现实情况——

第三章　无载荷运营　　　　　　　　　　　　　143

没有摩肩接踵的通勤列车或挨山塞海的站台。

在这组广告中，通勤铁路网所呈现的只是移动性、自发性和冲动性消费以及作为实现社会个体个性化生活方式的媒介的形象。在这方面所展示的重点是通勤铁路网的时空中所能获得的休闲、娱乐和探索等消费模式。

若有人认为 SUICA 卡的技术所能产生的"无缝对接"空间看似具有很大吸引力，那我们千万别忘了吉尔·德勒兹曾发出的警告：在具有控制社会（societies of control）中，"最重要的不是障碍，而是能够追踪每个人的位置（无论合法或非法）并产生普遍调控力的计算机。"[62] SUICA 卡对消费人群自发性和突现性的保障正是凭借分析和追踪通勤者在城市轨道交通网络中出行产生的大量数据。通过检票系统剔除干扰数据后，剩余有效数据会被归入 ATOS 的运行图铺画制作中。更重要的是，这种分析还是为了进一步"制造"具有突现特征的新生活方式和趋势，并将这些分析结果转化为可提取价值的新来源。[63] 为了使 JR 东日本营销部门能够"深入理解并响应每位通勤者的需求"（お客様のニーズに理解を深める），该数据分析可以在整个系统的每个位置对商品、服务和广告进行不断的校准。[64] 因此，时至今日，传统的大众广告早已被基于通勤者特征档案的精准广告投放策略取代。消费者特征档案不但包括其消费能力、消费欲望，甚至消费者的各种奇思妙想也变成了 SUICA 产生的大数据的一部分。尽管 JR 东日本出于担心个人数据泄露问题，一直没有调动该系统的全部能力，但在不久的将来，若有刚刚还清房贷、手头上略微宽松的通勤者在东京中央线上见到自己梦寐以求的新车广告时，这恐怕远远不是

　　　　　　　　　　　　　　　　　　　　　　　通勤梦魇

"偶遇"那么简单。[65] 通勤者平常搭乘哪条线路的地铁、喜欢什么样的零食和饮料、有哪些购物偏好、爱读什么样的读物等等，这一切其实都早已在 JR 东日本营销部门的掌握之中。

目前，虽然 JR 东日本尚不能完全发挥 SUICA 卡产生的全部突现价值，但该系统内在的潜力表明，在 JR 东日本重塑其铁路网络的过程中，有一种潜在的推力在发挥作用，即将通勤铁路网打造成一个依据互联网虚拟网络空间带来的视觉、触觉等感受而生成的具体化的网络空间。因此，其目标就是要利用嵌入在系统结构中巧妙的跟踪机制，让通勤者在跨越异构网站（heterogeneous websites）时能产生毫不违合的连贯感。例如，当一个人在网站上搜索了"新自行车"时，就会触发跟踪机制，在后续的页面广告中显示相应内容。在通勤列车网络中购物也会产生同样效果，这种机制通过设备，让消费者产生了一种不可思议的感觉，似乎有什么能预测自己尚未成型的欲望。

不只是在日本，类似的对人们消费冲动的预期营销催生了世界各地所谓的"智能"基础设施项目。与 ATOS 一样，人们对这些项目的普遍看法是，随着信息网络技术的发展，全球经济已经转变为一个复杂的、不断演进的系统，并以突现的行为模式为形式产生了前所未有的不确定性边际。在这种语境下，不确定性意味着消费者需求的多样性和消费环境的不稳定性。无论是哪种不确定性，其特征对系统都有着相似要求——即使系统组件出现故障，系统仍能持续运行，并且必须具有与经济变化节奏相对应的快速、可调节的无限增长能力。尽管"智能"一词暗示了类似人工智能及在认知层面上与使用者交互的能力，但事实上该技术所谓的"智能"与人工生命的"智能"概念更为相称。它具有通过突现的、具体的行为模式"产生生命"的能力，而非单纯模拟情感和智慧。所谓的"智能系统"其实并不会思考。它们只是在人与机器间产生并捕捉协同效应，并将其转化为经济价值。它们部分功能的实现主要通过感知环境的波动，以及对姿势、动作和人类身体与周遭事物的拥挤程度做出相应的判断及反应。而此类系统所谓的"智能"则主要指在更具有影响力的水平上的运作。它与城市环境中不断变化的强度相适应，因其功能就在于将城市转变为一种新兴的、有生命的有机体，其中自律分散系统间的共生、交互使城市能够作为一个全局实体来感知和响应内部环境的突现模式。这种新系统与奈杰尔·思里夫特（Nigel Thrift）的观点不谋而合。他在谈到认识新物质的突现时指出，在该现象中，隐藏于我们日常生活结构的持续的"后台计算"以一种"技术无意识"的形式存在着，它俯就于用户需求，并创造了响应积极、变化莫测的结构空间体验。[66]

后有机时代

至此，我们再次回到本章伊始的问题——"究竟哪里出错了"和"有机的概念是如何与资本主义对极端消费的强迫沆瀣一气的"。正如我在本章开头所提到的，如果将"技术性"这一术语的概念完整性作为思考超越过度普遍的术语"技术"的技术伦理的方式，这具有一定的风险。如果实现更高程度的有机合生（organicesque concrescence）——即"有机演进"——是一种能力，那么在具备此能力的、能够快速恢复原状的基础设施能够产生更高水平的消费的条件下，该术语就无法在机器间的关系方面提供批判思维的介入。在西蒙栋看来，通过发现质形论模型（hylomorphic model）的问题所在，我们会认识到改变资本主义劳动结构就如同改变我们与机器的关系。

但是，我并不打算放弃"技术性"这个术语，就像我同样不打算放弃"突现"这个术语一样。这两个术语不仅能让我们思考抽象的概念，而且能让我们关注集体个体化的世界（collective individuation）。为了不弃用这些概念，我想值得考虑一下我们之前的问题——"究竟哪里出错了"可能隐含的缺点。从某种意义上讲，这一提问假设了"技术性"和"突现"无法再作为一场颠覆性反向运动的概念资源，用以对抗资本主义看似无限的制造欲望的能力和制造随之而来的消费者主体性的能力。这其实就是加洛韦和萨克尔反复论及的德勒兹那句"我们已经厌倦了根茎"的真正含义。[67] 现在的问题是，即使从比喻的角度讲，根茎与树木也极为相似，树木寓意着僵化的、由分子构成的、具有级差的结构，而这种结构却需要为一种能不断自适应、自调节和充满活力的能够带来颠覆性抵抗的根茎状拓扑结构腾出位置。这种根茎状拓扑结构在政治与文化上与树木形态相称性，就好比革命力量所面临的困境一样——革命武装力量将土地从富人手中解放出来，并将其重新分配给了无土地者，但很快，昨天还革命热情高涨的无土地者今天已变成了保守的地主。在一些地方，对此问题的解决方案是进行永无止境的革命，要求不断将以前的革命分子重新标记为反革命，并创造新的革命分子来取代前者。如果我们坚持"技术性"和"突现"所带来的是颠覆，我们就有可能成为同样的强制循环的牺牲品。继续上述的类比，如果我们坚持维护颠覆性的抵抗，我们就需要找到寻找或创造更多的术语，如"后突现"（post-emergence）、"后技术性"（post-technicity）等，并将西蒙栋和德勒兹送上学术法庭审判，谴责他们以及无数当代科学技术与社会研究界的学者与资本主义的同流合污（尽管属于无意为之）。当然，我想一定另有解决办法。

在这种情况下，我发现重提迈克尔·戈达德（Michael Goddard）关于费利克斯·瓜塔里的媒介生态学（media ecology）概念的讨论将十分有益。在瓜塔里的著作中，"生态"（ecology）是一个宽泛的术语，它包括所有形式的系统（社会的、环境的、精神的等），这些系统可视为产生主观性的环境。[68] 在这一语境中，戈达德指出，我们可以发现瓜塔里对通过广播等技术产生的潜在媒体生态的兴趣，他没有将其理解为颠覆性技术媒体形式的使用，而是将其视为一种技术媒体或后媒体集合体的产生，它构成了一个自我参照的网络，在不可预见的过程和政治主观性的产生中通过技术手段扩大了自身的影响力。[69] 换句话说，媒介生态学的重点并不是"抵抗"。相反，这种理论提供的是一种为新物质和非物质创造的动态环境，并将其用于发展以批判性驱动的政治和文化的个体化。这种观点同样可以用于处理"技术性"和"突现"这样的术语所面临的问题。那种技术集合体与西蒙栋所谓的"有机演进"概念展现出更紧密的联系，也为其自身带来了不断增长的与资本无缝连结的协同能力，但这并不意味着我们就必须要放弃"技术性"这个概念以及它在技术融合方面所产生的价值。然而，它确实要我们对这种能力保持警惕，并以其为动力，不断探索和挑战我们通过与技术创新结合所产生的集合体的限制与可能性。

第四章

游戏于"隙"

1957 年，由导演市川昆执导的电影《满员电车》(『満員電車』)中有这样一个场景：异常拥挤的车厢内，乘客头顶上方悬挂着一幅该电影的广告。这则广告微妙地暗示了交通运输、大众媒体和大规模生产条件间存在着密不可分的联系，并暗讽该电影参与了它所批评的大众媒介资本主义社会（mass-mediated capitalist society）。同样，广告也阐明了作为 20 世纪基础的和共同表达的视觉机器的轨道交通和电影院间的代表性对应关系。由于在调动视觉的同时维持了身体的静止，电影院和列车都被认为产生了沉浸式技术调解的相应体验，其中的参与者（电影观众与列车乘客）则作为现代主体性的类似实例出现。[1]电影院成为了典型的媒介，通过它，通勤体验的冲击性、时效性、单调性变得清晰可见，而这通常被归因于结构和现象上的密切关联。

2005 年由日本导演村上正典执导的电影《电车男》(『電車男』)是一部全球发行的爱情喜剧电影。该影片将互联网引入通勤空间，

图 4.1 《满员电车》中的车内场景及广告
来源：1957 年日本导演市川昆执导的《满员电车》，大映映画株式会社出品

聚焦于不同以往的技术配置（techno-configuration）。电影剧情源于一个真实的故事：东京新干线列车上的一次意外使得身为御宅族[2]的"电车男"邂逅了一位年轻女性。由于"电车男"从未有过恋爱经历，他在日本亚文化论坛"2 频道"（2 チャンネル / 2channel，简称 2ch）留言板中发布了一个"讨论帖"，在该虚拟社区中讲述求爱进展并求助网友。日本出版业的翘楚新潮社看中此故事并将其出版成书在全国发行。2004 年，该小说一经问世即在三周内销售 26 万册，两个月销售 50 万册。日本娱乐业趁热打铁，将该故事改编为漫画、电视剧等。日本东宝株式会社还将其拍成电影，面向全球发行。《电车男》中通勤列车与网络的交会，"补救"了《满员电车》中所阐述的通勤列车与电影院的关系。更重要的是，在电影《电车男》中，互联网成为一种全新的集体表达方式——通过网络来协调交通运输中的时空关系。电影预告片中讽喻地展现了这里所说的"交会"和"补救"现象，我们可以看到身为御宅族的"电车男"

　　　　　　　　　　　　　　　　　　　　　　　　通勤梦魇

与心仪的女性身处同一车厢，而网络论坛上的交流文字则在车厢窗户上滑过。电影中的多处场景表现了工业资本主义下诞生的交通运输网络被后工业主义的信息网络所包容，这意味着列车已经转变成为后现代主义的"戏剧"舞台。

21世纪初《电车男》小说和电影首次亮相时，其中所展现出来的地铁系统和互联网之间的流体共生（fluid symbiosis）很大程度上是想象而非现实。而在几年后，人们通过智能手机就可全面上网，那时第三代（3G）智能手机完全主导移动无线通信市场。通勤者们通过手机邮件进行通信，而这些手机邮件网络只是互联网下的简约专线网络，我们在此称之为"移动网络"（mobile web）。通勤者对拥挤车厢中的沉默习以为常，因此通勤中的短暂"失联"无法避免，即使这样，它似乎也为新兴的技术经济和预期的信息网络的社会话语敞开交通网络的空间。因此，电影《电车男》在谈到日益习惯于上网的城市人群的期许和关注点的同时，也要求他们用互联网去重新想象通勤铁路网的时空。

图 4.2 《电车男》中的地铁内景
来源：2005 年日本导演村上正典执导的《电车男》，东宝株式会社出品

在这一章中，我所关注的正是这种重新想象。换句话说，这一章所探讨的是互联网如何看待通勤铁路网的不确定性。这不是互联网如何改变通勤习惯的问题。更确切地说，要问互联网是如何看待通勤列车的，就要考虑用互联网思考通勤列车的方式，让我们以不同方式想象通勤的空间和时间。我认为，这种想象在传统意义上和扩展意义上（重新调解）都是一种补救。一方面，它试图弥补已经成为通勤列车空间一部分的孤独感、视角和社会习俗。另一方面，它实际上是一种重新调解：一种受制于另一技术调节系统的注册、逻辑和视角关联的调解形式。

关于互联网如何影响通勤列车这一问题，我将使用三个案例说明互联网的补偿作用。首先是通过超文本结构模拟通勤列车空间中不同经历的网络超文本小说（hypertext novel）*《99人末班车》（『九十九人の最終電車』）。其次是《电车男》的故事，我将其视为在补偿虚拟通勤空间下错过的集体相遇。最后是一款手机游戏《爱与劳动的每一天》（『愛と労働の日々』），它通过用列车激发某种思考，以建立起对资本主义的一种批判。根据与互联网和通勤列车时空性的相关程度（从低到高），我对以上三个案例进行了排序。《99人末班车》中的故事尽管发生在地铁上，读者却只能通过电脑的网络浏览器来进行阅读，因此它在时间和空间上

---

* 超文本小说也称超文本文学或超链接小说，是20世纪90年代后期美国先锋小说界提出的一个概念，指文字、图片、影音片段及多路径进入结构组成的电子文本。同传统印刷小说文本概念相比，超文本小说事实上已超出文学范畴，是集文学、视觉艺术、音乐、电子媒体和互联网于一体的新媒体艺术。参见：莱恩·考斯基马，《数字文学——从文本到超文本及其超越》，单小曦、聂春华、陈后亮译，桂林：广西师范大学出版社，2011。

通勤梦魇

都远离了故事主体。与其相反，《电车男》始于发生在通勤列车上的真实事件，促使人们产生虚拟的集体感。最后，《爱与劳动的每一天》将玩家置于沉浸式的列车车厢的媒介环境中。总之，如前所述，通过互联网由外而内地考虑通勤铁路网以及通勤的真实时空，我们会逐步了解其内部运作情况。

我们即将讨论的每个案例都表明，计算机游戏启发了人们利用互联网对通勤铁路网的车辆进行调度。计算机游戏使通勤列车从讽刺批判社会政治学和现代主体的代表性工具变成动态模拟交互平台。身为游戏制作人兼游戏理论学家，冈萨罗·弗拉斯卡（Gonzalo Frasca）认为，展示是用来"描述、解释、理解现实"的，模拟则是根据用户互动设计的动态系统，[3] 但展示和模拟是两种处理现实问题的各不相同又相互交错的方法。模拟强调物质情境的本体开放性。在模拟驾驶系统中，这涉及向司机介绍列车基本机械系统以及在实际驾驶过程中经常会遇到的难以预料的交通状况。即使这些不可预见性是模拟装置设定的程序参数，但对使用模拟驾驶装置的用户来说，这就是一次可控的个人体验。使用这种模拟系统的结果就是用户会沉浸在可能有不同结果的另一个世界中。[4] 其目的往往是教学，但又不仅仅是教学。驾驶系统本应通过让用户有机会对各种路况做出精神上乃至身体上的反应来教会其如何开车。而计算机游戏的模拟可能一点都不具有教学性质，因为它寻求的可能只是视觉认知上的愉悦感。但当模拟驾驶系统具有教学性质时，它包含了一个操演的维度（performative dimension）。操演性（performativity）表示着一种不可预见性和实验性。它强调过程是一种动态和交互的现象，从中不但会产生新的认识，而且会产生新的认识方式，也就是新的个体发生的可能性。[5] 因此，模拟装置的操演性是由总协议设定一个时空，但未明确规定其内部过程。操演性模拟驾驶系统的目标是转换而非获胜，这就产生了一个问题——它是怎样的一种转换？对既是游戏玩家又是媒体理论家的麦肯齐·沃克（McKenzie Wark）来说，游戏时空为他提供了一个了解资本主义制度下日常生活的切入点。他认为人们通过计算机游戏对资本主义进行批评分析，以此来改变社会关系。本章我将会阐述如果这种网络连通性（web connectivity）将通勤列车转换成游戏空间，它就为列车作为批判性介入（critical intervention）提供了可能，那么转换将会以一个问题为出发点：“通勤列车能教会我们关注周遭吗？”

《99 人末班车》

法国人类学家马克·欧杰在其民族志著作《在地铁中》（*In the Metro*）中将通勤者描述为“孤独者”（solitude[s]），将地铁的潜在悖论看作一种集合现象——通勤者出行方式相似，但体验却相差甚远。[6] 孤独本身是离散的个人体验，但它也为人们所共有。欧杰在该书中试图从多个方面阐述“孤独感的社会人类学”（ethnology of solitude），就像他在《非地点》（*Non-Places*）中提出的：在社会存在中迅速发展起来的技术中介关系中的复杂区域（包括机场、火车站、高速公路等等）内，它可能是分析并理解生命的唯一方法。[7] 他指出，这些因不同用途（交通、运输、商业和娱乐）[8] 而形成的区域组成了"非地点",它们避开了传统的人类学概念,即空间和集合在地理上连贯、历史上固定,因而产生了对于文化认同的不同表达。相反,非地点对传统表征方法的抵制催生了由高度网络化和高度原子化的"孤独"构成的流动的、不确定的集体。在欧杰看来,掌控孤独是在非地点环境下考虑集体可能性的前提。但他最后又将基本的民族志研究方法修改为一个分析框架,使其更适合研究科技社会"非地点"的地铁集体式孤独。在此过程中,他舍弃了基于经验主义的民族志方法,转而选择了一种主观虚构的风格来阐述地铁体验。

日本科技小说、侦探推理小说家井上梦人在描述东京地铁车厢内的共同经历所产生的多重叙述时,回应了欧杰对复杂互联网现实性的关注。他写道:"同一辆地铁里的乘客处于同一时空,但由于他们的语言、心理、期望不同,如果从他们每个人的角度分别解读,我们将会得到完全不同的故事。"[9]虽然欧杰创作的民族志具有小说性质,但井上在其超文本小说《99人末班车》中将动态的计算机游戏与小说融合起来,以此来模拟东京地铁的体验。他以东京的银座线为背景,以分别驶向涩谷站和浅草站的两辆末班地铁上的99位通勤者为观察对象,跟踪记录了他们每个人的故事。[10]故事始于夜间11时56分,此时末班车正准备离开各自的站点;故事终于次日凌晨0时13分,此时两辆车在靠近路线中央的银座站相遇。

1996年,井上开始创作这部超文本小说,边创作边将部分内容上传至网络,结局部分是在他开始创作的十年后(也就是2006年10月)上传的。尽管新潮社出版了该小说的DVD版本,但读者依旧可以在网上免费阅读该小说的完整版。《99人末班车》从叙述形式来说虽具有实验性，但其并未给井上和新潮社带来特别的成功。这部小说完成后，井上再未创作过类似作品。他在访谈（访谈链接在小说第一页）中提到，想通过计算机游戏的动态形式将读者主体性融入阅读过程中的方式来创作一种新型小说。他希望读者阅读时能遵循计算机游戏的特定规则，但故事发展却取决于读者选择的特定叙事方式。井上最初尝试创作一部传统印刷作品，他称之为"游戏书"。书中每到段尾，都会有向左还是向右的提示供读者选择，每个选项都会指向不同的章节或页数。但该作品并未成功，不仅因为平面媒体有时空限制，还在于其故事内容单一薄弱。他解释说，多重叙事方式太难驾驭，情节会变得更像游戏，而不像故事那样引人入胜。不过他最终还是在地铁中找到了主题、结构和超文本媒体之间的平衡点，这表明两个系统之间关联紧密。就这一点而言，有人回顾了丽莎·吉特尔曼（Lisa Gitelman）的建议——超文本的史前史或许可以在"中央车站（纽约1913年启用）的整合结构和符号学中找到，它有分别为列车和乘客设置的路线和信号，还有连接不同楼层信息咨询处（城郊交通和城际交通）的旋转楼梯"。[11]

就像在计算机游戏中一样，《99人末班车》的交互结构可以让读者通过点击鼠标来获得一种创造世界、创作故事的感觉。但因其主要是探索模拟世界，而非完成收集点数、掌握技能、攻克难关的典型游戏目标，《99人末班车》最后给人的感觉更像是《二次人生》（*Second Life*）这样的虚拟世界程序[12]而并非计算机游戏。与大多数虚拟世界一样，读者/玩家可以通过交互模式来阅读《99

人末班车》。小说首页有张列车运行路线图（见图 4.3），其中三分之一的站点都有超链接标识，左上角有"快速查找"（Index）的标注，下面是一张简单的地铁运行示意图，列车内部和站台上均有红色和蓝色的方形小图标。车厢内一侧有对其进一步解释的图例：红色代表女性，蓝色代表男性。我们可以从小说的其他部分了解到，绿色代表儿童。图例上方有两个小方格，上面的代表站台，下面则是剧情时间（diegetic time）。

点击屏幕上的显示时间，列车就会移动。每点击一次，钟表上的时间就会前进 1 分钟，两辆列车也会朝着"索引"（Index）上的交会点（银座站）行驶。每前进一站，就会有更多的超链接标识出现在之后的站点上。列车每到达一站，车上的乘客会下车，那些在站台上等待列车的乘客也会上车。要在站点之间进行空间移动，读者 / 玩家需要点击显示时间的小方格上方的箭头，或从"索引"中选择一个站点。另外，读者也可以在网页顶部的菜单栏点击"人物索引"（Character Index），然后在左边菜单栏中显示的 99 个汉字和平假名字符图标中选择一个，点击任意轨迹中的人物图标，就会打开一个故事页面，其中的故事通常以第一人称进行叙述。当人物的语言、想法或观察与另一个角色相关联时，就会有超链接标识出现，读者 / 玩家就可以按需查阅其相关信息。一经点选，人物故事和观点即刻出现。在每页的顶部和底部，也会有显示该人物在前几分钟或后几分钟出现的观点的超链接标识。文本最后，读者 / 玩家也可以点击相关人物图标上的超链接标识回到他们的故事页面。为帮助读者了解这个稍显复杂的故事矩阵，井上提供了潜在视角或路线示意图（参见图 4.4）。

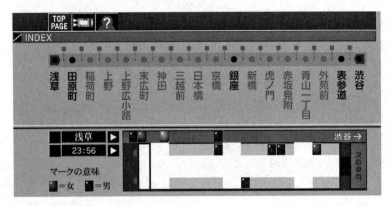

图 4.3 列车示意图

来源：新潮社出品的《99 人末班车》。http://www.shinchosha.co.jp/99/

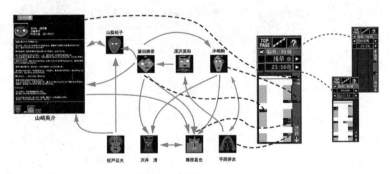

图 4.4 故事中的潜在视角或路线示意图

来源：新潮社出品的《99 人末班车》。http://www.shinchosha.co.jp/99/

  总之，读者可以有多种方法行驶列车：点击人物图标、人物间记忆网络联系、一站一站地进行空间移动或等待故事在这 17 分钟内发展。每种移动方式都有不同的修辞可能性。一方面，人物角色间的转换会增加通勤者之间的相似性，即"孤独感"，因为链接内容揭示出许多个体通勤者相似且强烈的不幸福。所有人都深陷在痛苦的沉思中，他们思索着每天发生的事情，忍受着同事刻薄的言辞或生活中普遍的不公。甚至喧闹的上班族和同事喝了一晚上的酒回家后，仍然闷闷不乐，因为他们只是为了伪装出与那些一起醉酒的同事之间的友情。另一方面，当一个人物被另一个人物的想法左右时，他就会以线性前进的方式向一个逐渐黑暗和保守的内部空间移动，从而将思维过程暴露在无意识的阈值（threshold of the unconscious）下。这种线性运动重构了人类意识的经典深度模型（classic depth model）和个体独特性（individual uniqueness），并让他们感觉自己是在聆听一场精神分析会议。没有明确的目标去追求联系，也无意对任何角色的冲突进行治疗或解决。故事在关于城市生活的忧郁表达中曲折地展开，这让读者／玩家感到有些无望。

《99 人末班车》在故事时空维度中的移动是另外一种修辞语域（rhetorical register）。沿着列车运行线路一站站地线性移动与地铁作为现代理性技术设备的潜在目的相一致。同时，超链接的存在让读者在故事的时空维度可以以非线性方式横向移动。后者以托马斯·拉马尔所谓的"相对运动"（relative movement）方式破坏了根本结构目标。[13]

"相对运动"概念是拉马尔分析日本动画的理论核心。它指根据某人的位置而主观诱发的运动感觉。[14]拉马尔认为，日本动画的特征在于它高度依赖横向运动而非纵向运动，也就是他所谓的"笛卡尔式的视角主义"（Cartesian perspectivalism）。后者体现在相机／眼睛移动到单一深度点的弹道视角（想想安装在火车头前面的摄影机拍到的经典铁路景观［classic railroad vision］，或电影《奇爱博士》[*Dr. Strangelove*] 中倒数第二个场景——"金刚"少校 [Major Kong] 骑在原子弹上向目标飞去）。拉马尔以感知和认知之间基本联系的哲学前提出发，认为动画的横向运动打开了一个思维空间，通过我们观察和解释的现实来破坏我们作为观察主体的位置，从而扰乱公认框架。因此，相对运动能够产生思维、关系和存在过程，这些过程可以替代笛卡尔式的视角主义所传达的工具理性（instrumental rationality）。

超文本设计不会将读者限制在特定的轨迹上，相反，它似乎鼓励读者在现有的几种阅读途径中往复移动。值得注意的是，这种视角上的转换也是宏观掌控（揭示整体特征）和局部把握（揭示逐渐复杂的细节）之间的转换。借用建筑人类学家阿尔贝娜·亚涅瓦（Albena Yaneva）的观点，这种快速转变允许读者在一个系统内同时获得两种不同的体验。[15] 此外，以这种方式进行阅读，读者 / 玩家还可以在明确表达网络竞争欲望的两种交互模式间来回转换。一方面，读者会对该地铁系统拥有一种全局视角，也就是一种近乎空中监视的技术视角；另一方面，它也用民族志的超文本近距离为读者提供了微观层面上的、细致的个体检查。整体效果涉及地铁体验的多个角度，破坏了任何强加单一决定性逻辑或真理的企图。

最后吸引读者 / 玩家注意力的不再是故事本身，而是从"放大"到"缩小"的一次次点击中获得的游戏快感。[16] 从主题层面来看，这种文本只带给了读者一种短暂满足，因为随着每次点击，读者 / 玩家都会遇见不一样的事物。总之，至少在主题层面，读者 / 玩家会被可预见的常见事物淹没，而不是被迫以新颖和批评

通勤梦魇

的方式思考通勤过程和文化。但这或许正是井上的本意——评论普通通勤者和通勤体验。

终端集合体

《99人末班车》中有很多概括性概念。它模拟的可以是大约1900年到2000年间世界上任何一座城市，那时候通勤者回到家还能感到繁重无趣的朝九晚五的工作带给他们的疲惫之感。然而，使《99人末班车》具有东京特点的部分原因在于末班车的基本特征和集体性。如前所述，通勤铁路网在控制和突现、常规和事件、固定模式和偶发情况之间存在一种持续张力，这表现在列车标准运行图和实际操作运行图之间的差异中。东京的通勤铁路网每日接近午夜时就会逐条暂时关闭，此时这种张力就会到达一种极限。次日清晨5点，通勤铁路网和列车服务会从中央线开始依次启动。正如既是科幻小说作家又是东京爱好者（Tokyo-phile）的威廉·吉布森（William Gibson）观察到的那样："与其说东京沉睡了，不如说它只是暂停以对其基础设施进行重要维修。"[17] 这种因关键维修存在的短暂间隔伴随着通勤列车的停运而出现，也被称为"末班车后"（終電の後）。

基础设施维护并不是"末班车后"时段中的唯一活动。每当这些维护工人在高功率的卤素灯光照射下长时间工作时，这个城市的其他地方却正对那些进行着非法劳动和消费行为或至少是声名不佳的人群迎来送往。尤其是新宿站东部被称为"歌舞伎町"

的地区已经变成了一个充满活力的服务型消费娱乐场所，其中包括从普通老百姓开的快餐店到按摩店、全天开放的网络漫画咖啡馆以及色情场所。另外，在涩谷站、六本木站、麻布站附近也有一些"末班车后"时间段的、规模不大的消费场所，那里有很多舞蹈俱乐部、高消费快餐店和餐厅。因此，末班车体现了东京日常生活结构中的一个短暂性过渡时刻，同时也是两种截然不同的孤独彼此交错的空间。一方面，一些人在一天的繁重工作之后赶回家休息以便有精力应付第二天的工作；另一方面，也有人在"末班车后"这段边缘化的间隔中出门工作或消费。对前者来说，末班车是今日努力的终点；对于后者，它则是发生一些能够使生活发生天翻地覆变化的事情的最后机会，否则就只剩下麻木无趣的日常。对那些后者中的消费者来说，末班车才是夜生活的开始，这看似微不足道的特征给夜晚世界注入了不确定性，而这些不确定性潜在地改变着他们的生活。对那些在"末班车后"时间段工作的人来说，末班车只是一次通勤，别无其他。

井上利用了这些张力和可以表述孤独的不同的集体形式，将超文本小说置于末班车中。小说中的末班车并不只是电车的末班车（終電），同时也是人生的末班车（最終電車）。虽然末班车意味着短暂的停留，是递推序列中的一个停顿，但它依旧带着终端重量（terminal weight），标志着绝对结束。事实上，对于井上笔下的人物来说，这不仅是有序而无趣的东京生活中在末班车上的又一个晚上，更是以一种核爆炸形式结束游戏的最后一夜，孤独聚集在一起，成为一个单一的、决定性的但又无法补救的集体。尽管它可能并未完全按照末班车中孤独的预期方式进行，但它将

　　　　　　　　　　　　　　　　　　　　通勤梦魇

末班车转换为改变人生的体验，这是令人惊叹的。

爆炸是由一个出故障的机器人引起的，具体来讲，是个叫作"P13AX"的有着自治系统的"移动仿真暗杀机器人模型"（autonomously mobile humanoid model assassination machine）。它的行动目标被设定为一位重要的政治家的孙女——25岁且有保镖护身，但这个女孩儿似乎认为这样一直被保护着会限制她独立活动的自由。据说P13AX拥有无与伦比的、最先进的计算机技术，能够临场校准自己的系统，并制定执行计划从而完成任务。但当它跟随其目标进入地铁时，意外因素让其产生了一系列问题。很快，它的主要通信系统出现异常，据其推测应该是地铁线路发射的电磁波造成的。故障伴随噪音出现在其认知中心的内部屏幕上，P13AX断定这是1,654,300赫兹的噪音。但讽刺的是，它对此无能为力，只能等待补偿电路响应并关闭放大器（amplifier）。但由于最初的故障，它整个主通信系统被强制关闭，补偿电路也起不了作用。似乎P13AX注定要被它自己的最高级逻辑瞬时终结——物极必反，它能力太强从而出现了反作用。因为通信系统出现异常，机器人的头部开始摆动，在旁人来看，它的头在轻微颤抖。突然间，它开始用右臂平稳、机械地敲打头部。被P13AX死死盯住的目标看着它这些奇怪的动作，非常害怕，她开始怀疑这个人（机器人）是可怕的跟踪狂。他／它原本很有魅力，但其怪异的动作激起了目标人物对其深深的厌恶感。

与此同时，P13AX进入混乱状态，其内部屏幕上滚动着越来越令人困惑且没有逻辑的系统状态信息：

震惊，震惊，震惊

"请停止拍打机器。"

"对于精密仪器的敲打易造成损坏。请勿敲打或将其丢弃。"

"那天我去了他的房间。"

"你们愿意发誓无论疾病还是健康，都珍惜并尊重彼此吗？"

"你的智齿必须拔掉。牙根都已经腐烂了，它变成这样一定是因为你没有好好保护下巴！疼吗？你要知道，得亏你今天来了。"

"闭嘴！你个混蛋。你难道不知道现在几点了吗？"[18]

P13AX 无法理解这些错误信息，最终只能被这些没有逻辑的胡言乱语主宰。它靠近目标，并自毁其核动力电池，这是它完成任务的最后手段，因此引发了一场巨大的爆炸事件——在银座大道中间留下了一个大洞。游戏结束。

《99 人末班车》以最大规模死亡的场面结束，但报纸上的相关报道却是敷衍了事的：

昨夜大约凌晨 0 时 14 分。

位于营团地铁（营团地下铁）银座线上的银座站于昨日午夜凌晨 0 时 14 分发生了一场大爆炸，原因尚不明。该爆炸造成银座主干道大面积塌方。坍塌发生在三越百货公司（Mitsukoshi Department Store）门前，长 60 米，宽 40 米，

通勤梦魇

当时由涩谷站开往浅草站的列车正停靠在银座站台。预计将有大量人员失踪，包括乘客、列车员以及车站工作人员，伤亡情况暂时不明。事故发生 4 小时后（大约凌晨 4 时 20 分），国家和都市警察部队（National and Metropolitan Police Forces）、总务省消防厅（Fire and Disaster Management Agency）和日本防卫省（Japanese Ministry of Defense）共同成立了特别行动小组进行相关调查。由于事故现场在破晓以来仍有小规模塌方，现已对该地区人群进行了疏散。据日本防卫省消息，事故现场检测到相当高的辐射，需要采取严密的防护措施。特别行动小组暂时无法确定这是不是一次恐怖分子的恣意行为，他们正积极从其他地方搜集相关证据。[19]

读者会感受到井上在《99 人末班车》中创作了令人绝望的灾难性结局，他把 99 个不同的故事联系在一起，并以某种方式结束。然而这个结局也很完美，因为它说明了这个故事的潜在弱点（如果这不是虚拟实践普遍的核心缺点的话），即很难形成持久的集体意识。事实上，超文本小说作为一种媒介，可以很好地体现东京地铁中复杂技术环境的叙事方式多样性，但它并未提供直观集体表达的方式对互联网时空进行补偿。因此，它给我们留下了一个缺口，或者更确切地说，是在地面上留下了一个巨大的洞，而不是对时空穿越的集体修复。在故事中，集体性只有在它消逝的那一刻才会被感觉到。

或者说，我们可以将井上创作的结局视为他在试图传达日本城市人群在过去十年中围绕基础建设和安全问题产生的日益增加的焦虑感。当他1996年开始创作时，就有很多日本人试图证明一年前东京地铁上的沙林毒气攻击是由奥姆真理教（オウム真理教）*教徒发起的。在地铁遭遇袭击的几个月前，一场大规模地震袭击了港口城市神户的大部分地区，夺去了几千人的生命。政府的反应强化了这场悲剧的严重性，这显示了其无能达到了令人不安的程度。在该超文本小说结束连载的两年前，发生在日本中心地区的另一场大规模地震造成了JR东日本列车脱轨，奇迹的是未造成人员伤亡。最后，在井上完成该小说的一年前，JR西日本的列车在大阪附近的福知山线脱轨，共造成连同司机在内的106位人员遇难（这一事故我将在第六章进行详述）。

《电车男》

与核爆炸相比，通勤地铁上相互矛盾的孤独在炸裂时往往不那么壮观，也不那么具有终结性。我们甚至可以说，这种时刻以一种温和的集体欢腾（gentle collective effervescence）为标志，唤起了一种社区和节日的感觉，而欧杰则哀叹，这种感觉在通勤者的孤独集体中缺失了。[20] 第二章中讲述的列车的行车方式是一种集体性的呈现方式，也有其他一些集体性的呈现是通过引人注目的事件，这

---

* 东京地铁沙林毒气事件，是指1995年3月20日早上日本东京的营团地铁发生的恐怖袭击事件。发动恐怖袭击的是邪教组织奥姆真理教的教徒，他们在东京地铁三条线路共五列列车上释放沙林毒气，造成13人死亡及超过5510人受伤。2018年7月6日，日本对东京地铁毒气事件主谋、奥姆真理教教主麻原彰晃执行了死刑。

通勤梦魇

种呈现看起来更为自然。一位朋友告诉我，他早上从立川乘坐中央线去上班的途中，就发生了这样一幕。那是一个周二的早晨，地铁和往常一样比肩继踵。那天早上，一个背着背包的年轻人站在地铁门前，正对着车门，突然背包就被背后拥挤的人群给夹带走了。地铁高峰期时，通勤者通常会把自己的包背在胸前，并用双手托住，这样就不会给已经拥挤不堪的列车增加更多的压力。这个年轻人不仅没有背好自己的背包，还来回扭动身体，推挤周围的通勤者以便为自己腾出更多空间。我的朋友并未站在他旁边，但靠得很近，足以清楚地看到并感觉到发生了什么。这个年轻人可不只是令人讨厌，他的行为在拥挤的沉默的通勤者中间，就像是一颗石子掉进了平静的池塘中所产生的涟漪，在列车中制造了更多张力。然而，大家都尽自己最大努力默默忍受着这个年轻人的不文明行为。这个年轻人一直习惯性地站在门口，每到一站，他就暂时先下车，然后跟着最后一位上车的通勤者一起进来以便继续站在门口。到了四谷站时，他像之前一样暂时下车，然后随上车的乘客再次上车。然而这一次，就在车门即将关闭的时候，列车中伸出的手将他轻轻地推回站台，这是一次事先毫无计划的集体性决心的表达。当车门关闭、列车开动时，列车上的人都自发地开始鼓掌。

这个时刻成了东京人茶余饭后的谈资。该故事偏离了他们滑稽、无伤大雅但又不是没有教育意义的集体主义感。故事中的年轻人因其自私行为得到了应有的惩罚，通勤者不仅表现出了协调一致的行动能力，而且在维护集体秩序的过程中体现了正义。这个故事明确阐明了一条集体不会允许或至少不应允许被跨越的红线，它迫使通勤者们暂时重新分配自己的精力，以保持与其他人分离开来的状态来解决集体问题。在这样的时刻，集体决心具有决定性，且大部分是非暴力的，这就会让人感到非常满意，我们称之为"集体道德体现时刻"（enactments of collective morality）。

然而这样通过集体解决通勤问题的例子并不多见。通常情况下，通勤者会选择假装看不到或听不到车厢内的骚动。一个导致内省或避让的案例可能并不会引起我朋友的讲述中的那么大的动静。它可能是一些很简单的事情，比如通勤者假装在爱心座位上睡着，而此时一位孕妇或者一个孩子摇摇晃晃地站在他们面前。关于这些事情的讨论，无论大小，都构成了各种社交媒体平台上看似无穷尽的关于列车礼仪的话题。

这样的案例通常被质疑为是一代人的问题，并且作为集体道德失败的案例进行展示，往好了说是病态冷漠的结果，往坏了说是刻意冷漠的结果。它们经常被援引为说明日本年轻人堕落的例子，就好像只有年轻人才是冷漠的。在这些情况下，它们被视为由科技进步导致的人际关系变得薄弱的证据，尤其在如手机之类的个人连接设备普及之后。

这种集体性的冷漠引发了（据说是真实的）《电车男》事件。2004 年 3 月 14 日晚，一个 22 岁的御宅族在日语亚文化论坛 2ch 的留言板上发布了这样一个帖子：他在从秋叶原乘坐地铁回家的途中，在其他人都置若罔闻的情况下，从一个醉醺醺的中年工薪族手里"救出"一位有魅力的年轻女性。这个御宅族承认，就像在那辆车上的其他人一样，他起初也假装没有看到那个醉汉跌跌撞撞地穿过车厢，辱骂车上的那位女性。但当那个男的抓住坐在他对面的那位年轻貌美的女性的下巴并喊"女人就应该闭嘴，让男人为所欲为"时，他鼓起勇气站了起来。他写道，两人随后发生了轻微的争执和扭打，但事情很快就收尾了，因为一位年轻的上班族帮忙制伏了这名醉汉。最后，列车员也来了。当论坛贴吧里的参与者在赞扬这个年轻人的勇气之余，还温柔地责备他为什么不要求这位女性和他来场约会。他们说他错过了人生中唯一一次机会，至少看起来是这样。两天以后，这个御宅族返回论坛兴奋地回复说那位女士送了他一套爱马仕（Hermès）茶杯以表达感激之心。由于没有恋爱经验（从某种程度上似乎也缺乏一些常识），这个宅男向网络论坛中虚拟的陌生人寻求建议。受到这件事的启发，论坛里的参与者挺身而出。他们称这个年轻宅男为"电车男"（Train man）或只是"电车"（Densha），并根据这位年轻女士送的礼物称她为"爱马仕"，认为这代表了她的性格和品位。他们教电车男求爱，就电车男如何约会爱马仕举行会议，在他想打电话感谢她送自己茶杯时，他们为他准备了约会时聊天的话题列表以及服装店、发型师、餐厅的链接，最终将他从宅男变为时尚成熟的东京男性。作为回报，电车男向论坛成员们汇报了自己两个多月的求爱过程中关系的进展和每次约会时发生的事情，被他们羡慕的同时，也得到了他们的鼓励，最终他鼓起勇气向那名女性表达了自己的爱慕之心。

论坛上的讨论随着电车男的表白也结束了。其中的一位参与者开始将讨论内容编辑成六个章节，并用"任务"命名，外加一个简短的结尾。几个月后，新潮社看中该故事并将其成书出版。该故事的作者被称为"中野独人"（意为"网上的单身汉"），他强调该故事是基于网络社区公告牌呈现的对传统惯例的挑战，这是关于"群体中的个体"的一个文字游戏，并提到了电车男以及网络论坛里所有匿名贡献者。

据新潮社负责《电车男》的编辑称，经常逛网络留言板的另一位编辑无意间看到了这个故事并建议出版社将其出版成书。[21] 新潮社决定将"电车男"的故事作为小说出版，这是有道理的，否则在 21 世纪头十年末期移动网络访问未接入前，读者就没有途径阅读该部小说。它将文本带入车厢，模拟了完整的互联网连接，这种方式预示着智能手机的引入。将网络论坛制作成图书的形式也为 2ch 这一网站增加了一定的主流合法性，同时也促使了一些可能由于御宅族声誉不佳而犹豫的人群访问该网站。

除了第一次约会前后的造势活动之外，网络和报纸版的《电车男》情节大多平淡无奇。故事主要围绕电车男和爱马仕的一系列约会展开：电车男花了大量心思和金钱将自己从邋遢的技术宅变成了时髦的年轻东京男人，同时也鼓起了勇气向爱马仕表白，之后就再没其他的事情发生了。他们两个互相发送了大量短信，关系也随之亲密起来。他们讨论电影《黑客帝国》；一次约会时爱马仕带了个朋友（明显是为了测试电车男）；还有一次，电车男去了爱马仕家中，两人一起品了茶，尝了烤饼。在最终的"任务"里，电车男帮爱马仕买了台笔记本电脑，他们还开着车在海边兜风。停车时，电车男向爱马仕表白，他们接吻后正式确定了关系。考虑到情节缺少张力，电影和电视版的《电车男》对该故事做了一点改编，这也在情理之中。比如电影中，电车男在最后时刻丧失了信心，但虚拟社区论坛成员又帮他重塑信心。这些改编为故事增加了必要的张力，同时也让它更符合电影媒介的表现规范。更重要的是，这些改编表现出了原文字文本中的潜在主题，而这些主题则表现出了《电车男》试图通过计算机连通性（digital connectivity）重新构建通勤时空这一意义。我的关注点是这些潜在主题。然而，在对其进行阐述之前，我有必要详述一下御宅族和 2ch 的含义与文化意义。

御宅族的媒介

　　《电车男》这部新奇的电影之所以如此受欢迎，主要归功于其起源于 2ch 这个网络论坛并展现了其中的御宅文化。自 20 世纪 90 年代御宅族和御宅文化得到国际认可之后，相关文章就层出不穷。尽管御宅族经常被视作缺乏社交能力的怪人，它却源于一个与日本年轻人有关的庞大社会话语体系，其中包含对于科技异化影响以及年轻一代拒绝服从传统劳动生产结构的担忧。[22] 御宅族通常为十几岁到中年的男性。他们经常被认为与社会格格不入，对动画和漫画有着孩子般的痴迷，他们选择虚拟世界，那里充满了美好的未来、令人叹为观止的科技和使人兴奋的战斗，现实生活中"男多女少"的现象在这里也不复存在。御宅族认为他们将其一生都奉献给了这些世界，他们虔诚地收集所有与其相关的事物，同时在其他御宅族网络中美化、翻译、掠夺、重新合成并传播动漫。尽管在一定程度上有些以偏概全，但在日本媒体内部有一种趋势，那就是把御宅族与那些拒绝出门的日本年轻人相提并论，也就是所谓的"死宅"(引きこもり)。虽然御宅族和死宅之间没有明确的关联,但他们具有的相似点——拒绝跟随劳动生产主流价值观的行为被视为是严重的社会脱节。[23] 经常有人指出,早在互联网出现之前,御宅族就是这样的。研究御宅文化的学者将这种现象的突现与让人们痴迷于观看、分享、修改动画的录像机的出现联系在一起。[24] 他们认为网络只是简单地放大了这些行为。自诩为御宅族的西村博之(Nishimura Hiroyuk)于 1999 年创建了网络论坛 2ch,对御宅族来说它是基础设施,是他们的虚拟家园。在那里,他们畅所欲言,从新技术谈到动画、动漫,再到科幻游戏。此外,网络论坛里的留言板是御宅族特定的网络通信方式,其特点是采用美国信息交换标准代码(简称 ASCII)来创作图像,并使用一种内部行话来歪曲戏谑文字和符号。[25] 对不熟悉那些语言的人来说,网络论坛就像是一种外国文化,就和我第一次读《电车男》这部小说的感觉一样。很显然并非只有我一个人这样觉得,新潮社也认为有必要单独列出文中的术语。为了不破坏非网络论坛读者进入这个截然不同的世界时产生感觉,这一词汇表被隐藏在书的护封背面。[26]

不像其他以文本为基础的网络论坛(如电子布告栏[即BBS]),人们可以在 2ch 的留言板匿名发帖,用户在未注册或登录的情况下就可以开始创建或者参与网络论坛,帖子只有简单的排序编号。网络论坛不会搜集用户的 IP 地址,这又再次保障了其匿名性。[27] 这些不同的匿名机制使它像是一个非法虚拟空间,在那里,人们可以找到关于日本流行文化、名人、政客的私密信息。近几年,一些人利用该网站的知名度和匿名性,在实施公共暴乱前于其上公布自己的犯罪意图。

就算御宅族的社会价值没有完全与犯罪堕落割断联系，《电车男》也确实提高了他们的声誉。它不仅使御宅文化和网络论坛变得触手可及，而且降低了其威胁性。《电车男》中御宅族给人的印象是信息社会中无害、幼稚但勤奋且足智多谋的一类人。他们的帖子时而不知所云，时而诙谐有趣。与此同时，也有很多人谈论《电车男》的缺点。随着这个故事闻名全国，周报和月报都刊登文章来分析其魅力所在及社会意义。[28]值得注意的是，一些文章呼吁人们注意这部作品中男性凝视的明确构成和御宅族心目中理想女性的确定形象——爱马仕这样永远宽容的女性形象。另外一些认为该故事可能是由政府精心策划的一场阴谋，旨在通过鼓励最有生育潜力的人恋爱、结婚、生子，借此提高人口出生率，最具生育潜力的人主要指御宅族和那些经常被称为"败犬"（負け犬）的 30 岁左右的未婚职业女性。但仍有文章因其中肤浅的消费主义和时尚感对该故事进行批判，并指出它未曾认真考虑任何真正的社会问题。[29]

邂逅网络

一方面，作为源于地铁事件的浪漫爱情故事，《电车男》基于经典的列车相遇桥段，即不同生活轨迹上的陌生人被列车（通常只是作为一种交通工具）上的事件聚在一起，开始一段往往会和浪漫、犯罪与谜团相关联的旅程。[30]这种列车相遇在 20 世纪的文学作品和电影中随处可见，它将列车作为现代生活的范式空间。尤其城市人群经常集中在地铁上，其结构和偶然性、日常路线与事件之间的潜在张力，既会促生积极可能（浪漫、神秘），也会引发消极风险（犯罪、事故）。[31]另一方面，根据作家兼文学评论家冈崎武的观点，并非列车邂逅促使了《电车男》故事的发生，这其实是另一种更为现代的网络或互联网下的相遇模式。他认为《电车男》之所以存在，并非是因为电车男和爱马仕之间的爱情故事，而是因为贴吧论坛成员在虚拟网络世界中挺身而出帮助了电车男。[32]冈崎武对《电车男》的解读与自网络社区出现之后媒体社会理论中呈现的趋势相一致，即放弃大众传播媒介社会下的社会形式，选择后工业信息社会中的新兴集体。21世纪的后现代性取代了20世纪的现代性，这使得交通运输成为通信之后的第二主题。或者，就像威廉·马扎雷拉对迈克尔·哈尔特和安东尼奥·内格里非常流行的论述的批评那样，因为大众传媒现代性的学科在过去是封闭的，后现代信息社会的解放潜力鼓励我们远离人群，幻想"人群"是无媒介和内在集体的有机表达。[33]马扎雷拉认为，并非人群与多媒体之间存在问题，而是社会形式是否能成功获得内在的、实质性的客观性。相反，离弃大众就是屈从于维持了一个世纪甚至更久的规范人群理论，该理论中，人群是一种固有的回归性异质（regressive heteronomy），它支持新兴互联网理论（也称"群体理论"），通过互联网人群中的"完美自治"（immaculate autonomy）来得到调解。马扎雷拉提醒道，无论是物质层面还是非物质层面，理论层面还是科技层面，所有的社会形式都是媒介。这中间的吊诡之处（更确切地说是挑战）在于以一种他们所谓"辩证共构"（dialectical co-constitution）的方式发展一种使我们思考"集体能量的突现潜力"（emergent potentials of group energy）的"社会调解理论"（theory of social mediation）。[34]

有什么能比《电车男》中"网络邂逅"的故事更好地阐释所谓的"辩证共构"呢？事实上，在《电车男》中，列车并不总是受制于互联网。相反，这个故事迫使我们将群体作为一个后现代社会形式去理解，这个后现代形式只有在资本主义工业现代化中的过渡性日常生活中才会被激活。它鼓励我们以集体扶持的方式居住在工业现代化的机械遗产及其随意构建的社会形式中。在《电车男》中，人群既非群众的外在，也非其对立面，而是群众大量的内在可能性。这个故事同样表明，工业现代化的物质劳动（商品和物质劳动）对互联网的后现代非物质劳动来说并非外部表现。简而言之，《电车男》让我们明白，我们并非离开列车去考虑互联网，而是使它们彼此融合。

沉浸和展示

通过通勤人群和互联网集合间所发生的故事的整合，《电车男》体现了辩证共构。这种整合力量基于沉浸式技术媒介产生的相应本体论（corresponding ontologies），这种技术媒介产生于通勤和地铁之间，从而使通勤和上网成为互补的体验。在理解这一点之前，让我们来回顾一下希弗尔布施的观点——铁路作为机器集合的新奇之处就在于它创造了一个以技术媒介为中心的世界。他认为，这种集成机器在"实质意义"和"隐喻意义"上将自身楔入旅行者和景观之间，让他们产生一种沉浸式体验，从根本上改变对外部世界的看法。[35] 从列车的窗户向外看，乘客看不到自然风景，只能看到一些"电线杆和电线"（telegraph poles and wires）以及线性速度（linear speed）影响下的工业化景观（industrialized landscape）。[36] 在网络通信中，键盘、鼠标、显示屏在沉浸式媒介（也就是我们口中的"虚拟世界"）中就类似于希弗尔布施提到的铁路集成机器中的电线和电线杆。于是问题就变成了如何以一种有趣且能得到虚拟集体能量和张力的方式表达网络通信的沉浸式体验。当然，如果我们回想一下瓦尔特·本雅明赋予电影"启示光学"（revelatory optics）的那种逐步发展的政治潜力，这种表达能力就会受到很大威胁。[37] 尽管列车和电影所传播的某些常见的"基础不稳定性"（如冲击力、视角的转变和同时性）使得电影院成为对列车来说完美的沉浸式展示模式，但它在在线交流的方面不太有效。[38] 描述一群人在键盘上不停地打字几乎不会让人对电影产生兴趣，更别说传达一种赋予虚拟集体活力和表面上潜力的集体感了。《黑客帝国》（The Matrix）、《创》（Tron）甚至《阿凡达》（Avatar）等电影都在试图通过对奇幻的、沉浸式的虚拟世界的集体性描述来表现这种活力和潜力。但这种描述只是在重复群体理论（multitude theory），因为它们将集体实现（realization of collective）视作某种从人群中分离出来的后现代的未来。

《电车男》中，虚拟集体和通勤人群并不属于现代性分离。相反，它们都是共同塑造和相互讽喻的社会形式，就像通勤铁路网为网络论坛在线交流提供的背景一样，这一点在故事的结尾处表达得尤为清晰。网络论坛参与者帮电车男重塑信心的场景，在故事的网络版和文本版中均未出现。而且，我们感受到的虚拟集体的激情时刻，也是《电车男》电影版本中的情感高潮。也就是说，这是集体最接近人群的时刻。这一幕始于电车男向爱马仕吐露心声，认为两人不是同一世界的人而无法走到一起，他冒着倾盆大雨独自回家，分外沮丧。昏暗的房间里，电车男坐在电脑前，突然间电脑像有了生命力一般，显示屏上出现了一个网络论坛的浏览器窗口。从显示屏的某个地方射出一道亮光，场景就忽然转换为虚拟的通勤地铁站台，和 2ch 论坛中的虚拟矩阵一样。我们想象中的那个垂头丧气的电车男走进这个虚拟矩阵，独自一人坐在站台的椅子上，情绪低落。当他最终抬起头的时候，他发现网络论坛里的参与者们就站在站台对面，隔着车轨与他相望。

图 4.5　电车男和网络论坛里的参与者相望于地铁站的站台
来源：2005 年日本导演村上正典执导的《电车男》，东宝株式会社出品

"抱歉，我再也坚持不下去了。"他说他没有勇气再继续追求浪漫的爱情了。场景随即切换到网络论坛参与者们的单人画面，他们孤独地坐在电脑前阅读电车男的帖子。就在网络论坛参与者们准备回复时，场景又切换到虚拟列车站台，在那里他们和电车男面对面回帖。随着那些参与者的热情越来越高涨，电脑屏幕与他们在虚拟站台给予电车男鼓励这一场景间的转换也越来越快。最终，场景切换到很多个体参与者在他们的电脑屏幕上迅速写道："别放弃！加油！"成千上万根手指头敲击键盘的声音，听起来就像是一辆驶近的列车发出的声音。只是发出这声音的不是火车，而是通勤人群。当镜头带着我们再一次回到虚拟站台时，电车男站在对面的站台上，网络论坛中的参与者/通勤者们簇拥在他周围欢呼。我们认为，网络论坛中的虚拟集体就是这些通勤人群。而且，从任何一个意义上来说，这都是一个已被矫正过的人群，它通过一个不同的媒介系统表达出来，但也得到了改善。也就是说，它变成了一个具有关怀的群体，不像故事最开始时列车中相遇的人群那样漠然退避。但我们必须弄清楚，这种关注的本质是什么？它又是如何与相遇联系在一起的？

团队作战游戏精神

如果《电车男》是一个关于虚拟集体相遇的故事（就像冈崎武说的那样），那它也是个集体在一开始就错过的故事，因为除了电车男，其他人都转身不理会车上那令人不快的骚扰。当虚拟网络论坛上的人们去帮助电车男时，首先是帮助他追求爱情，其次才是建立信心，他们的行为弥补了列车上最初错过的相遇。这种虚拟社区中回应电车男的求助时所带有的轻松感和自发性，与通勤人群未帮助爱马仕形成了鲜明对比。但论坛参与者们对电车男的帮助既非礼仪刺激，也非道德责任心驱使，而是受计算机游戏精神（或"游戏"）的驱使。

《电车男》中，游戏无所不在，它是御宅族本体论的核心。这也就是为什么电车男第一次发帖时就将自己定位为"一个普通的喜欢动画和游戏的秋叶原普通宅男"。[39] 故事中的游戏背后是大量的军事隐喻，这就是故事以"任务"形式出现的原因。同样，游戏者在计算机游戏中通过完成难度不断增加的任务来提升等级。《电车男》中的每个任务都包含难度逐渐增加的挑战，电车男通过获得一定的技能和知识闯关。然而，《电车男》中的游戏并非动作游戏（动作游戏的挑战多倾向于个体在竞技场中的存活，这使得动作游戏成为资本主义竞争残酷环境下的一种模拟训练），而是一款多人参与合作型游戏，就像《勇者斗恶龙》游戏（顺便说一句，网络论坛中提到过它），玩家必须在虚拟世界里进行团队作战，不断地学习技能，并应对各种各样的挑战来升级。网络论坛成员告诉电车男"我们一直在你身边"。事实上，没有团队的帮助，电车男就无法进入下一关。

发端于2ch的团队作战游戏精神作为产生主线或剧情的挑战，变得生动而有活力。根据日本文学评论家铃木淳史（Suzuki Atsufumi）的观点，这样做的目标很像是在参与人数越来越多的游戏中为了保持球在参与者之间来回移动而开始的击打。[40] 用计算机编码文本（JIS-Shift/ASCII artwork）构成的复杂艺术品是该故事文字版的相同逻辑的扩充，但又增加了智慧元素和专业技术知识。在第一个任务中，游戏目标从保证网络论坛的运行到集体为电车男提供装备，在他执行任务前传达指令，在他完成任务后听其汇报。此外，每个任务都会将城市空间转换为"游戏空间"的延伸，而电影版则通过在城市建筑上叠加 2ch 论坛文本来完成。因此，每个任务也被认为是 2ch 中的集体对于主流的、正常的、规范的城市空间的攻击，当我们通过将游戏御宅族与社交退缩症患者合并来理解这一点时，就会使他们走出家门，开始与世界进行交流。同时，《电车男》似乎暗示了御宅族是一种标准的城市人群类型，因为他们通过网络论坛对信息网络的掌控，帮助电车男很好地处理了城市障碍和挑战。

但《电车男》中的游戏精神迫使我们不要停下脚步。麦肯齐·沃克写道，计算机游戏不是"失败世界的再现"。[41]实际上，我们必须考虑其对立面：世界是计算机游戏的失败再现，沃克认为，游戏空间是一个我们可以学会批判性思维的修正场所，这种批判性思维可以帮助我们修正这个世界。游戏空间可能成为一个我们学习关怀他人的地方吗？换句话说，在列车上的每个人都试图无视骚扰场面只关注自我的社会中，御宅族游戏（otaku gaming）可以为道德核心缺失提供一个可行的选择吗？它能否从自然界适者生存的理性认识中，突破几个世纪以来个体竞争的哲学观念，并教会我们如何合作？

当与电车男同车的乘客对骚扰避而不见，他们体现了一个多世纪以来文学作品中描述的一种情绪，这种文学作品将城市人群

　　　　　　　　　　　　　　　　　　通勤梦魇

的社会漠然作为人群病态非理性的另一种表达。[42] 作为社会学家和哲学家，格奥尔格·齐美尔在 20 世纪初期写了一篇关于城市生活心态的开创性文章，他将这种漠然视为人们完美适应都市生活后的"麻木"（blasé）态度，[43] 将其归因于一个人在形成连贯个性意识的过程中，对城市中的陌生人产生的内在厌恶表达，因此，这种麻木将个人及城市人群困在一种无法解决却不断生成的焦虑中，这在那个时代的文学和电影中反复出现，以致令人作呕。住在城市里就是在做一种选择：同情他人还是作为自主个体在城市景观的政治和经济地形学（economic topography）基础之上形成的竞技游戏中取得成功。团队作战的游戏精神解决了这种矛盾，因为它将城市转换为以自组织集体（self-organizing collectivity）为基本理念的游戏空间的延伸。这种精神促使人们在遇到骚扰等情况时挺身而出而非熟视无睹，其并非迎合任何首要的哲学指令（overarching philosophical imperative），而是为了使人群真实化。

置若罔闻：《电车男》的另一面

我说过，当列车上的通勤者都对骚扰事件视而不见时，《电车男》的故事对这一集体道德失败的时刻进行了补偿。它通过将列车空间和网络讨论社区叠加在一起表达了虚拟通勤集体的共构。我在本章概述中提到，《电车男》的预告片通过电车男和爱马仕共处一节车厢而网络论坛中的留言从车窗飘过这一场景颇具寓意地将通勤列车空间和网络空间叠加在一起。但是预告片若因此在某种程度上预测了对通勤人群避而不见的补救，它也就上演了对通勤人群的背离，从而拒绝了故事的集体性叙述。预告片中，电车男和爱马仕在地铁上用手机交流，似乎整个列车只属于他们。除了他们之外的其他人都已经被挤到了相邻的车厢，这表明留言板网络论坛成员是在场的，是整个场景的一部分。我们只能短暂地瞥见他们一眼：他们被降级为自己所创造的故事的旁观者，只能从车厢间的隔窗向男女主人公投去羡慕的目光。

图 4.6　被挤到隔壁车厢中的通勤人群
来源：2005 年日本导演村上正典执导的《电车男》，东宝株式会社出品

　　通勤人群被电车男和爱马仕挤到隔壁车厢，这种再现否定了拥挤的列车，因而也否定了故事发生的可能性条件。作为一种将人群推至故事边缘的修辞，反映了电影的主题转变，即从一个关于虚拟社区力量及多人游戏团队精神的故事转变为一个电车男与爱马仕之间俗套的"纯爱"。作为一个纯爱故事，《电车男》是对御宅族的救赎。他们必须学会遵守东京成年男子异性恋的传统欲

望，将其可支配收入花在合理服务和日用品（时尚服装、餐厅消费和发型打理）上，而非与动画相关的幼稚实践和相关设备上。该故事同样也是对30岁未婚女性这样的"败犬"的救赎。

作为宅男和大龄未婚女性之间的故事，《电车男》成了托马斯·拉马尔口中的"媒体类型"（media types）故事：自20世纪80年代起由日本媒体制造源源不断的病态身份。拉马尔认为，"媒体类型"是日本媒体产业的一种诉求，这让它自身陷入一个永无止境的循环中，并将这种循环看成是信息流（information flows）猛攻下的一种相对运动模式，这种信息流持续不断地让我们选择并进行个性化消费（personalize consumption）。因此，"媒体类型"鼓励人们对于集体生活中有关政治和科技审美的较大问题置若罔闻，转而关注文化主导消费下的互联网中自我效仿的非政治性"小"问题。[44] 在这种情况下，通勤列车及其与大规模生产和城镇现代化的内在联系不再与通勤人群有所关联。在21世纪的日本作为典范信息社会的美好愿景中，通勤列车转而成为小众消费和生活方式的媒介。

操纵游戏

是什么使一个人坚持自我剥削系统？马克思主义经典理论（classic Marxist theory）从意识形态（ideology）角度回答了这个问题，它认为意识形态扭曲了资本主义社会下剥削现实的社会条件。也就是说，人们没有意识到他们参加了奴役他们自己的操纵系统。马克思主义理论称这种未意识到的共通来自"错误意识"（false consciousness），它阻止人们认清资本主义下的社会关系异化和剥削的本质。因此马克思主义理论的任务是唤醒意识，也就是培养主体对社会结构的分析倾向来揭开意识形态扭曲的面纱，并使社会关系形态和生产方式之间的关系变得清晰易懂。很多思想家都曾质疑过"错误意识"，他们认为个体不是经典马克思主义观念所假定的幼稚的意识形态主体。就像斯拉沃伊·齐泽克（Slavoj Žižek）在其著名辩论中提到的——个体实际上可以意识到他们在做什么（该叙述更为准确），但无论如何他们只是在做而已。[45] 齐泽克认为，个体的忠诚不完整且矛盾时，意识形态才会起作用。但当它完全将现实掩盖时，意识形态并不会起作用。意识形态并非完全奴役思想，它会给人们留出空间让他们填充其幻想结构，并以此来支撑非理性现实（irrational reality）。

齐泽克的观点让我想起市川昆执导的电影《满员电车》中的主角——诸井富美男。他是个新晋工薪族，虽然知道自己所在的系统是被操纵的游戏，但仍挣扎着想取得成功。即使每次尝试都会让他更加沮丧，他依旧激情满满地去工作。电影前段，诸井在即将开始工薪族生涯时与一位年轻的室友聊天，将强迫他挣扎的社会经济环境比作一辆拥挤不堪的列车，他说："你知道的，我们在这个国家没有一席之地。但闷闷不乐也不能让我们离这趟拥挤列车上的座位更近一点。社会是被操纵的，因此我们没有理由不拼命工作。"[46] 电影中一个挨肩叠背的列车场景似乎证实了诸井对该系统的解释。在那个车厢中，我们看到人群中有个年轻白领不停地推操着其他人想进入地铁，但是人太多了，列车员（或"推

　　　　　　　　　　　　　　　　　　通勤梦魇

图 4.7 人满为患的末班车
来源：1957 年日本导演市川昆执导的《满员电车》，大映映画株式会社出品

手"）只能用脚蹬最后一个人的背部来帮助其上车。

　　但电影的结尾最终又推翻了这种解释，就像我们看到的那样，尽管诸井丢了工作、没钱结婚、和母亲住在乡下简陋的房子里，但他依旧充满了喜剧般的活力。因此，挤得水泄不通的列车就从个体热忱破灭的讽刺象征转变成一个与其物质利益对立的系统。电影预告片中不加掩饰地表现了这种愤世嫉俗，诸井对操纵游戏的热忱使其成为"当代新人类"（contemporary new man）和"决定日本未来的年轻人"（youth who will develop tomorrow's Japan!）的典范。即使这个"新人类"知道资本主义社会是操纵游戏，但他并非错误意识的囚徒。他不仅一直玩，还玩得津津有味，为了这个游戏倾其所有。只是他没有像齐泽克建议的那样使用幻想填补非理性现实的缺口。这个系统庞大到无法改变，因此一种完全的绝望感使他与非理性现实紧密联系在一起。市川认为"新人类"的热忱似乎使他比喜剧角色更加可悲。

《满员电车》是早期日本左倾知识分子对日本战后社会的批评。日本追求经济高速发展，人满为患的通勤列车作为最生动的潜在矛盾，再一次受到了批评。通过批评日本年轻人有意识地献身于一个腐败系统，市川的电影也加入这一左倾知识分子运动（intellectual movement），这可以说是对二战期间民众支持日本帝国野心的含蓄批评。市川想让这个国家战后的年轻人明白，他们是有选择的，而且正是他们的奉献或绝望（而非这个系统过于武断的结构）使他们被困在危险和受剥削的环境中。

　　《满员电车》是具有教育意义的电影娱乐。它意图通过在隐喻层面用人满为患的列车来唤醒人们的意识，从而传达战后资本主义政治经济下剥削系统的荒谬和不合理。不幸的是，市川的电影彻底失败了。它的票房很低，市川后来说那是他最不喜欢的作品之一。[47] 当通勤列车作为战后经济复苏的标志时，这个国家的年轻人似乎并没有做好一次性接受这些信息的准备。

　　手机游戏《爱与劳动的每一天》再次体现出《满员电车》关于工薪阶层工作和操纵游戏的主题。然而，它从列车内部（而非通过列车隐喻）来达成目标，通过人生模拟游戏将列车内部转变为操纵游戏的行为空间。但《满员电车》通过描述对操纵游戏的不可思议的热爱将观众政治化，而《爱与劳动的每一天》则是在不确定性边际下将其政治化的。这样一来，后者就鼓励我们与挨肩叠背的列车一起思考一个更为复杂的答案，来回答为什么人们愿意玩操纵游戏这个问题。

《爱与劳动的每一天》

　　《爱与劳动的每一天》是由游戏软件公司 G-Mode 开发的一款"概念游戏"（concept game）而非动作游戏。动作游戏往往倾向于测试挑战玩家的计算机使用灵活性，而概念游戏主要通过生活方式或理念来吸引玩家。因此，动作游戏的终极目标（获胜、杀戮、升级）在概念游戏中更加抽象。在《爱与劳动的每一天》中，玩家被鼓励去反思游戏中的模拟体验，游戏的介绍页面有这样一段话："你兢兢业业地工作，直到退休，然后回顾往昔。游戏中，31 天你就会过完你的一生……这算是快乐的一生吗？"

　　自 2005 年发行以来，《爱与劳动的每一天》就为公司带来了出乎意料的成功，2008 年春天我在列车上用手机下载这款游戏时，发现它依旧是该公司下载量最高的游戏之一。[48]《爱与劳动的每一天》中，主人公的一生由 31 个工作日组成，玩家每天需要花十分钟来玩。他们会化身为一只可爱的蓝熊在一家大公司工作，工作任务就是在虚拟环境下将一个大球绕过洞和其他障碍物滚到特定的地点。每次任务成功完成后，工资就会随着虚拟工作环境的复杂性相应增加。绿熊是蓝熊在游戏中的老板，每当新挑战开始时，它就会出现进行解释。玩家出现太多错误时，比如将球掉进洞里或滚出平台（也就是蓝熊未完成工作），绿熊也会出现斥责他。这样的错误不仅会降低玩家的任务等级，其工资也会相应减少。每天工作结束后，蓝熊到绿熊的办公室领取当天工资。玩家可以用挣到的钱在弹出的单独菜单购物，比如房、车、妻子（一只粉熊）、孩子等，也可以花钱去娱乐。不管玩家在一天中的表现怎样，他领完工资后，绿熊都会邀请他喝酒。游戏中只有一家可以喝酒的烧烤店，里面有 50 日元的啤酒和 20 日元的烤鸡肉串供玩家选择。

那只蓝熊是日本战后经济高速发展时期的一个工薪族，这一点无论是在游戏总结中还是任务之间的小型对话中均有明示。然而，它是游戏体验中通过语言、情感、和游戏氛围表达出来的一个不可避免的维度，作为工薪阶级规范的递归式反复，在多种区域起作用。其结果就是，玩家不只是通过蓝熊的身份设定简单体验了一下工薪阶级的生活，而其成为工薪阶级的方式也让人回想起朱迪斯·巴特勒（Judith Butler）关于性别表现的讨论。[49] 巴特勒认为性别具有表现性，她重新定义了几十年来的社会理论——特权语言是话语权的媒介。路易·阿尔都塞（Louis Althusser）对国家权力的严厉批评中阐明了该理论，他认为人们回应国家权力的那一刻，国家权力就介入了人们的生活。[50] 根据巴特勒的观点，对国家权力的简单认知并不足以解释权力的运行，就像它不足以说明性别是通过正规的性别表达组成的递归式社会结构。一个人必须关注话语对身体的物质化过程，这就意味着要通过跟踪其从规范性社会观念到丧失潜在多样性的存在方式的改变，从而真正体现性别转变的方式。行为是分析的焦点所在，性别通过姿势、话语、态度的反复渗透到物质身体中，这些都在物质表面以沉积的方式表现出来。从巴特勒的观点可看出，话语超越了物质力量的语言束缚，成为可以塑造实际形体而非思想的力量。身体对巴特勒如此重要，其原因就在于身体是具有潜力和局限性的过程，这与其直接的文化环境和历史背景密不可分。

通勤梦魇

通过在虚拟环境中推球的工作，玩家会发现他／她在一种述行模式下逐渐成为一个工薪族。由于缺少任何易懂的意义，工作是绝对疏远的，这使人沦为机器上的一个齿轮，无法培养独立的自我价值感。[51] 重复才是关键。每一天的工作都成了工薪族规约价值下的一种重复，玩家也开始期待绿熊的出现，他的责骂或表扬成为衡量自我价值的唯一标准。随着玩家越来越融入公司生活，绿熊的邀请也越来越难以拒绝。从其述行性维度来讲，《爱与劳动的每一天》不止出现在列车上，还出现在与列车相关的通勤体验的递归节奏中。从最基本的层面来讲，通勤的重复性实践与玩家扮演的蓝熊的重复性工作相类似。这种游戏的虚拟空间和列车空间相互映射，使得列车成为游戏，游戏成为列车。这些空间共同强化了述行效果，将虚拟的有形重复转化为工薪阶层规范价值的具象化重复。

尽管 G-Mode 公司设计的《爱与劳动的每一天》是一款概念游戏，但它与列夫·曼诺维奇（Lev Manovitch）所说的动作游戏中的"叙事外壳"（narrative shell）非常相近。[52] 这种叙事外壳是游戏算法（game algorithm）中的故事框架。它通过有意义的象征性内容强调游戏的功能性和递归性，比如"外星人正在攻击地球，你必须找到并摧毁他们的首舰"。根据曼诺维奇的建议，叙事外壳对玩家来说通常是不重要的，它只启发那些执着于发现游戏算法中所阐述的潜在逻辑的玩家。因此某些情况下，游戏可以被视为对马克思主义理论的简单介绍，因为在方法论层面，揭示算法与揭示资本主义经济学基本结构的社会和组织逻辑是相称的。

玩家很快就会意识到《爱与劳动的每一天》是一款操纵游戏。

不管玩家工作得多好或制定策略来积累了多少积蓄，游戏都会通过离婚和降低等级让玩家背负巨大的债务。我的个人体验证明了这一点。我在上下班途中玩这款游戏，大约玩了一周后，积攒了2000日元的虚拟钱币。我有了自信，就决定浏览一下"购物清单"（"Purchase Something" list）。我花了200日元买了一只粉熊做老婆，她立刻就跟我说"老公，我爱你"。我第二天挣了700日元回家后，妻子习惯性地欢迎我，并说"欢迎回家，工作一天，辛苦啦"。接着她问我能否买辆1000日元的车，想到工作几天就可以把这笔钱挣回来，我同意了。但那只是噩梦的开始。之后的一天，当我回到家后，我的妻子告诉我她在我工作的时候去购物了。她买了一台电视机和一辆自行车，还以我的名义在一家贷款机构贷了7000日元。这真让人痛心。为了避免罚款，我决定负起责任，及时还款，因此接下来的几天中我拼命工作，每天都会拒绝绿熊的邀请。当我终于快攒到4000日元时，我的妻子突然告诉我说我太忙冷落了她，她决定跟我离婚回娘家。她走后不久，贷款机构的一位工作人员（另一只绿熊）来我家搬走了我的电视、汽车、自行车和家具，以此来偿还我的贷款。我的余生都是在偿还贷款中度过的。尽管我玩了这个游戏无数次，水平也有所提高，但我31天的人生依然因为离婚或降级而债台高筑。从网络上关于该游戏的讨论中，我了解到其他玩家也有类似的经历：

> 第128条：最后，生活真的很艰难。我每天都被收债人追着跑或被搬走家里的东西。我希望至少可以救救我的妻儿，对不起……真的对不起……

　　　　　　　　　　　　　　　　　通勤梦魇

第 154 条：我没有习惯这份工作，我不停地出错，老板每天都会训斥我。就在我终于升职后，我的妻子申请了贷款。为了妻子，我全身心地投入工作。但我由于接连失误被降级了。于是收债人闯进我家，把我结婚前买的汽车、自行车和手机都带走了。当我终于找到工作偿还贷款时，我也即将退休了。就在我以为我已还完贷款时，我发现自己又有了新的贷款。我快退休了，除了痛苦的生活我一无所有。0 分。[53]

《爱与劳动的每一天》未曾试图隐藏其叙事外壳中的算法。玩这款游戏就是通过不可能成功的工作努力追求幸福。换句话说，操纵游戏本身就是游戏。一个人要是和我想法相同，那《爱与劳动的每一天》就是对社会的批判。但事实并非如此。游戏开发者是四位三四十岁的年轻男士。2010 年夏天，我在他们涩谷的总公司采访了他们，他们说这款游戏并未表达对当下社会的任何抨击，其本意是为当下日本年轻人提供模仿 20 世纪 60 年代工薪阶级生活的有趣体验。游戏开发者强调"它是关于当时的生活体验，而非现在"。为保证模拟在批判意义上的轻松性和温和性，他们从叙事外壳中去掉了所有的复杂性。同样，它决定用低清晰度的最小平面模型来代替高清晰度的详细模型。后者说明了游戏设计者将主要责任放在了玩家的注意力上和短暂的、悬而未决的自我意识中，或他们所谓的通勤者的"不专注感"（ぼんやりシタ感じ）中，从而使通勤有利于幻想。（图像的最后一个设计策略对于列车内体验有重要影响，我将在下面说明这一点。）因此，《爱与劳动的每一天》不应该设置困难的问题。其叙事性前提和算法旨在说明一个简单观点——20世纪60年代的工薪阶级是文化上过度决定的经济系统的囚徒，而当下的工作并未受其束缚。但最好的科技当然超过了他们的程序设计。《爱与劳动的每一天》的有趣之处并非在于它是关于20世纪60年代工薪阶级工作的一款（无脑）游戏，而是它从列车空间内提出并回应了操纵游戏的悖论方式。

列车与"区域"

就像沉浸式技术媒介下的操纵游戏一样，《爱与劳动的每一天》与娜塔莎·舒尔（Natasha Schüll）在其关于拉斯维加斯机器赌博的民族志（ethnography of machine gambling）中描述的经历有一些相似之处。舒尔认为，机器赌博提出的问题同样是：为什么玩家明明知道是操纵游戏但始终坚持在玩？她发现获胜并非玩家的目标，他们是为进入"区域"（the zone）而赌博，舒尔将其描述为一种短暂的意识状态，在那里，"时间、空间和社会身份都悬浮在机器亲密（machinic intimacy）的机械节奏中"。[54] 这个区域证明了已经成为现代科技生活一部分的潜在焦虑感。它提供了亲密感与可预测感，成为具有机械舒适性的分离空间，个体可以在逐渐增加的不确定性中"管理他们的情感状态"。[55] 然而，舒尔观点的创新之处在于，它展现了尽管区域是一种有机并偶然意识到的心理状态，但它实际上是一种严密的设计效果，在这一设计中，从机器的声音到灯光、纹理和视野都受到了细致的关注。同样，从其操控按钮的外观和感觉到只是在屏幕边缘出现的、几乎看不见的纸牌，玩家反馈和机器之间的关系的每个方面也都经过精心设计。悖论之处在于赌场设计致力于全面的、身临其境的技术环境（technological environment），却又精心布置了赌博机器循环和环境中的战术缺陷，以与赌博者进行心灵交互来吸引他们。[56]换句话说，赌场设计的诀窍也是操纵游戏的诀窍——完全沉浸又具有不确定性的设计。

我们不难将通勤列车和舒尔描述的拉斯维加斯的赌场进行对比。通勤列车和赌场一样，都是精心设计的沉浸式冥想空间（spaces of immersive mediation），可以产生区域效应（zone effect）或者是 G-Mode 公司游戏设计者描述的"不专注感"。[57]但其各区域的情感组织和后续特征却截然不同。对于赌场中的赌徒来说，如果区域是在与机器有节奏的、孤立的亲密关系中实现的，那么通勤列车中区域的实现则需要在专注与不专注、对通勤身体的极度亲密关系的关注与漠然之间寻求一个完美的平衡点。对摩肩擦背的通勤列车中的通勤者而言，这种平衡类似于瑜伽中的平衡状态，一个人通过强烈的身体专注和动态的精神集中消耗身体绝对最小值的能量（absolute minimum of energy）。其效果就是在通勤者的拥挤之下，联系和非联系之间、亲密和疏远之间的本体感受被割裂。[58]因为注意力和注意力分散之间的动态关系定义了其界面特征，手机游戏和这种平衡点完美相交。就像人类学家水川顺（Jun Mizukawa）在其关于手机小说暂时性（temporality）的一篇文章中建议的那样，手机阅读通常会发生在行动（走路、汽车、乘坐公交车或地铁）过程中或者移动基础设施内（地铁站、公交站等）。[59]也就是说，当我们必须短暂地抬头以确定我们既没有坐过站也不会撞到人群、城市建筑或周围的其他物体时，手机阅读是与手机屏幕以外的其他阅读行为一起发生的。[60]水川认为这样时不时从屏幕上抬头的动作并不会分散对文本的注意力。相反，它们是"碎片阅读"（reading on the go）形式的一部分，当读者的目光返回到屏幕上时，城市的氛围、多变的节奏和噪音就成了文本的一部分。"碎片阅读"使文本变得生动和丰富，为其增加了一种写作时没有的活力。尽管水川讲的是手机阅读，但其观点同样适用于手机游戏。周围环境不会分散注意力——它呈现一种补充逻辑，使游戏更加完整。《爱与劳动的每一天》的低分辨率图片结合了这种交互方式。高分辨率图片是吸引玩家注意力的刺激漩涡，而低清晰度图片的不完整和未完成的特征表现为一种空白，从而激发周围世界的活力。

《爱与劳动的每一天》中通勤列车的周围环境使游戏的中心欲望变得生动。也就是说，在拥挤的通勤列车中不可能实现的互动使人想要在游戏中获得模拟的亲密。尽管《爱与劳动的每一天》以一个承诺模拟就业的游戏开始，但其模拟亲密联系的承诺取代了游戏体验，决定了玩家对"这算是快乐的一生吗？"这一问题的回答。游戏中模拟的亲密联系很简单，就是一天的辛勤工作之后，主人公会被绿熊邀请去喝酒。但是与绿熊喝酒时只有可供选择的菜单而没有聊天，这并不令人感到不满足。因此玩家只能将目光投向工作之外，以另一种不同的、更加复杂的交互来弥补工作中的不满足感——购买妻子和孩子。妻子的即刻示爱会填满他们与绿熊喝酒时的不满足感。妻子随后的习惯性表达（"欢迎回家，工作辛苦啦"）则通过传达一种日常熟悉感增加了空间深度。

但《爱与劳动的每一天》中的亲密感很快就因妻子借钱购物

　　　　　　　　　　　　　　　　　通勤梦魇

变成责任。维持与妻儿之间的关系成了玩家的主要目标，这也就是为什么玩家每天都会斗志满满地去工作。就像论坛（Logsoku.com）留言板上第154条游戏评论那样："为了妻子，我全身心地投入工作。"[61] 除了继续模拟亲密关系，再没有什么能强迫玩家们全身心投入工作并承担责任了。爱是使游戏继续的因素，而非工作。

然而，其中负面的妻子形象很难让人不把《爱与劳动的每一天》解读为厌女的表达。[62] 游戏中的妻子不仅没有良好的品质，而且其真正的积极作用似乎也是有恶意的——先让蓝熊债台高筑，然后在其努力偿还贷款时弃他而去。也就是说，游戏中的妻子只是一个诡计。她承诺用亲密感填补缺口，但带来的只有债务、离婚和绝望。游戏中爱情的意义借助妻子的形象被简化为一种比雇佣劳动更强大的剥削和异化机制。但该游戏也引发了不同的解释。留言板中第128条评论——"我希望至少可以救救我的妻儿，对不起……"暗示了游戏并不一定会引起厌女者（misogynist）的反感。[63] 这样的评论非但没有贬低妻子，还暗示了她也是该系统的受害者。在这个体制中，一个人关心他人的能力取决于其工作能力。因此问题不在于妻子，而在于集体关系的特征。

玩家通过对亲密联系产生渴望而沉迷操纵游戏，《爱与劳动的每一天》提供了对资本主义社会下个人地位的批判，这比在市川的电影《满员电车》中所表达的更丰富，也更富有同理心。在后者中，"新人类"对操纵游戏的有意识付出不仅表达了资本主义社会的基础的、非理性的理性（irrational rationality），而且说明了尝试作为理性存在的"新人类"未能克服那些非理性环境

（irrational circumstances）。[64]市川告诉我们，新人类的绝望极限可能更高，但他们意志不坚定。因此他认为日本年轻人对此负有责任，并将他们对操纵游戏带来的绝望感的盲目屈从视作社会非理性持续存在的根源。最后，市川想让我们明白，允许日本帝国主义暴力的条件依旧存在。

相比之下，《爱与劳动的每一天》让我们认为对操纵游戏的热忱并非来自软弱和感性，而是源于一种对于情感纠葛的黏性现实（sticky reality）的表达。对于联结（attachment）的强烈渴望让人想永远参与到操纵游戏中。这样的渴望不能被称为"残酷的乐观主义"（cruel optimism），因为它缺少必要的希望幻想和随之而来的凭空自信，这种自信体现了对美好生活愿景的依恋，但最终被证实具有自我毁灭性（self-destructive）。[65]在《爱与劳动的每一天》中，没有幻想，也没有希望。玩家知道游戏终会以高筑的债台、消沉的意志和破碎的婚姻收尾，就像《满员电车》中诸井知道在挨肩叠背的列车里找不到座位一样。无论是《满员电车》中人满为患的列车，还是《爱与劳动的每一天》，对现实的观点都未受到意识形态或者幻想的阻碍。但在后者中，是什么使玩家继续回去工作？又是什么将通勤人群每天带回地铁从而使他们清醒地认识到个性化之外没有个体？[66]一个人不能独自存在，必须通过集体建立与维系自身。但为了进一步个性化，集体需要更多的联系。为使人们能够以比"是的，或许是这样，我不知道"更加明确的答案来回答"这算是快乐的一生吗？"这一问题，集体需要以共同发展的互惠关系联结在一起。这种列车上的联结可能性缺失最初让通勤者像《爱与劳动的每一天》中的蓝熊一般去工作。

只有在人满为患的列车上,《爱与劳动的每一天》才能给人们带来操纵游戏的感觉。通过挨肩叠背的列车上的极度亲密,操纵游戏中的工作模拟体验才能成功引发对东京通勤铁路网中的集体特征的质疑。换句话说,该游戏在玩家和拥挤的火车之间产生了一种递归反馈(recursive feedback),这种反馈可能会对列车技术性产生批判性观点。虽然市川通过电影表达了对资本主义社会非理性的讽刺,但《爱与劳动的每一天》引发了关于人满为患的列车的思考,让我们质疑人类和机器的关系矩阵中提供的潜力。

小结:闭合间隙

　　近些年,呼吁通勤者走路时不要玩手机的海报开始出现在东京的列车里和车站上。尽管海报内容各不相同,但其主要观点就是智能手机是吸食人类注意力的黑洞,让人类陷于危险中——有可能会让通勤者撞上物体,也有可能让通勤者从站台掉到轨道上或从楼梯上摔下来,总之是会导致任何可能发生在通勤者身上的不幸事件,他们无法体现通勤铁路网中必要的专注和疏忽的动态状态。与旧式手机相比,智能手机已经成为一种在通勤铁路网中产生孤独的亲密感的令人上瘾的方式,这使得它近似于拉斯维加斯赌场中的赌博机器。

　　我在本章已经阐述过,互联网与铁路网之间的关系属于一种特殊的中间时刻,它使手机从高级文本信息设备(advanced text-messaging device)转换为一种有限制的互联网连接媒介(medium of limited internet connectivity）。这种关系，以及为弥合其引发的通勤列车不确定性边际而产生的特殊可能性，都随着智能手机全面接入互联网而告终。这并不是说智能手机没有提供思考和体验通勤铁路网的不同方法。相反，它引起的关注与通勤铁路网时空相互作用产生了一些不同于我在此所展示的东西。或许，在科技飞速发展的现在，说它是什么还为时过早。在互联网和通勤列车关系的发展过程中，两者之间的差距体现在手机有限的界面上，这对于手机时代至关重要。就通勤列车和互联网产生的沉浸式技术媒介而言，这些差距表明互联网和手机不是无缝的共生系统，而是与每个集合的时空组织和功能不可分割的技术性表达。这种完全不同的技术性和随之而来的明显集合特征允许计算机游戏以问题的形式表达一种时空介入，这个问题就是："通勤列车能教会我们关注周遭吗？"这个问题并非源自计算机游戏的特定技术性，相反，它出现在通勤地铁系统和互联网之间的交互间隙中。本章列举的通过互联网思考列车的每个实例都以不同的方式提出并回答了这个问题，但它们均以审视东京通勤铁路网的集合关系特征为出发点。

第五章

44 分钟

　　若你打算前往列车站台自杀，最好选择特快列车不经停的车站，因为减速的列车会大大降低自杀成功率。要想自杀成功，把握时机是关键。若对跳轨时机判断有误，你就要面临被车头撞飞到轨道另一侧的风险。要牢记，只要列车距站台不足 100 米，它就无法通过紧急制动装置及时刹车。另外，此前有公文包或其他随身物品在主人被撞后飞向站台并击伤其他乘客的先例。所以，请务必提前安置好自己的公文包。

——摘自日本一家讨论自杀方法的网站中

关于如何在车站自杀的建议[1]

　　2004 年 8 月 19 日上午 7 时 42 分，正值早高峰时段，中央线快速列车途经东小金井站时，一位疑似阅读过此类自杀建议的青年在该列车即将进站之际从站台纵身跃入轨道，随即殒命。青年随身携带的黑色手提包（一款时髦的运动型公文包，里面还有放置笔记本电脑的区域）被远远甩到了列车进站的一侧。即使列车在进站时减速，其速度之快仍足以致命——这被自杀者视为"可乘之机"。列车驾驶员虽在察觉到自杀者意图时会全力刹车并鸣笛，但已为时过晚——自杀者瞬间被卷入滚滚车轮之下就此告别人世。这一切都发生于电光火石间。在那时，通勤高峰期的站台上挤满了候车的通勤者，但这件事并未立刻引起大骚动。在站台上，除了近处候车的通勤者发出几声惊叫外，中后部排队等候的人们一时都还不清楚前面到底发生何事。但当他们看到列车轨道上的血迹后就立刻明白了。此时列车停在了站台的四分之一处，其正前方轨道上留下了自杀者的遗体和血泊。在这种时候，大多数通勤者都会转过脸去小声抱怨道："又在这儿自杀?！搞什么?！"语气中恐怕还有些许愤怒和不解。另有一些通勤者则直接表示对此种行为的反感："呀，真恶心！"他们边说边拿出手机通知朋友："倒霉，又有人跳轨自杀了。我又得迟到了。"与此同时，停在进站轨道上的快速列车车门紧闭。从窗外看去，车内挨山塞海，乘客的脸都要贴在车窗上了。似乎每位乘客对此都心生几分恼火，但又都保持静默。片刻之后，车站站长通过站内广播播报了通知（这之后还会有许多条）："目前在东小金井站内一号轨道上发生了一起人身事故。"

20世纪初，通勤列车成为日本交通基础设施中的重要支柱，而通勤列车自杀事件也因此成为日本城市生活的一个新现象。但在彼时，"人身事故"一词还相对比较新颖。这个词语由日语汉字"人身"和"事故"构成，又是"人身伤害事故"（人身傷害事故）

通勤梦魇

的缩略表达，意思是"导致人身体受到损伤的意外事件"。该词被用于概括任何交通工具造成的涉及人员伤亡的事件。[2] 在轨道交通的语境下，它指涉四种可能造成死亡或受伤的情况：跳轨自杀（飛び込み自殺）、擅自进入轨道区域（立ち入り）、从站台跌落（転落）以及与进站列车意外接触（接触）所造成的伤亡事件。在提及上述四种可能的死亡或受伤情况时，人身事故一词的使用模糊了死者死亡原因。[3] 又因为该词语最早出自行政和保险行业，所以当时大多数通勤者对该词要么知之甚少，要么干脆一无所知。[4] 对普通的通勤者来说，车站广播中每次播报"人身事故"往往只意味着一件事——又有人自杀了。

在 20 世纪 80 年代末，人身事故一词随着铁路行业私有化和重组的大潮进入了通勤者的生活。不过，直到 90 年代初东京地区通勤者自杀现象激增，该词语才广为人知。在此之前，相关新闻报道对通勤者自杀的典型描述是"跳轨自杀"。总体而言，1990 年前后，日本通勤者自杀人数骤然上升至每年 3 万人，[5] 这一令人瞠目结舌的数据引起了大众媒体和学术界的关注。此现象常被归因于日本 20 世纪 80 年代末至 90 年代初泡沫经济的消极影响。在 90 年代初，日本经济泡沫破裂，随后出现了长达 20 多年的经济停滞现象。无论造成高自杀率的原因为何，自杀人数增加的总体影响是：在 20 世纪 90 年代末到 21 世纪前 10 年的大部分时间里，东京通勤铁路网每天都有线路因通勤者自杀而暂停运营。[6] 2007 年，一位在线新闻论坛撰稿人直接表达了对此的不满与愤怒："因'人身事故'导致列车线路延误简直成了每日新闻的固定内容。"[7]

通勤者自杀事件在列车的标准运行图和实际操作运行图中造成了一个无法挽回的时间缺口，为不确定性边际带来了危机。自杀事件迫使铁路系统暂时进入恢复状态——在此期间，技术人员要争分夺秒地为系统各部分重新计算、绘制、调配列车运行图。直至完成以上工作并转移轨道上的遗体后，整个线路才能完全恢复。这一过程极其复杂，它需要技术人员对列车线路的系统特性、运行节奏、运载结构理解透彻。列车必须尽快按需取消、变道或变更行程，以接纳通勤高峰期站台上越来越多的通勤人群，同时也要防止有人被不小心推到轨道上从而导致另一起人身事故发生。根据人身事故发生时间点的不同，恢复列车正常运行所需要的时间也有所不同。人身事故若发生在非通勤高峰时段，系统有可能在几个小时内完全恢复正常。相比之下，早高峰时段发生的人身事故则极易产生混乱，并迅速蔓延至其他线路，且极有可能在当天引发连锁反应。即使在深夜时分，乘客也能听到因当天早高峰时段发生人身事故而造成多条线路延误的道歉广播。

人们很容易将"人身事故"一词的引入解读为政府和铁路公司企图在通勤者自杀问题上混淆视听的举措。这种解读虽似有几分道理，但事实上却站不住脚。因为用"意外"一词代替"自杀"实际上有助于死者家人领取保险赔偿金。很难想象政府和铁路公司会合谋通过提供人寿保险赔偿金来激励通勤者自杀。更有意义的问题是，"人身事故"一词是如何调解或缓和通勤者自杀现象所带来的潜在负面影响的。

自杀行为意味着诀别者生命的终结，故其原因也往往扑朔迷离。通常当人们凭自身经验解读自杀行为时，主要关注的是其表现形式、后果及社会和其他因素对自杀行为的影响。大多数研究自杀的学术论文主要从日本独有的社会压力和传统习俗中最本质的文化概念来进行研究。作者也会通过日本武士道精神对大和民族的持续影响来解释日本人的自杀倾向。然而，近年相关研究则一改往昔的单调解释，围绕日本的自杀现象在多个方面展开研究，取得了极大进展。新研究更强调以历时角度看待时隐时现的社会文化、经济环境因素以及医学话语（medical discourse）与自杀现象的不可分割性。[9] 某种程度上，此类文献可合理解释发生在站台上的自杀现象。日本法学家马克·韦斯特（Mark West）在其关于日本人因债务自杀的章节开头，曾描述了一名男子正打算跳入特快列车疾驰的轨道之中的场面。[10] 不过，仅凭这个场景来解释通勤者跳轨自杀的原因，比较容易受到"债务"这个类型标签的影响，从而淡化了它们的本体共振，失去了这种现象的特殊性。因此，本章在通勤铁路网的技术性语境中思考通勤者跳轨自杀现象，并阐释由此产生的本体共振。

通勤铁路网的技术性体现了系统不确定性边际中产生的集体特征，是人与机器构成本体论纠缠的限制与可能的表达。为了实现集体中有效的亚稳态，人与机器必须在空间上保持分离。借用西蒙栋的话描述该现象：人与机器间的空间是一个不同量级之间的空间，其交织的功能一致性构成了一个缔合环境（associated milieu）。例如，在每个列车站台的边缘都有一条黄色的线（更具体地说，是一条黄色的、凸起的、能被感知到的警告条），它是通勤铁路网与通勤者之间空间间隔的有形证明。在站台广播中反复播报的熟悉内容则一次又一次地提醒通勤者保持与列车间隔的重要性："开往东京的快速列车即将进站，为了您的安全，请在黄线外等待。"广播中的警告并不只是提醒通勤者，也提醒集体要随时注意人群中的不稳定个体。因此，站台工作人员和列车司机必须时刻保持高度警惕。他们在早高峰时段要始终注意违反通行规则的通勤者——有些人利用狭窄的黄色警戒线与列车间的空隙绕行穿过长长的等候队伍，有人在走路时只顾着看智能手机或其他移动电子设备而全然不顾潜在的危险，还有醉汉夜间在车站跟跟跄跄，甚至企图翻越围栏。司机在列车进站遇到此类危险情况时会鸣笛。但是，同前所述，当通勤者决定在迎面而来的列车前跳轨自杀时，司机根本来不及反应。

　　日本国土交通省将通勤者自杀归类为"人身事故"是个十分明智的决定。本质上来说，通勤者跳轨自杀是人的遗体置于列车轨道上所产生的无序事件。用玛丽·道格拉斯（Mary Douglas）的话描述，我们可能会认为轨道上的遗体是"未处于合适位置的东西"（matter out of place），因为它对社会秩序的完整性构成了威胁。[11] 然而，接受这种观点需要接受道格拉斯的结构主义前提，即优先考虑已形成的象征性秩序和均衡状态，然后想象它们因越界（boundary transgression）而遭到扰动。不过，通勤者自杀并不完全是对象征性构成边界（symbolically constituted boundaries）的侵犯。在通勤者身体与通勤列车碰撞的瞬间，人与机器之间的临界间距（critical spacing）消失了，其结果无异于集体性的系统危机（systemic crisis for the collective）。事件无序性从轨道上的遗体向外传播，破坏了特定列车线路及所有与之交叉的列车线路的不确定性边际。因此，从各方面来看，轨道上的遗体应视为构成通勤铁路网中的一个极端事件——一个限制了亚稳态的持续存在能力（metastable viability）的特殊事件。通勤者自杀的矛盾之处在于它并非完全归属于任何一种情况类别。列车交通中断的 40 到 60 分钟是另一种规律的不规律现象（regular irregularity），启动了以无差别重复（repetition without difference）的方式进行恢复的例行常规。[12]

因此，通勤者自杀现象不仅提出了通勤者的死亡正常化问题，而且提出了关于这种瞬时发生、令人毛骨悚然的死亡如何成为常规秩序一部分的问题。当然，对这个问题的简单回答是：频繁发生的通勤者自杀已使其他通勤者对该类事件司空见惯。但自杀事件的频繁发生也可能起到相反的作用——人们会质疑，如此轻易适应死亡的系统的"伦理一致性"（the ethical coherence of a system）究竟在哪儿。通勤者集体究竟该如何适应轨道上的遗体造成的无序性？对这种无序性的适应究竟消除了何种集体生成（collective becoming）？

在第三章中，我曾讨论过 JR 东日本引入的全新的、分散的交通管理技术，该技术允许将极端运营事件作为规律的不规律现象进行调节。我认为，这种全新的管理技术将交通管理系统转变为极端基础设施。同时，这种无限制的管理系统也使得极端资本主义的出现成为可能。在这里，我会重点介绍通勤列车基础设施的重新定义（reconceptualization）和重新设计。这种定义和设计旨在在常规运营节奏中快速适应极端操作事件。虽说我在本章特别强调轨道上的遗体引起的无序性如何影响通勤铁路网的技术性，但我也关注另一个由来已久的问题——轨道上的遗体不仅是技术或组织要面对的挑战（例如引发系统故障或通勤需求激增），它还在瓦解人与机器之间的空间以及随之而来的不确定性边际过程中，对集体完整性构成客观存在的、带有伦理影响的存在主义威胁（existential threat）。因为技术性并非只涉及集体的功能一致性。也就是说，它不能被归结为技术优化或在传统术语中被理解为在资本主义追求市场效率的驱动下技术性能的超合理化（hyper-rationalization）。[13]技术性涉及伦理统一，因为它体现了集体构成的关联性特征，并证明了共同演进的潜在错综出现。[14]当轨道上的遗体产生的不规律性在正常的操作秩序中得以适应，生成也就不会发生：一位通勤者的生命戛然而止，集体却对这一现象无动于衷，他们甚至不会面对因死亡带来的伦理困境。如果面对此种挑战，我们究竟该如何应对？

在本章中，我正是关注轨道上的遗体对通勤铁路网的技术性构成的伦理挑战。讨论具体分为两部分：（1）如何克服通勤者的遗体在轨道上产生的种种限制，以产生一个功能连贯但道德受损的集体状况（collective condition）。在回答这个问题时，我着眼于上班族对通勤者自杀描述中的认知逻辑，上班族通常认为：自杀的"总是上班族"，他们自杀时并不会知晓或考虑自杀后遗体留在轨道上所产生的后果。我因此认为，他们的认知逻辑回避了对轨道上的遗体的认可。这种观念维持着一个不存在相互关系的集成连接的集体。或者，我们可称之为没有特性的技术性（technicity without quality）。我认为，认知是一种确定连接的行为，而认可则需要通过在自己内部产生一个生成的间隙来创造关系可供性（affordance）。（2）轨道上的遗体是如何"回归"的，

通勤梦魇

它作为一种物质力量萦绕在间隙之上，破坏了参与者的认知机制并要求相关人员予以认可。在这部分，我首先分析了 JR 东日本一名前员工的口述和书面记录。该员工的主要工作就是清理通勤者自杀现场。在工作过程中，该员工不得不接触轨道上的遗体。此后，我将对电影《循环自杀》（『自殺サークル』）进行详细解读。我认为，通过突出通勤者自杀事件的可能性，以及将看似无关联的连接问题作为核心关注点（这体现在对日本城市［特别是东京］和国家大众媒体行业的批评中，因为大众媒体将群体自杀问题作为一种媒体刻意炮制和传播的噱头），这部电影将本章的讨论汇集在了一起。就《循环自杀》对媒体的强烈批评而言，它并不是想要反科技，而是要求人们构建一种以认可为基础的不同网络。

重复与恢复

在迫使列车交通中断的过程中，通勤者自杀在通勤铁路网的结构和过程、控制和突现之间产生了有规律、有节奏的张力。同样，它在通勤者、列车司机、警察和消防员之间形成了不同节奏和张力，以便在面临系统性解体威胁时重建一种临时集体秩序。

在 2004 年 8 月 19 日早晨的那个瞬间，通勤集体的氛围转变成了一种只能被称为日常无序危机（routine crisis of disorder）的状态。这天早高峰时段的通勤者自杀事件使东京和立川之间的中央线（通勤主干道）上的所有交通陷入瘫痪状态，导致 11 万通勤者被困在了列车上。[15] 还没上车的通勤者可选择其他线路或搭乘公共汽车作为替代。有些通勤者则不幸地被困在行车途中的拥挤车厢里。在听到"人身事故"的广播后，通勤者平静如常地接受了这一变故，许多通勤者随即开始从列车站台出站换乘。

当他们离开电子售票口时，站在两边的车站值班员向那些有需要的通勤者提供了"延迟证明"（遅延署名書）。

延迟证明是每当列车运行出现重大无序情况时车站分发的书面证明。通勤者可以随时在售票处出示该单据然后退票，也可以用来证明上班迟到并非出于个人主观原因。拿到延迟证明的人立即在售票处排起长队进行退票。还有一列队伍从车站楼梯一直排到街上，试图搭乘出租车到另一条线路途经的最近车站。虽说大批通勤者陆陆续续地离开这个车站，可还是有新一批通勤者进入车站。站台及售票口周围很快就挤满了有几分恼火却仍旧保持安静的通勤者。

当通勤者和列车司机努力适应新的情况时，警察和消防员同时抵达。根据日本国土交通省的要求，警察和消防员两方都必须到场，这是交通恢复过程的一部分。警察的任务是确定事故性质，两名中年警官首先与驾驶员交谈，再与通勤者中的目击者交谈，最终确定事故性质。虽说没有在站台等待列车的乘客主动提供相关线索，但也没有人在警察做笔录时表示拒绝。经过多方打听，我发现警方对自杀者跳轨前的行为很感兴趣。他们极有可能试图从该男子的事前行为来确定是事故还是自杀。总体而言，整个调查过程没有明显的紧张气氛，至少对我而言，站台上的气氛出奇地平静。

在警察进行调查的同时，消防员在两名车站工作人员的协助下，开始了更为艰巨的任务——清理列车下的遗体。在日本网络论坛上，人身事故被称为"グモ"（gumo）或"ゲバ"（keba）。* 这些术语在读音和美学审美上令人颇感不安，在字面意义上传达了通勤自杀事件可怕的后人性（post-humanity）。因为该事件涉及人体和机器，这使得遗体不再是传统意义上的"人"。铁路部门员工通常将"收集的通勤者遗体"称为"マグロ"（maguro）**——该词唤起了人们记忆中的深红色大块金枪鱼肉在市场上公然展示的场景。正如我们将在本章稍后看到的那样，残破的"后人类"的遗体，是一种有力又可怖的破坏，它会以无差别的重复方式妨碍日常恢复。因此，为了重复铁路日常工作和恢复交通，绝不能让大众看到遗体收集的过程。虽说新闻报道经常提及人身事故，但新闻报道绝不会将此类事件视为东京日常生活的一面进行报道。虽说每天通勤铁路网都会播报关于"人身事故"的公告，相关报道也通常在事故发生当天或次日出现在报纸上，但这些报道却从未附上轨道上遗体的相关照片。

为了让通勤中的上班族免受潜在的可怕场面及其令人不安的情感"共振"的影响，消防员或车站员工在处理轨道上或列车下的遗体时通常会支起巨大的蓝色塑料防水布篷。那天早上，在处理东小金井站轨道上的遗体时，虽说现场没有防水布遮挡，但消防员选择从列车的另一侧清理遗体，站在站台上的通勤者看不见

---

* "グモ"由表现事故发生时情境的拟声词"グモッチュイーーン"转化而来；"ゲバ"则是德语"gewalt"一词音译后的缩写，本意为"暴力"。

** "マグロ"本义指金枪鱼，后在网络上被用作对自杀的通勤者遗体的隐晦表达，该词是非常不礼貌的说法，现已成为禁忌语，望读者注意。

他们的工作过程。虽然当时没有什么可以阻止通勤者接近平台边缘以深入了解消防员所做的工作，但没人这样做。每位乘客都在指定区域排队等候，做他们平时在列车上会做的事情——看报纸、发短信、玩手机游戏或干脆戴上耳机神游太虚。每隔几分钟，列车工作人员就会通过站台的公共广播系统播报事件的最新进展。

事故发生时，东小金井站正在进行扩建，这是为期十年的重建项目的一部分，目的是升级中央线和增加轨道数量。作为该项目的一部分，工人们已在轨道的另一侧搭建了一个临时站台，但尚未投入使用。消防员利用那里的开阔空间，将从轨道上取回的遗体放好并用白布覆盖。在被血污浸染的白色薄布下，人们只能看到遗体一端露出一小缕黑发，而另一端则是黑色皮鞋。一名铁路员工后来带走了自杀者留在站台上的黑色公文包。他们的清理工作完成后，消防员们坐在离遗体几米远的地方。此时警察正在小记事本上记录有关细节，在他们过来之前，消防员们相互交谈，又从自动售货机买了几罐冰咖啡喝。与此同时，站台上一位白发苍苍的车站工作人员带着两小桶水赶到，他将水泼在列车前面，试图清洗那一片血迹。前两桶水作用不大，这位老人只能每次都接满水，在车站的卫生间和轨道之间往返三次，反复冲洗地面，直到红色的血迹最终被冲刷掉。

"总是上班族"

列车服务于 2004 年 8 月 19 日上午 8 时 26 分恢复，正好在轨道上的遗体致使交通中断的 44 分钟后。列车终于进站，并停靠在站台的指定地点。如果说车上的乘客在被滞留在列车上长达 44 分钟后终于松了一口气，那么他们在看到车门打开时也并没有表现出应有的宽慰之情。大多数乘客并没有下车，也就无法给在交通中断时聚集在站台上的通勤者留下宽裕的车厢空间。但站台上的一部分上班族还是设法挤进了塞得满满当当的车厢。与往常一样，除了偶尔一声微不可察的"不好意思"之外，整个上下车的过程中人们都一言不发。这趟列车驶出车站后，下一趟列车紧随其后，又一次有条不紊地进站、出站，这个过程至少持续了半个小时之久。每趟列车都和前一趟列车一样，车厢里人满为患，只能从该站搭载一小部分新乘客。但是渐渐地，上班族们都搭上了列车，站台终于变得不那么拥挤了。

在交通中断的 44 分钟里，我在月台上等待列车的通勤人群中穿行，试图找人攀谈。我事前并没有设想特定的问题，只希望对通勤者如何感受和处理这一事件有所了解。找到一个愿意与我交谈的人远比想象中困难，因为该事件似乎只会让早高峰时段的通勤者更不愿与他人对话。在大多数情况下，通勤者只是耐心排队等待、阅读书籍杂志或低头玩手机。场面一度很沉闷压抑。尽管他们知道有一条生命已经以最可怕的方式消逝，但每个人看起来都十分平静。虽说自杀使在场所有人陷入极大的无序之中，但除了轻微的不耐烦之感，我并没有感觉到明显的事故气氛。这使得我无法和他人攀谈。我最开始想用直接一点的方法（"不好意思，我正在研究东京的通勤铁路网，我想知道您对刚才发生的事情有何看法？"），但是只收到别人摆摆手以示拒绝的回应。后来，就算我用婉转一点的话语来询问等候的乘客（"此类事件是否经常发生？"），情况也没有好到哪去。一位年轻女士回答"我们已经习惯了"，随即继续低头玩手机。而另一位西装革履的中年男士则解释道："中央线上经常发生此类事故，给通勤者和列车系统造成了极大的不便。我希望自杀者能停止这种行为。"

列车终于恢复运营后，我注意到一个看上去20多岁的男人正倚在月台的墙上，读着一本口袋本小说。他身穿白色的系扣领衬衫和休闲裤，但没有系领带或穿夹克（这种装扮在炎热的季节很常见）。当列车进站并停靠时，他会抬起头来望望人群，再继续阅读。当我问他为什么不与其他通勤者一起上车时，这位名叫岛袋（Shimabukuro）的男子解释说："我在等人少一点的列车。"也许是因为他不着急赶车，看起来也没有因上班迟到而烦躁不安，他告诉我他在四谷站的一家会计公司工作。他比当天早上我遇见的其他人都健谈。他解释说，由于中央线上的问题，办公室里的每个人几乎都知道他每周会迟到一两次。尽管语调似乎没流露出人们在这种情况下可能会有的挫败感，他补充道："就算不是发生'人身事故'，也会有信号故障或其他什么问题。"我问他在他看来为什么有人会选择在车站跳轨自杀，特别是选择高峰时段来进行这种行为。他仅花了几秒钟思考就对这个问题做出了回应：

他们在早高峰时段自杀是为了引起别人对自己的关注，这可能是因为他们想为人们制造烦恼。自杀的总是上班族，他们经历过无数次努力尝试依旧失败，无法再承受失败的结果，就突然爆发了。不久前在这个车站发生了一起类似事故，也是同样的情况，但那个家伙是从轨道的另一边跳向特快列车的。我不知道人身事故在夏季发生的概率是否高于冬季。起初，当我从冲绳来到这座城市时，我觉得人们在遇到该类事件后还能继续平静地生活，就好像什么都没发生一样，这是一种冷酷无情的表现，但后来我意识到他们已经习惯了。现在，虽说列车运行经过了精心计算，但自杀事故打乱了接下来整整一天的运行规划，即使乘客尝试通过手机查询列车的到站时间也毫无意义，因为就算第二天早上列车运行计划重置，手机上查到的到站时间也不一定准确。[16]

岛袋先生认为，轨道上的遗体不是某个上班族，而是代表了整个上班族群体。这后半句是对他上述言论的第一句所隐含的问题的回答——什么样的人需要别人关注自己？其实只需要最简单的心态体察（minimal mental gestures），我们就可在心中生成一系列引人侧目的图景，从而将轨道上的遗体与影视作品中呈现的无数生活困苦的工薪阶层形象联系起来：这些上班族要么工作失败，要么与同事关系僵化，要么没能扮演好作为一位父亲或丈夫的角色，要么因此陷入日益加剧的存在焦虑（existential angst）的恶性循环中。这些关联以确定的组态出现（established configuration），被人们用于解释早晨的自杀事件和随之发生的无序状态。通勤者对此早已产生了刻板印象——自杀的总是上班族。人们对上班族的这种认知偏误，让通勤者的自杀成为从未引起注意的一场"际遇"。

在《差异与重复》中，德勒兹认为"际遇"（encounter）引出了一种概念介入对立思想的模式（conceptual engagement antithetical）。*人类总是找寻一种既定的思想框架，从而呈现一个可被辨识的世界。[17]在这样的世界中，人的思考已沦为一种思想观念的奴隶，这种观念是理性且自由的，但归根结底，它无非是个无法摆脱结构性预设的反馈回路。相反，当缺乏认知逻辑时，人的际遇具有不稳定性，使个体处于自由落体状态，该状态未通过规范话语的理性解释对其存在进行证实。际遇可在本体论意义上让某个对象作为意外事件和只能感性把握的强度卷入这个世界。在这些术语中，际遇不是基于未经调停的参与，而是基于未经现有的表现结构调停的参与。

我可以根据认知（recognition）和认可（acknowledgment）之间的区别来解析德勒兹的观点。认知把关系视为单纯的连接，而认可则体现了一种引发关联的际遇，它们所涉及的不同调解媒介很重要。认知是根据理解的既定框架进行的鉴别行为。它的参与媒介从人向外移动以构成对象。例如，要认识到通勤者在人群中的死亡，只需要识别出无序性的存在，并通过上班族的形象就可以合理地理解它。认可则意味着从世界进入个体的力量载体（vector of force）。它迫使自己受到影响，并可能通过际遇而转变。认可因此使得个人行为对他人或外部世界透明化。它要求在自己的生成中留下间隙。因此际遇具有事件性含义（connotation of eventfulness），因为它会偏离现有的经验结构，从而为不同的

---

* 此部分关于德勒兹《差异与重复》中的术语翻译参照：栾栋，《德勒兹及其哲学创造》，《世界哲学》，2006(04):16—23; 陈永国，《德勒兹思想要略》，《外国文学》，2004(04):25—33; 蔡熙，《论德勒兹的感觉美学》，《沈阳大学学报》，2008(05):93—95，107。

通勤梦魇

或许也不确定的未来开辟道路。

人们在列车前跳轨自杀以"获取他人对自己关注"的想法涉及一种认知行为。尽管该行为通过把轨道上的遗体弱化为一种对自杀行为的普遍理解——认为自杀是人们在试图提高自己的独立性和能动性，从而生成一种讽刺意味。我不知道岛袋先生是否想要提醒人们注意通勤者自杀这一尝试所具有的讽刺结果。但确实具有讽刺意味的是，在东京，上班族如果要想证明自己的存在，自杀是再有效不过的方法了。自杀行为能够同时影响成千上万通勤者的生活。然而，由于运用了认知逻辑，自杀行为激发了完全相反的效果——人们更加关注该行为造成的不便，而极少关注生命消逝的个体的存在。讽刺的是，托马斯·奥斯本（Thomas Osborne）认为文艺界人士在公众场合的自杀是个体意志的特殊表达方式。[18]他认为，公众场合的自杀行为可以通过自杀事件的场景（scenography）被解释为审美表演。奥斯本以1970年三岛由纪夫著名的精心设计和电视转播的自杀为例*，表明"场景至关重要"。他认为，三岛呈现了一场成功的"美学自杀"（aesthetic suicide），因为这一幕能够载入史册，自杀行为"延长了个体意志的存在，而不是消除了个体意志"。[19]

奥斯本对三岛由纪夫自杀事件的讨论方法极其适合用于将

---

* 1968年，三岛由纪夫组织了自己的私人武装——"盾会"，声称要保存日本传统的武士道精神并保卫天皇。经过长时间的准备，三岛于1970年11月25日将他政变的计划付诸实施，带领4名盾会成员在日本陆上自卫队东部总监部将师团长绑架为人质。三岛在总监部阳台向800多名自卫队士官发表演说，呼吁"真的武士"随他发动兵变，推翻禁止日本拥有军队的宪法，使自卫队成为真的军队以保卫天皇和日本的传统，但是没有人响应。三岛随后从阳台退入室内，按照日本传统仪式切腹自杀。

"人身事故"当作一种"表演"来解释，虽说奥斯本的本意或许并不是用这种方法来讨论"人身事故"。对三岛由纪夫来说，场景举足轻重。实际上，为追求在最终"公演"时呈现最极致完美的场景布置效果，三岛曾多次在精心设计的舞台场景中预演自己的死亡并用摄像机记录下来。虽说最后并不是场景设计界定了三岛的自杀行为，但这使得人们对自杀行为能否成功延长个体意志的存在表示质疑。三岛的目的是引发际遇事件。饭田裕美子（Iida Yumiko）写道："在三岛自己的合理化（rationalization）中，耸人听闻的自杀协议（suicide pact）是一种抗议行为，是对战后日本精神衰落表达愤怒的方式，也是对日本文化振兴的要求。"[20]以上是三岛于日本陆上自卫队总监部阳台上发表的讲话的要旨。当时三岛与四名同伴一起武力占领了此地。三岛试图发动兵变，设法传播无序力量，认为这种力量可以帮助日本国民摆脱战后资本主义影响下精神颓废又自满的情绪。他只想改变日本的历史进程，重新提倡日本右翼激进的民族主义。讽刺的是，这位大作家并不是因在日本陆上自卫队总监部阳台上发表演讲时说的最后一句话而被世人铭记，因为这些话被日本媒体直升机嗡嗡作响的旋翼和引擎声淹没了。相反，三岛因在其生命的最后时刻引起了一类特殊媒体事件而广受赞誉，该事件很轻松地与日本的新兴文化产业融为一体。此类特殊媒体事件作为日常景观，通过电视、杂志和报纸所构成的联结网络（interlocking network）来制造偶然性的影响，并作为商品供民众进行每周消费。我们如果要想象三岛成功地延长了他的意志，就需要降低他的表演所处条件的复杂性，以赋予他一定程度上的能动性。[21]他的自杀行为确实在历史上留

通勤梦魇

下了印记，但并不是以长期意志的形式出现。三岛最终造成的正是他多年来谴责的一种现象，这种现象也是日本精神崩溃的标志。他的死亡引发了大众媒体表演中的无差别重复，这种表演形成了连接但却无法要求认可。正如我们将在本章稍后看到的那样，正是这种媒体表现方式在电影《循环自杀》中引起了问题。

就像三岛的自杀一样，通勤者自杀并不能成功地吸引人们对特定个体存在意义的关注，因为似乎没人关注他人存在的意义。就像岛袋对通勤者自杀事件的评论一样——通勤者自杀事件在时间上留下的唯一印记就是事故发生当天从轨道上的遗体向外传播的无序性。次日，列车运行图重置，前一天的无序被全盘遗忘。自杀事件对日常生活的结构并不会产生持久影响，更不用说影响历史的发展进程了。像三岛的自杀一样，轨道上的遗体也变得无关紧要。滞留在某个车站的普通通勤者需要考虑的只不过是：为避免无序，如何在临近车站、公交线路和出租车之间实现换乘。

上班族的自述

"自杀的总是上班族。"岛袋不假思索地说。我决定进一步探究上班族与自杀行为之间的联系。在东小金井站发生"人身事故"的第二天晚上，我走进了车站附近的烧鸟店，烧鸟店与酒馆相似，专门提供价格合理的烤串以及其他小吃和下酒配菜。这类小店与上班族长期以来的生活方式有关，只要你想，就一定能在城市的任意车站旁找到类似的小店。东小金井站等城市郊区车站周围的小型烧鸟店一般都有固定客源。他们中有些是未婚的年轻人，因不想在自己的小公寓里单独做饭吃而来到这里。其他的则是年龄较大的已婚男性，他们住在附近，偶尔会过来吃点小吃、喝点饮料，然后再从车站步行或骑行回家。这些人彼此脸熟，但不一定彼此交谈，这就再现了拥挤的列车车厢中的场景。他们或独自一人坐在柜台旁阅读报纸或书籍，或只是坐在角落里观看电视节目——通常是晚间新闻、综艺节目或电视剧。同事聚会或大学同学聚会喝酒时可能还会占几张桌子。我决定成为一家烧鸟店的常客，每周同一时间去一次，以便结识其他常客。在东小金井站附近的四个类似店铺中，我选的烧鸟店看起来最简单——门口只有一个大大的用日语汉字写的"烧鸟"（焼き鳥）标志。这是一个狭长的小空间，有一种小饭馆的感觉，但具有所有烧鸟店的必备元素，包括角落里的一台旧电视和价格合理的饮料。店主是一名五十多岁的瘦高男性，有点秃顶，姓高桥（Takahashi）。他总穿一件干净的白衬衫，在腰间系一条蓝色围裙。第一次造访这家小店时，我抓住机会向高桥解释了我所从事的研究的性质。从那时起，他记下了这事，每周把我介绍给店里常来的客人，希望这样可以有助于我的研究。

前几天，借着一杯啤酒和一盘烤鸡心和烤鸡肝串的劲头，我询问了高桥对前几天车站跳轨自杀的事件有何看法。高桥看起来似乎对我使用"自杀"一词感到困惑。他问道："您是说'人身'吗？"言谈之间，他将已经缩写的术语"人身事故"进一步简化为"人身"。没等我回答，他又接着说道："这种事总是发生在发薪日——每月的5号、15号和25号，这几天是拿钱的日子，也是

　　　　　　　　　　　　　　　　　　　　　　通勤梦魇

花钱的日子。""那么，人身事故是与钱有关了？"我暗示道。高桥点点头，又说跳轨自杀者的家人能够获得人寿保险的赔付。"当铁路公司就跳轨自杀者造成的经济损失起诉这家人时，他们是否会失去保险金呢？"我又追问道，同时还重复了从报纸上阅读到的一些信息。高桥纠正了我："除非这家人获得的保险金是一笔不同寻常的巨额款项，否则 JR 东日本不会起诉这家人以索取经济损失赔偿。"[22]

我又问高桥他是否认识前几天跳轨自杀的那个人，以及那个人是否和其他自杀者一样负债累累。高桥以此问题为契机，让坐在我旁边的那位男性加入了我们的对话。这个人一副倦容，体格魁梧，喝着烧酒，衣服不够整洁，看上去皱巴巴的。"那个家伙？"他回应道，显然是在听我和高桥的谈话，"我认为他是一个从消费金融机构（consumer finance outfits）里借钱的上班族。"他指的是一种在 20 世纪 60 年代成立、旨在鼓励上班族进行消费的金融公司，这种公司迅速获得了准合法高利贷经营（quasi-legal loan-shark）的名声。[23]以上就是我从高桥或魁梧壮汉那里得到的所有信息。他们都不知道跳轨自杀的人叫什么，也记不起是从哪里听来那人是个负债累累的上班族。"跳轨自杀必须很有胆量。"我大声地自言自语道，也不知道能说些其他的什么话。"你的意思是？"高桥开玩笑似的询问道，双手交叠放在头顶上，微微向前倾斜，做出向轨道跳跃的姿势，"跳轨自杀与胆量无关，是其他原因造成的。"[24]我还没来得及问他的言外之意，他就被另一位要求啤酒续杯的顾客叫走了。

半年后，在 JR 东日本位于新宿的总公司采访该公司的公共关系代表时，我才有机会确认高桥告诉我的一些事情的真实性。[25]
尽管 JR 东日本公开声明要索取利润损失赔偿，但它总是视情况来
处理。例如，如果事故涉及在铁路交叉路口的某公司的车辆，那
么 JR 东日本将向该公司开具列车损坏和交通服务中断期间利润损
失的账单。如果事故涉及在车站的个人，那么 JR 东日本可能仅会
在形式上寄出账单。JR 东日本公共关系代表强调，公司并不真的
期待获得赔款，特别是因为很少有家庭能够支付得起如此高额的
款项。他补充说，如果一家人早已负债累累，考虑到这家人的实
际情况，公司甚至可能不寄出账单。

固化的描述

有关人身事故的统计数据没有列出死者的职业，只显示自杀
者的男女比例是二比一。[26] 那么人们为何会轻易得出"总是上班
族"在通勤铁路网中自杀这一结论呢？就该主张可疑的经验价值
而言，它被证明是一个强有力的文化基因，能够抑制"人身事
故"的无序力量。通过假设隐藏在自杀背后的动机，该主张能平
息遗体在轨道上产生的潜在无序化效应（potential disordering
effect），并将其标记为无限制的系统中规律的不规律现象。

意志消沉、神情沮丧、过度工作、筋疲力尽和带有轻生特征
的上班族形象属于医学人类学家北中淳子（Kitanaka Junko）所定
义的日本性别抑郁症论述（a gendered discourse of depression）
的范畴。[27] 北中表明，这种论述揭示了男女之间的抑郁症不同表

现形式、他们具有的不同认知类型以及应该接受的不同治疗方法。这种论述在大量的社会劳动中将男性塑造为劳动力，因此使他们成为有权享受国家特殊照顾和治疗的抑郁症合法主体。相比之下，抑郁的女性工人则被排除在制度认知结构之外。所以女性必须先争取获得过度工作和抑郁的权利，然后才能要求获得治疗。北中认为，这种情况可能正在发生变化，这也许是因为全球制药公司在日本的业务不断增长，以及制药公司对女性消费者的启发引导。

随着 20 世纪 90 年代日本经济衰退的到来以及紧随其后的"人身事故"数量上涨，失业或遭遇企业"结构调整"（リストラされた）的抑郁中年上班族（而不是劳累过度的上班族）形象在学术领域和大众话语中占据了主导地位。1998 年，《AERA 周刊》(*Aera Weekly Magazine*) 上的一篇文章以一个故事为例提供了克服中年危机的建议，其中描述了四名在日本勤劳感谢日（纪念劳动的法定假日）跳轨自杀的男子。[28] 文章提到，这四名男子都 50 岁出头，又都没有工作，也没留下遗书。文章又补充道，虽说他们并没有稳定的工作，这天又是法定假日，但有两名男子依旧穿着西装。如果他们都留下了遗言，那也就能得到这四人自杀的明确解释了，但他们都没有留下此类线索。这也就给了作者机会，令他从他们的职业状况和年龄方面推断出：这四人都是患有中年抑郁症的遭遇"结构调整"的上班族。文中又提醒读者注意：自杀性抑郁症已经对"结构调整"后的上班族构成严重威胁，而其中两名男子穿着西装这一细节表明——直到生命的尽头，他们依然坚持一种身份和惯例，这曾带给他们一种生活中的自豪感和安全感。十年后（2008 年），黑泽清执导的电影《东京奏鸣曲》(*Tokyo Sonata*)

中，这种遭遇"结构调整"、有自杀倾向的上班族形象在国际上引起了广泛关注。他们通常死守着自己的西装所承载的作为上班族的惯例和天天上班的常态。该片的男主角是下岗的上班族。他每天早上穿戴整齐，与妻儿告别，假装自己如常上班，却在出门后和其他有着相同境遇的上班族一样，在城市公园里呆坐上一整天。[29]

JR 东日本在 21 世纪初决定改造基础设施来减少不断增加的人身事故，失业和抑郁的上班族形象为该公司提供了灵感。该公司采取的措施之一是在站台的末端安装超亮照明灯，照亮以往一片漆黑的空间。JR 东日本的公共关系代表解释道："当人们处于黑暗中，他们往往会忧心忡忡，对生活感到悲观。"[30] 铁路公司也在站台对面的墙上安装了大镜子。据公共关系代表的说法，装镜子的根本原因是希望人们在想自杀的一瞬间看见镜中的自己，审视自己的灵魂，从而停止这一愚蠢而疯狂的念头。

没有证据表明这两种措施真能有效地减少通勤者自杀事件的数量，[31] 这其实是意料之中的事情。它们在其他方面发挥着作用——它们是为话语服务的修辞道具，使通勤者可以将"自杀的总是上班族"的想法与轨道上的遗体联系起来。一方面，在提及挤得满满当当的车厢和上班族之间的联系时，这种话语的可能性条件在很久以前已经确立。另一方面，"自杀的总是上班族"的概念反映了日本在民族文化形成过程中的另一种趋势，就是将上班族作为标志性过剩的符号，体现日本的社会文化病态。通过将自杀行为与上班族无节制的生活方式相关联，人们可以辨别人身事故的四种情况（跳轨自杀、擅自进入轨道区域、从站台跌落以及与进站列车意外接触），每一种都可以匹配上班族无节制的生活方式：因为喝得烂醉而掉入或误入列车轨道区域（因为上班族总是喝醉）；因早高峰时大家都赶着要去上班，此时站台上又十分拥挤，有个别上班族就会被人群挤得掉进列车轨道；个别上班族因为被公司裁员、债台高筑抑或是心情低落最终选择跳轨自杀。此类说法大部分源自日本媒体，日本媒体似乎十分热衷于把上班族与一些新出现的反常行为相联系起来。在富裕时期，上班族被描述为可悲的好色之徒，他们不惜花大把钞票只为与女高中生约会或发生性关系。在经济衰退和企业裁员时期，上班族则成为国家政策的受害者，这种政策有利于日本的企业，并使上班族沦为可牺牲的工具。

作为社会过剩的承担者，上班族们令人回想起 20 世纪法国学者乔治·巴塔耶（Georges Bataille）提出的"被诅咒的部分"（accursed share）。"被诅咒的部分"的概念（社会上的能量过剩，这种能量无法被重新利益调配，而必须以浪费的方式摧毁）在巴塔耶思想中占有重要地位。这个概念是巴塔耶试图通过热力学逻辑重构牺牲的经典人类学阐释的一部分，目的是引起对资本主义的批判。[32] 巴塔耶认为，战争中奴隶的大量牺牲是种手段，前现代社会通过使这种手段与自然法则和宇宙普遍原理保持一致，以此来解决"被诅咒的部分"。这种牺牲纯粹是浪费，是无回报投入的实例化表现。[33] 他认为，现代资本主义社会是一种可憎的事物，因为它提出"限制性经济"（restrictive economy），规定所有投资必须产生可观的回报，从而破坏了宇宙秩序。

乍一看，通勤自杀者形象是该论述的最佳阐释——上班族们辛勤劳动、艰苦付出，最终却被卷入通勤列车滚滚向前的车轮之下，而其他人则对他们牺牲的熟视无睹。然而，"人身事故"一词并没有把上班族作为牺牲品对待，因为他们并不具有"被诅咒的部分"所带有的象征性多余价值。真正的牺牲品通常是普通物品，被从日常秩序中分离出来，进行净化和精细处理，以使其在毁灭之前神圣而独特。相反，上班族在日常生活中则十分平凡。正是因为他们被认为不具有独特价值，所以才无足轻重。他就像序列化商品——批量生产，用完即弃。此外，巴塔耶提出的基于一般经济逻辑的牺牲理论是根据宇宙论秩序的功能平衡原则维持极限。在这方面，"被诅咒的部分"的牺牲是将能量从增长转移到"宇宙能量回路"（circuit of cosmic energy）的必要条件。[34] 上班族的叙述以服务于限制性经济（restrictive economy）的方式颠倒了这种逻辑。对轨道上遗体的无序性传播进行抑制是为了形成一个不受限制的系统。

巴塔耶援引宇宙论秩序来阐释经济界限，JR东日本则反其道而行之——试图唤起宇宙论力量来模糊经济界限。1995 年 11 月 30 日，据《朝日新闻》报道，50 名 JR 东日本的站长聚集在火车沿线的不同神社内，他们来自东京站和相模湖站之间中央线途经的四个不同地区，通过举行驱邪仪式（御祓い）驱除列车系统中的不洁之物。[35] 进行驱邪仪式并不意味着他们要为不洁之物的存在负责。事实上，驱邪仪式恰好起到了反作用。当人们无法确定不幸事故背后的起因时，往往会举行驱邪仪式。[36] 该报道提到，立川站站长解释说，举行驱邪仪式实属无奈之举，目的是遏制当年无法解释的自杀数量激增趋势。仪式的目的是消解由遗体在轨道上强加的限制，但事实上并没什么用，该发生的还是会发生。

几周后，同一份报纸中的一篇文章报道称，举行驱邪仪式完全不起任何作用。[37]

清理轨道上的遗体

当德勒兹和瓜塔里引用斯宾诺莎（Spinoza）的话来说明遗体的意义不在于它的身份而在于它能起到怎样的作用，他们将注意力从遗体作为身份和本质的集合转移到了遗体是如何影响别人以及被影响。[38] 在这方面，影响强调了遗体是一个连贯过程（作为一种机器），能够产生变化，并且在与其他人或非人的际遇碰撞中也会改变自身。但是，正如 JR 东日本前列车修理工佐藤充（Satō Mitsuru，音译）向我解释的那样，轨道上的遗体通常是非生命体（non-body），不再被看作传统意义上的人。尽管如此，它仍然具有强大的影响力。在佐藤关于清洗和检修通勤者自杀列车的描述中，面目全非的遗体显现出的情感能力，迫使人们认可他们的存在。这样的时刻就代表着个体身份的回归，也引出我在本章最后对《循环自杀》的讨论。

佐藤曾是 JR 东日本的一名修理工，他在那里工作了 4 年。大多数时间里，他都在千叶县的修理站工作。千叶县与东京毗邻，很多上班族都在此居住。辞职后，佐藤开始在一个名为"铁路行业的幕后"（鉄道業界の舞台裏）的博客中写下自己在修理站的工作经历，这些内容后来被结集成书。[39] 2012 年 9 月的一个周六下午，那是佐藤的书再版后不久，我和他见面时，正值台风肆虐，外面下着瓢泼大雨。我们相约在新宿站东出口附近的一家面向中年男性开放的连锁咖啡厅，那里往往烟雾缭绕。佐藤看起来比我想象的要年轻。他身材瘦削，有一头浓密的黑发，穿着一件干净的白色系扣领衬衫，整齐地塞在黑色休闲裤里。我们聊了将近两个小时，其间佐藤讲述了他在博客和书籍中所写的经历。

佐藤的作品详细描述了他在 JR 东日本的工作经历，从对通勤列车操作的细致说明到对 JR 东日本的批判性反思，应有尽有。他不仅在作品中提供了大量有关 JR 东日本的信息，还在描述中透露了潜在的社会关注，使得作品更具有独特魅力。佐藤关于上班族自杀后工人们对列车的清理及检修过程的描述特别有趣，因为它传达了一种张力，即要求维修工人避免可能被迫引发认可的际遇的同时，也要求他们把轨道上自杀者的遗体作为日常工作中规律的不规律现象中的一部分。就此而言，认知是种应对机制。对佐藤来说，这种机制取决于他坚持一种假设（自杀的总是上班族）的能力。每当面对与这种假设不相符的物理特征时，这种能力就会失效，佐藤也处在不确定的际遇环境中。此时，他对血腥场景的脱节描述逐渐消失，代之以震惊、关注和不适感，这也会引起同情并促使人们举行净化仪式。此时，轨道上遗体的情感能力开始起作用，人身事故也开始被当作具体事件处理。

"喋血列车"

佐藤参加工作的第二年就经历了第一次清理通勤自杀者遗体。

当时他在千叶的修理站工作。某天早上一到修理站，他就发现同事们都在忐忑地等待着即将到来的"喋血列车"。他解释说，这是工人们对涉及通勤者自杀的列车的习惯性称呼。因为列车遭遇通勤者自杀的意外事件，所以需要暂停运行，检修并清洗。一如往常，自杀事故使列车交通服务陷入瘫痪状态，但据工人间的传言来看，这趟列车造成的事故尤为严重。佐藤解释说，通常情况下，自杀者的遗体会被列车前部的硬塑料护板弹开。这种情况下，遗体和列车的损伤程度均会较低，甚至事故后的遗体仍能保持较为完整的样貌。与之相比，糟糕的情况则是自杀者遗体卷入护板下，进入车轮与车轴较深的位置。今天的事故正属于后面这种情况。

在关于该事件的记录中，佐藤写道："我和其他同事都忐忑不安地等候着喋血列车的到来。此时此刻，我和同事们默默看着修复列车运行图的技术员们趴在地板上摊开的列车运行图上，争分夺秒地重新计算，以求尽快让列车运行恢复正常。"

佐藤以一种冷静沉稳的语气描述道："清理通勤自杀者的遗体只是铁路工人工作经历的一部分。作为一名铁路工人，如果没处理过三五起自杀事件，你的职业生涯就还不算完整。"他称清理遗体的工作"令人不安"，但同时也令人难忘。他认为"铁路工人并不会对死亡的人有任何悲痛之情，因为通勤者自杀早已成为铁路工人日常工作的一部分"。[40] 然而，他的举动却似乎与自己说的话自相矛盾——佐藤遵从了一名前辈的建议，在和其他工人一起从办公室出发前往维修现场前，他从厨房带上了一袋食盐。盐在日本用于净化仪式，多用于神道相关的习俗或涉及死者的仪式中。当人们从殡仪馆或墓地返回时，通常在自己身上撒盐或在房子周围放置盐堆。撒盐划定了生者和死者之间的界限。因此，它不仅可以充当认知死者的标志，还可以通过标记并遏制一个不属于日常规律的事件来为人们提供心理安慰。但是，盐在喋血列车事件中所起的作用却变得模糊不清，因为其所涉及的不是边界，而是人与机器纠缠的过程，这在肉身与金属的融合中彻底无迹可寻。

在喋血列车停靠之处，佐藤描述了一幕可怖的场景：血肉模糊的遗体被车轮卷入并碾轧得支离破碎。块状的人体脂肪在阳光的照射下泛着白光，现场弥漫着一种令人作呕的气味。佐藤被吓得不知如何是好，只好先慌慌忙忙地向四处撒盐。他解释道："撒盐给人的感觉就像念佛经，大家心理上有了安慰才能继续进行清理工作。"[41] 然而，撒盐所带来的心理安慰转瞬即逝。突然，同事将夹杂于尸块中的一缕黑色长发指给佐藤看。这缕长发触动了在场所有工人——他们与尸身真正意义上地"际遇"了。这也完全打破了佐藤对遗体身份最初的想象，使他开始对轨道上的残躯获得一个更清晰的认知。佐藤愣了一下，突然意识到起先他把这具损毁严重的尸身想象成了一位疲惫不堪、心力交瘁的中年上班族。但这一缕黑色长发否定了他的假想，他又开始想着它属于一位年轻女性，可能还与自己年纪相仿，这种想法一下子映入脑海，并一点一点地变得更加鲜活。佐藤发现自己与这位香消玉殒的年轻女性的距离更近了，并为她感到可惜。一连串无法回答的问题充斥在他的脑海中：她为什么要选择自杀？她知不知道与列车相撞后身体会变成什么样？她难道没有想过吗？也许她确实想过。她是什么样的人？她又抛下了哪些亲朋好友就此与人世诀别？如果撒盐标志着佐藤对死者的明确认知，那么他与这一缕黑色长发的

通勤梦魇

际遇则要求着对惨死列车车轮下的独特个体身份的认可。然而，由于佐藤并不想在自己的想象中进一步追问这些问题，这给我们留下了极大的想象空间：对逝者的认可包含了怎样的行为、反思和道德义务（moral obligation）表达？当佐藤迫使自己重新集中精神工作时，他结束了对这次际遇的想象，并继续用软管里的水冲刷列车，还用一把甲板刷用力擦洗列车上的血迹。这缕长发所引发的认可和关注似乎只有一瞬。它缺乏对集体的技术性提出道德挑战的必要强度。在这种集体中，喋血列车早成了规律的不规律现象。然而，对佐藤来说，轨道上遗体对他产生的影响却并没有因清理工作的完成而彻底画上句号。

清理工作完成后，大家把清理工具放回原位，也能稍稍休息一下。当工人们开始回忆工作中的趣事时，气氛轻松愉快。但对佐藤来说，轻松的氛围只持续了片刻。佐藤被派去列车旁检查刹车的功能是否正常，此时他惊恐地发现一大群乌鸦围在列车周围啄食人肉。在看到"吃人肉的可怕黑色生物"时，佐藤突然感到一阵恶心，那一缕长发又浮现在眼前，让自己再次想到那些无法给出答案的问题。[42] "就算多年前我就从铁路公司辞职了，那些乌鸦的画面仍深深地刻在我的脑海里。佐藤在新宿的咖啡店里向我讲述："即使现在，每次我看到乌鸦时都会想到那一幕。"[43]

在事发当天的余下时间里，佐藤继续经受精神上的挣扎，清理遗体现场的可怖景象一次又一次地重现。就算是下班后在超市买食材时，他最初也紧张不已，还在想自己在经历此事后能否吃得下饭。但是，当他发现自己在看到陈列柜中摆放的金枪鱼片和生牛肉片并未感到"不适"时，他自豪地写下一句话："原来我还是能够胜任此类工作的。"但后来在准备晚餐的过程中，他的信心又突然消失了，看到肉块在煎锅中散开，那种气味使他仿佛一下子就再次置身于遗体清理现场。他全身发冷，感到一阵恶心。克服不适感之后，他本想把所有的食材统统扔进垃圾桶，但最后还是克制住了自己，继续做晚饭。因此，通过强制性的恢复，佐藤终于克服了因白天清理遗体所带来的影响。"最后，我把做的所有东西都吞吃下肚，感觉不算太坏。"佐藤在记录的最后几句中似乎松了口气。[44]

佐藤对自己曾是一名修理工感到骄傲，但他在几年后就辞职了。他告诉我："因为我的工作从某种程度上来说变得不那么有挑战性了。到最后，就算是清理喋血列车，也让我觉得习以为常。"

自杀事件的再传播

2002 年日本恐怖悬疑电影《循环自杀》在对日本社会生活质量的尖锐批评中，凸显了识别连接和认可关系的问题。该电影主要讲述日本普遍的自杀问题，但影片的开场（54 名女高中生在新宿站跳轨自杀）为其提供了基础的场景与寓言。影片还重新审视了车站站台，将其作为实际和象征性的事件发生场所。此外，虽然我们听说过不少在日本其他地区和时间点发生的集体自杀，但该影片只描述了东京范围内的自杀。因此，在很多方面，它都是关于东京的以及在超媒介传播和快速发展的时尚消费文化潮流中提供各种关系的一类电影。在这种情况下，《循环自杀》将通勤铁路网中的自杀从日常秩序中规律的不规律现象上升为一个事件，该事件囊括了东京超媒介环境的病理状况，同时还暗示着可能出现一种新的且绝对无法识别的技术社会的现实。

《循环自杀》的大规模通勤者自杀场景伴随着悲伤的曲调在片头展开。在一个普通工作日晚上，镜头在即将开往东京方向的中央线快速列车与新宿站之间来回移动时，我们看到一群女高中生走下车站楼梯，来到8号站台。悲伤的开场曲结束，一条字幕表明这天是5月26日。这些女孩身着统一的高中校服——白衬衫和蓝色裙子，三三两两地聚集在站台上，叽叽喳喳地交谈着。然后，镜头切换为一个不稳定的手持视角，就如同纪录片中的画面一样。当镜头在人群间移动时，图像变得模糊，只能从年轻人喋喋不休的谈论中辨别出只言片语。这是几乎每天都能在任何地方看到的场景，完全没什么特别之处。但是，随着站台上的钟声响起，车站广播报开往东京方向的中央线快速列车即将进站，气氛一下子变了。女孩们突然开始移动，好像是计划好了要统一做出反应一样，她们来到站台边缘，先是同时向着黄线迈了一步，随即握住彼此的手。

当配乐切换为轻快的旋律时，镜头转向正在驶近的列车，然后又转向高中女生组成的人链，她们的面色突然变白，眼睛直视前方，伴随着响亮而有力的欢呼声（"一、二、三！"），女孩们挥舞着手臂，在迎面而来的中央线快速列车进站前一下子全部跃入轨道。随后发生的惨烈场景以恐怖电影的风格表达出来，即对被列车轧碎的身体部分进行瞬间特写，同时伴有尖叫声和可怕的音效，大量的鲜血从列车车窗飞溅，覆盖了车站、人群和站台。《循环自杀》向我们展现了日本电视新闻和报纸永远不会展示的东西——轨道上的遗体。虽说人们能识别正常通勤者自杀时轨道上的遗体，但从未认可那些与列车碰撞时被粉碎和肢解的遗体。这些遗体在电影中成为一种新颖的、以技术为媒介的物质参照物，这种参照物可以跨越时间、空间甚至死亡的界限。当首场集体自杀演出落幕时，一位神秘人物在站台上留下一个白色运动包，里面装有 10 厘米长条状的死去的高中女生和其他人的皮肤，它们被小心地缝合成一个长卷。同样，我们后来也了解到，该事件使女孩的四肢和躯干融为一体，成为不可分割和不可识别的整体。

图 5.1　54 个女孩在列车站台排着队准备跳轨自杀
来源：2002 年由园子温执导的电影《循环自杀》，东京角川映画出品

　　由园子温编剧和执导的《循环自杀》已成为亚文化中的邪典，部分原因就在于这惊悚可怕的开场。但它所获得的成功也反映出，在这一幕的启发下，人们对日本媒体行业处理不断上升的自杀率的方式提出了批评。电影首次公映时，日本的报纸和杂志上经常

刊载通过互联网论坛和聊天网站促成的"集体自杀"相关报道。此外，社会理论家、评论家和健康专家也发表文章，对日本每年超过3万人自杀这一情况表示担忧。这些文章的作者和主流媒体人尤其担心的是，集体自杀的参与者中青少年的比例越来越高，他们通过网站找到彼此。从某种层面上来说，自杀者的年轻化体现了他们对国家意识形态的强烈反对。在媒体不断讨论日本由于出生率下降带来的不确定未来之际，日本的青少年们选择了死亡，他们拒绝接受传承国家和民族文化的使命，就好像是日本的青少年拒绝踏上战后一代为他们规划好的道路。战后一代推动日本进入泡沫经济时代，又亲手让泡沫破裂，他们显得越来越无能、腐败，无法应对新兴信息网络世界出现的复杂现实。从另一个层面上来说，集体自杀暗示了日本年轻一代和数字机器之间的某种关系正在发挥重要作用，这让战后一代感到恐惧。无论是在日本还是在世界其他地方，人们无需费神就能找到一种技术话语，用以表达对丧失真实人际交流的焦虑。这是由于年轻一代倾向于通过网络或手机进行数字媒介互动。[45] 这种论述在谴责技术媒介互动的欺骗性本质的同时，将一种固有的伦理价值放在所谓未经调节的面对面交流上。如果说《电车男》的故事以反驳这种观点的姿态吸引了人们的注意，表现了网络交流的优点，集体自杀则与此相反，这不仅暗示着在线交流具有险恶之处，而且其险恶之处是老一辈人永远无法体会的。在线交流为参与者提供了比面对面交流更深刻、更有意义的东西。集体自杀则告诉我们一种可怕的可能性——技术媒介的连通性能够在年轻人和机器之间建立新的关系。在影片中，通勤铁路网中的自杀是实现这种可能性的典范，也是批判东京大众传媒社会肤浅性的一种手段。

不出所料，日本大众媒体大肆讨论集体自杀现象，他们认为集体自杀现象是后泡沫经济衰退时期出现的社会问题之一，这一时期也被称为"日本迷失的（二）十年"。在那个时代，还有其他被媒体贴上标签并推动的显著社会问题，比如霸凌（いじめ問題）、战后婴儿潮一代*的退休资金（年金問題）和学级崩坏问题（学級崩壊問題）。这些社会问题的名称和定义都可以写满一整本书。此类问题的讨论往往成为每日新闻广播和每周新闻杂志的焦点。

虽说日本大众传媒并非唯一倾向于制造轰动新闻话题的媒体，但社会问题是一种特殊的媒体对象——产生于日本精心策划的大众传媒结构中。

日本的大众传媒产业由联系紧密的公司组成，它们在报纸、广播和数字媒体上传播各种同步化的内容。因此，媒体总会重申相同信息，从而产生一种强烈的反馈循环感。虽说此前还没有对东京这种媒体结构进行的专门说明，但东京基础设施环境已成为一种密集媒体生态，服务于各种渠道。东京的通勤列车上总是出现各种印刷媒体和广播媒体的广告，每周更新一次，以保持所有渠道的信息同步。其营造的整体效果是人们完全沉浸在围绕每个社会问题的集体利益中。人们认为整个社会是紧密相连的，社会问题是集体反思的真正重点。人们可能会把围绕每周社会问题的明显讨论误认为是一种值得进行持续的民族志调查的社会现实，

---

* 婴儿潮一代是指各国的生育高峰期。每个时期的婴儿潮一代都会给各国经济带来不小的刺激，而他们退休时也会给政府的养老保险带来巨大压力。

这种想法可以理解。打开任何杂志或报纸，翻阅任何新闻特刊，或瞥一眼挂在列车上的杂志的目录广告，似乎每个人都在谈论同一社会问题。整个社会似乎不仅紧密相连、协调一致，而且致力于真正解决"问题"。虽说大家都在讨论社会问题，但几乎找不到任何单个社会问题的应对方法。相反，社会问题往往像时尚潮流一样，每周（有时每月）都会更迭。因此，社会问题与每周的消费时尚在同一渠道上传播，是同一个紧密协调的大众传媒结构的产物。事实证明，这种结构在商品营销和引领潮流方面非常有效，从战后时期一直延续到现在。

与社会问题类相似，犯罪事件和社会问题在同一媒体圈内传播。日报的新闻头条以及每周和每月杂志的目录通常也充斥着各种犯罪事件的有关报道，这些事件可能是暴力犯罪，也可能是正在接受调查的丑闻。与社会问题一样，犯罪事件似乎也需要引起关注和调查。这种事情成为人们关注的话题，因为它背后隐藏着对更大的集体秩序的潜在风险。而且，犯罪事件一词意味着事件背后隐含着一定程度的组织、计划或编排。这暗示了犯罪事件可能是某种更大力量或趋势的一部分。

《循环自杀》探讨了集体自杀问题，对大众传媒关于社会问题和犯罪事件的报道进行了有力批判。影片中，媒体行业对集体自杀的处理方式恰恰反映了东京的问题所在。它展示了在日本社会中，大众传媒推动人们不断认识一个又一个社会问题趋势和犯罪事件，从而形成没有关系的超连接性（hyper-connectivity）。其结果就是形成了一个缺乏真实和伦理关系的社会，在那里，他人的痛苦和情绪被识别，但从未得到认可。然而，《循环自杀》反对用简单论点来证明未经调解的关系的真实性。影片最后，它要求我们考虑由与物质联系的指示关系驱动的技术调解的可能性。身体和机器纠缠在一个全新的可能性矩阵中，关于这一点，目前我们只能想象一种突现的轨迹。

因　果

《循环自杀》可不是一部观感很轻松的电影。它给观众带来的困难，与其说是开场那幕令人毛骨悚然的集体自杀场景，不如说是试图用一系列错综复杂、松散交叉的情节来传达信息。此外，每个情节都包含着独特的批判印记。在这种语境下，影片呈现了至少两种不同性质的集体自杀：第一种是模仿集体自杀，例如几个高中生因新宿集体自杀事件兴奋不已，决定一起从教学楼顶跳楼自杀。影片中的模仿自杀是毫无意义又极其可悲的行为。相比之下，新宿站发生的集体自杀则代表了一种完全不同的事件。与媒体驱动的模仿自杀不同，新宿集体自杀不是某个事件的结果，而是一种新兴秩序的导火索，该秩序由自杀网站（www.maru.ne.jp）上一个名叫"沙漠乐团"（Desert）的偶像女团以及一群喜爱"沙漠乐团"的孩子构成。[46]在新宿站集体自杀事件发生之时，镜头切向浸满鲜血的黄色警戒线，接着又进入自杀网站的首页，网页里的黄色警戒线图片在 54 个黄色圆圈中反复出现，又在热烈的掌声中开始变红，我们由此可以看出这些不同力量之间的复杂关系。我们很快就意识到：网页上播放的热烈掌声取自沙漠乐团一场演出的电视转播。沙漠乐团由五名 12 岁的女生组成，她们身穿绣有不同数字的运动衫（稍后我们将了解这些数字的隐含意义），在舞台上表演着复杂的舞蹈，带着日本快节奏的媒体表演所特有的热情，唱着动听的乐曲，该乐曲也预示着对影片中无关系的连接性的质疑：

> 快快给我发消息，赶快按下发送键。
> 还不明白，你的消息始终是我最想见？
> 快快给我发消息，无论在哪儿你都是我全部的思念。
> 快快给我发消息，别人的消息也让我心生欢喜，
> 快快给我发消息，但只有你的消息才对我有意义。
> 我对你的感觉是你不会知道的秘密。[47]

一方面，该演唱会是对日本电视上常见的女团表演的鲜明戏仿。电影首先由大群年轻女孩在新宿站集体自杀开场，随即切入演唱会场景，园子温导演在此表达了对传媒业的尖锐批评。因为传媒业将年轻女性的身体日益商品化、色情化，这是对女性施加的一种隐性暴力。另一方面，沙漠乐团的演出也令人毛骨悚然。这首歌以悦耳动听的曲调和明确的祈使口吻寻求联系，暗示出不道德的媒体传播系统的工作机制。通过对无数恐怖电影的隐性互文引用，导演让观众有了一种不祥的感觉——表演是一种新型的媒体病毒，它利用互联网和电视的日常融合将女学生转化为机器人，随时准备在手机接收到命令时跳轨自杀。人们关于偶像女团通过手机短信传播自杀信息的猜想是正确的，虽说方式和观众最

先猜测的有所不同。沙漠乐团不仅仅是通过宣传联系来诱发大规模的自杀；它也利用日本的广播、通信和交通基础设施来促进一种新兴的突现关系的形成。

从该方面对观众进行的刻意误导为影片制造了悬念。同时，这种情节设置在一个更复杂的层面上发挥作用——就是将观众置于电影所要批判的媒体产业结构中。也就是说，在引导观众猜测沙漠乐团的演出与集体自杀之间的犯罪联系时，观众开始期望影片会追踪这些关联并解开谜团。事实上，这种建立连接并解决难题的期望促使观众继续观看影片，这种期望也激发了公众对媒体上出现的每周丑闻和犯罪事件的兴趣。建立连接仅仅调动了在特定类型的行为者和原因中运作的认知结构。正如认为通勤自杀者往往是上班族的刻板印象，在每周曝光的丑闻中的认知连接并不需要实际认可，也不需要通过不受既定思维框架限制的相逢来感受他人的痛苦。总而言之，期望该电影能解决集体自杀的谜题，就是要先将集体自杀现象简化为一个谜团，假定这个谜团与报纸杂志上传播的每周丑闻相似，从而将《循环自杀》当作日本大众传媒业剥削结构的同谋者。《循环自杀》希望把集体自杀现象理解为社会转型的历史性事件开端的标志。

这种复杂的批评层次使《循环自杀》成为一部非凡的电影。就像沙漠乐团传播的自杀密码一样，这部电影所要传达的信息隐藏在主线情节中。影片的主线情节以悬疑小说的模式围绕着两个人物展开——一位年长的警探黑田和一名叫菱子的女高中生，他们都在调查新宿集体自杀事件。黑田和菱子寻找自杀问题答案时走上了相似的道路，他们在相互联系的同时也与那些崇拜沙漠乐团、使用自杀网站的孩子们保持联系。黑田认为这是一起精心策划的犯罪，他想找出其中的关联。因此，在他身上体现出了媒体行业的规范——或多或少地按照观众对每周丑闻曝光的期待来行动。相对地，菱子的目的不仅仅是寻找关联，她还想解开谜团。当她的男朋友自杀时，她就卷入了电影的事件中，她的目的是了解自杀，也想了解自己与自杀者之间有可能存在哪些联系。

黑田和菱子所采用的方法不同、动机不同，其结果也大不相同。对于黑田而言，搜寻行动最终给他自己和家人都带来了灾难；而对菱子来说，搜寻行动最终指向了一个不确定但也充满希望的未来。黑田是一个悲剧性人物，因为他没能及时理解一名男孩在电话中给出的暗示，而这暗示指明了集体自杀的真实性质。男孩显然患有抽动秽语综合征（Tourette's syndrome），因此他不断地发出一种清嗓子的声音。男孩告诉黑田：当晚在同一列车站台上将进行另一场大型活动，并告诉黑田去寻找皮肤卷的第六节，也就是在 54 名高中女生跳轨自杀时留在站台上的那长长的一卷缝合在一起的皮肤。第六节皮肤卷上有一个所有警察都说不上来是什么的文身。由于无法理解找到的线索，黑田和其他警探做出了预料之中的反应——选择盯紧新宿站的中央线列车站台。当然，这天晚上在新宿站站台上什么都没有发生。因为警探们太关注线索的字面意思，所以无法理解"列车站台"是对于网络紧密连接的时间和空间的隐喻，而正是这种时间和空间为另一种事件的发生提供了可能。同时，由于警探们正忙于盯守新宿站站台，在电视和广播同时播送的沙漠乐团的演出将整座城市变成了"站台"。当一群年轻人在繁忙的东京十字路口高举标语，宣布"从这里跳吧！"时，我们看到全城的男女老少都在以恐怖的方式结束自己的生命，此时沙漠乐团正在表演一首曲调甜美欢快的歌曲。

这天晚些时候，黑田回到了家中，得知自己的孩子已经死亡，也发现儿子身上与皮卷中第六节文身相对应部位的皮肤缺失了，直到此时，黑田才明白过来到底发生了什么。此时他彻底崩溃了：他不仅没有识别出该线索，还发现自己虽与家人生活在一起，但从未和他们心灵相通。黑田无精打采、心灰意冷地靠在一堵墙边，墙上写着巨大的字——"这里就是站台，往这儿跳！"。此时，他接到先前那个男孩打来的电话，这个电话又一次点明了该电影的主题——认知与认可之间的关系。

"我们没有逼他自杀。"男孩首先声明了这一点。随即提出了一长串关于关系与移情的反问句。黑田说不出话来，只是呆呆地坐在那里，听着电话：

> 你和你自己的关联是什么？
>
> 你知道吗？我知道什么是你和你自己之间的关联。
>
> 我知道你和你太太之间的关联。
>
> 我知道你和你孩子之间的关联。
>
> 至于你和你自己之间的关联，
>
> 如果你死了，你会失去和你自己之间的关联吗？
>
> 即便你死了，你与你太太之间的关联仍然会存在。
>
> 你和孩子的关联也是一样。
>
> 但是，一旦你死了，你和你自己之间的关联会消失吗？
>
> 你会活下来吗？你和你自己之间有关联起来吗？ [48]

男孩首先站在一个黑田无法反驳的立场，宣称与黑田关系密切并对黑田的状况表示理解："你明白吗？我理解你我之间的关系。"虽说男孩后来提出的谜一般的问题难以解释清楚，但这些问题暗示了一种超越时间、空间和自我界限的关系。随后另一个孩子打来电话，站出来谴责黑田自私自利、不愿认可别人的伤痛时，这种关系的重要性就充分显现出来了：

为什么你无法像感受自己的痛楚一样感受别人的痛楚？
为什么你无法像承受自己的痛楚一样承受别人的痛楚？
你是个罪人！
人渣！ [49]

黑田的错误就是没能在侦查自杀案件时抓住机会审视自己与他人之间的关系，也没能向别人敞开心扉、认可他人的痛苦。但他意识到这一点时为时已晚，黑田放下电话，从他的同事手里夺过一把手枪。黑田临死之前说道："没用的，孩子们不是敌人。"说着，黑田把枪口放进嘴里，扣动了扳机。

在宣告"孩子们"不是敌人时，黑田做了代际划分（generation distinction），这构成了影片批判的核心，也传达了希望的讯号。孩子们的言论不仅是对黑田的谴责，也是对黑田这一代人所建立的社会的谴责。在这个社会里，其他人的死亡、不幸和痛苦以每周奇闻的形式呈现，成为一种规律的不规律现象，缺乏任何真正的社会反思或历史事件性。孩子们并不是真正的敌人，人们真正的敌人是日本的大众传媒业，这个产业造就了个体高度互联但又在道德和情感上十分疏离的社会。正如菱子的故事所表明的那样，这种批评并不是对技术媒体的反对，而是对当前技术秩序的抵制。现有的技术秩序总是为了常规和利润而规避极端事件的无序性和不确定性。

菱子对自杀事件的调查因她男友的死亡开始。菱子的男朋友生前是沙漠乐团的歌迷，他的房间里堆满了沙漠乐团的周边。菱子在他的房间里察看时注意到了一张沙漠乐团的海报，海报上乐团成员们都穿着绣有数字的运动衫。一瞬间，菱子感受到一种奇特的连接感，这表明孩子们具有利用多种形式的网络通信技术进行交流的特殊能力，菱子男朋友的座机电话和他的手机同时响起（铃声当然是歌曲《快快给我发消息》），然后计算机突然打开。菱子没有接起电话，但消息似乎还是传达给她了，因为她突然意识到，海报中的每个乐队成员都竖起不同数量的手指，都被用黑笔圈了出来，这可能是她男友做的。

图 5.2　菱子注意到了墙上的海报
来源：2002 年由园子温执导的电影《循环自杀》，东京角川映画出品

　　　　　　　　　　　　　　　　　　　　通勤梦魇

菱子将手指数目和运动衫上的数字组合转换为手机上键盘上的字母，拼写出的单词是"自杀"。当这个单词出现在手机屏幕上时，座机电话再次响起。这次，菱子接了电话，一个录音要求她输入登录密码。此时菱子输入了海报上女孩球衣上的数字，而之前与黑田交谈过的男孩接起了她的电话："你知道吗？所谓的自杀俱乐部根本不存在，我们没做过那样的事，你来跟我们一起玩吧。"说着，男孩挂断了电话。菱子马上明白了自己接下来要干什么，她马上拿笔记下了电脑屏幕上显示的一串数字。她的记录被屏幕上显示的一条消息打断了（难道她又解码了另一条信息吗？），上面写着：明天有一场沙漠乐团的现场演出。

菱子在演出前偷偷溜进后台，她遇见了一群孩子，遭受了黑田曾面对过的一系列神秘的提问。孩子们问："你为什么会来这里？你来这里是想恢复和自己的关联吗？或者你来是为了断绝与自己的关联？你是一个和自己没关联的人吗？"面对连珠炮似的提问，菱子一再重申："我就是我，我当然与自己有关联。"孩子们听到菱子这话忍不住为她鼓掌，随后发表了一系列神秘的讲话，再次暗示了一种普遍的、相互的关联，这种关联不能简化为简单的因果关系。孩子们又说："你现在身处一段关系之中吗？你我的关系是受害者与加害者的关系吗？你能和你的恋人建立恋爱关系吗？你能被你自己认可吗？"孩子们又齐声说道："雨干润的时候，云就形成了。云湿润的时候，雨就形成了。"

显然，孩子们对菱子的回答十分满意，他们把菱子带到了一个灯光昏暗的房间，屋子里满是叽叽喳喳的小鸡，菱子和另外三名脱掉衣服的年轻女子面向墙壁跪着，一名蒙面男子准备了一把传统的木工刨刀，把刀递给了孩子们。随后，孩子们用刨刀从每个女人的背上取下一条皮，然后把这些皮肤缝合成另一个厚厚的皮卷。在下一个场景中，那卷皮肤通过另一起自杀案送到了警探手里，而我们本已对菱子的自杀做好了充分的心理准备。事实上，我们已料到会在最后一幕中看到这样的场景：菱子和其他几位女高中生从新宿站的楼梯上缓步走下，来到中央线列车的站台处，此时她们的手机铃声同时响起。但这次没有发生集体自杀。菱子和其他女生出人意料地平安登上列车，一名曾与黑田共事的警探则在一旁忧心忡忡地注视着她们。

《循环自杀》似乎向我们传递了一条讯息——有些事已经悄然发生了。似乎，一则消息已被传递，一个事件已经发生。有些事情已然改变或正在改变，虽说我们现今并不清楚这些改变的性质。我们目前知道的就是：孩子们不知怎么与机器之间形成了一种新型的关系，这种关系超过了东京大众传媒业所构造的超连接性。孩子们掌控了基础设施及其通信技术。因此，城市属于孩子们，他们能够把城市转换为一个"平台"，能够让他们启动一个既不需要也不尊重老一辈人的另类未来。影片在以一条充满希望的信息结束，这也是最后一条来自（即将解散的）沙漠乐团的消息——"请随心所欲地生活！"，随后电视转播了沙漠乐团最后一场电视表演和告别曲目，这首歌提出了通过技术连接建立一种充满情感的关系的想法：

> 当我们虚度光阴，当我们未曾留心，我们不断按下键盘，执行指令成千万。

当你说出心中的想法，

我又该做些什么？

是的，虽然恐惧始终都存在，但快乐也同样很多。

机会只有一次，去将我们每个人心中的火焰点亮。

用生命点亮自己，

用爱点亮自己，

用回忆点亮自己，

所需要的就只是一点的用心和勇气而已。

转身回头，我们重回起点，

我对这种惊扰偶感厌倦，

若你接受我情绪中所有的悸动，

我会将所有的一切与你一同感受。

恐怖、真实、又可爱，

这是真正的告别，

我不会停止思念。

生活需要被点亮，

浪漫也需要被点亮，

记忆更需要被点亮，

但我想要将过往全都遗忘。

连 接

法国的日本学学者莫里斯·潘盖（Maurice Pinguet）曾写道："没有什么比自杀更含糊的行为了，这是向那些还活着的人抛出的谜团。"[50] 在东京的通勤铁路网中，通勤者自杀行为并不是一个谜团，而更像是阐述，它要求我们注意技术性中的伦理完整性（ethical integrity of a technicity），这种伦理完整性将轨道上的遗体当作规律的不规律现象来处理。因而，技术集合在功能上具有复原性，但在整体上却不具有创造性。虽说我此前已经指出：技术手段是靠功能性恢复得以实现的，但在本章中，我主要讨论了文化象征机制，通过这种机制，轨道上遗体向外传播的无序性所构成的本体性危机得以转化，形成一种常规性逻辑，使人们虽对通勤者自杀进行了识别但并未认可。因此，处于不确定性边际与集体生活核心的动态张力（dynamic tension）—— 处于模式和无序、结构和事件之间的张力——悄然崩塌，只留下模式和结构，又或是无差别重复。总而言之，通勤者自杀标志着通勤铁路网技术性的极限，然而这一极限却未能产生"共振"。

在日本，家人、朋友甚至陌生人总会在事故发生现场留下鲜花，但却从来没人在站台上留下鲜花以纪念该处发生过的通勤者自杀。因此，轨道上的遗体似乎并没有在世界上留下太多有形痕迹，但对那些需要在通勤自杀发生后进行清理工作的铁路工人来说，遗体存在的痕迹和印象可不是轻易能抹除的。就像佐藤对清理过程的描述一样，在将面目全非的遗体与技术集合分离的过程中，遗体本身就作为一种强大的物质力量产生了回归的影响，能够扰乱认知逻辑。由于这种扰乱充其量是短暂的，它证明了思考《循环自杀》中表征的、主题的无序是有用的。我对影片中通勤者自杀的表征意义进行了一定程度上的自由阐述。但是，面对无序，这不正是轨道上遗体所需要的那种阐释方法吗？显然，这种阐释方法是建立在认可而不是认知的基础上的，因为电影有意误导观众，让他们误以为自己知道了影片中一系列的自杀事件背后的联系，最终让观众陷入不确定的境地。影片想让观众意识到：很多时候你以为自己已经知道了事件的真相，但那只是你以为的。正如影片中的孩子们说的那般，要想真正地理解就得"像感受自己的痛楚一样感受别人的痛楚……像承受自己痛楚的一样承受别人的痛楚"。这就是认可的条件，也是（我们将在下一章讨论的）因列车事故而造成重大生命损失的社区最终所需要的。《循环自杀》到最后也没有为我们提供有关通勤者自杀问题的直接答案，但它把通勤者自杀视为在沉浸式技术环境中的一个典型实例。同样地，通勤者自杀暗示了集体生成的可能性，这种可能性能推动技术朝着另一种程度的技术性发展。

在本章末尾，我想提及一份 2016 年日本警察厅公布的调查报告。该报告显示，日本的年自杀人数自 2012 年开始呈下降趋势，到 2015 年已降至 2.5 万以下。因为自杀率的下降，通勤者自杀导致列车交通中断的现象也大大减少。这种下降趋势在未来会给日本带来何种影响还有待观察。

第六章

90 秒钟

　　日本的 4 月是万物伊始的季节——学校开学，财年开启，城市公园和林荫大道处处樱花绽放，热闹非凡。学生、上班族、老老少少都坐在嫩粉色和白色的樱花树下，一起畅饮开怀、品鉴美食。直到 4 月底，人们的这股精神头和兴奋劲儿才渐渐退去，日常生活重回正轨。2005 年 4 月 25 日上午 9 时 18 分，那是个天气晴朗的春日，在日本第二大城市大阪郊外附近的一个车站，一辆满载通勤人群的 7 节通勤列车脱轨，冲进了一栋 9 层的公寓楼。第三节和第四节车厢斜着停在轨道上。撞击使得第一节车厢冲入只有它一半大的公寓一楼停车场，在公寓的角落里，第二节车厢被挤成日语假名"く"的形状。经过三天的营救工作，营救队从扭曲变形的不锈钢车厢中搜寻到包括司机在内的 107 人的遗体，数百名乘客因此次事故受伤住院。[1]

　　JR 西日本是 1987 年日本国铁分割民营化后成立的 6 家 JR 客运列车公司之一，本次列车脱轨事件就发生在由该公司运营的福知山线上。该线路穿过大阪西北部的老城郊区，开往不久前在山上新建的城市远郊地区。由于该线路途经多所高中和大学，伤亡者中学生居多。据几年后由 JR 西日本和日本国土交通省公布的事故详情来看，该线路原本规定列车时速不得超出每小时 70 公里，但事故发生时该辆列车时速已达每小时 116 公里。轨道旁一家小型纺纱机店的老板目睹了这场事故，他说列车行驶很快，他差点将其错认成新干线（即日本超高速城际"子弹头"列车）。[2]

悲剧发生后，丑闻接踵而至。第一批到达现场的电视台记者尽职尽责地报道，称 JR 西日本怀疑该事故是由轨道上的一颗石子引起的。镜头中，该公司职员正在仔细检查弯道入口处的钢轨底座。[3] 然而几个小时后，媒体报道开始将关注点转至列车脱轨时的速度。据悉，事故发生前，列车驶过了车站停止线，不得不倒车。最初报道称列车驶过停止线 8 米，但后来据目击者证明，列车驶过停止线 60 到 100 米。该失误导致列车延误 90 秒钟，因此司机企图在尼崎站附近的弯道中追回延误时间。敏锐的日本媒体捕捉到 JR 西日本吞吞吐吐中的重重疑点，加之此次事件已然成为有利可图的新闻卖点，于是纷纷决定深究到底。在接下来的几个月里，该事件不断发酵。将其营造成轰动性新闻的媒体展开了一系列调查——记者和调查者都找到了可以证明 JR 西日本管理失职以及体罚职员的证据。据说为降低运营成本，JR 西日本并未安装 20 世纪 60 年代研发的安全装置——这些装置原本可警告司机超速并自动减速或停车。报道称，事发当天，JR 西日本正在举行一场保龄球比赛，有 40 名管理者参与。他们当时仅在保龄球馆的电视上观看了营救活动。比赛结束后，他们竟然还去一家酒馆里喝了一夜

通勤梦魇

酒。为避免引起注意，他们还试图不让公司名字出现在宾客名单上，但该策略显然失败了。次日，JR 西日本又举行了一场高尔夫球比赛。次周，管理者们还去了韩国度假。媒体更揭露，当时乘坐脱轨列车的 JR 西日本的两名司机在列车脱轨后立即打电话报告了该事故，但得到的回答仅是：继续工作，别迟到。

图 6.1　2005 年 4 月 25 日 JR 福知山线出轨事故
来源：共同社新闻

　　然而媒体揭露的最具杀伤力的真相是，事故发生一年前，23 岁的高见隆二郎是该列车的司机，因类似错误（列车驶过停车线）

受到长达 13 天的体罚羞辱和精神虐待。事实证明，无论错误多小，都会受到 JR 西日本的统一惩罚——体罚羞辱和精神虐待。该惩罚被称为"日勤教育"，典型惩罚包括有失尊严的工作（拔草、打扫厕所、擦生锈的铁轨）、抄写公司规章制度和安全手册以及手写不计其数的"悔过书"（反省文）。接受"日勤教育"的个体甚

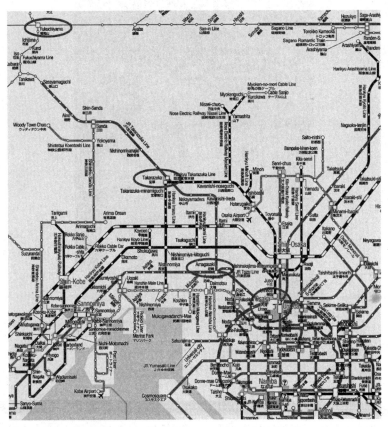

图 6.2　关西地铁网络运行图。福知山线上的站点已圈出

　　　　　　　　　　　　　　　　　　　　　通勤梦魇

至不得在未经批准的时候使用卫生间。除了做有失尊严的工作外，其余时间接受惩罚者都被幽禁在一间小房子里。高见受到的惩罚也让以前的司机深有感触，说他们犯的错误无论多么微不足道，比如开会迟到一分钟或列车晚点几秒钟，都会受到类似惩罚。[4]

间　隙

众所周知，尼崎出轨事故或 JR 福知山线出轨事故，当然并非日本史上最严重的列车事故。日本国家报纸《朝日新闻》在网上将几十年来日本所有重大列车事故列成表格，借此来提醒日本国民关注这一点。[5]该表究竟是为降低本次灾难的严重性（不过是又一次灾难罢了），还是为激起民愤（怎么能再次发生这样的事！），不得而知。无论出于哪种原因，这份清单都强调了该事故令人不安的熟悉程度。从很多方面来看，人们对 JR 福知山线出轨事故并不十分惊讶。仿佛它不只是日本之前的列车事故重演，还是过去一个世纪里具有毁灭性的技术事故的重演。就其形成条件、相关丑闻和引发的各方冲突来讲，JR 福知山线出轨事故不费吹灰之力就能与 20 世纪中期日本由有机汞中毒引发的水俣病、1984 年印度博帕尔毒气泄漏事故、1989 年阿拉斯加湾的"埃克森·瓦尔迪兹"号油轮漏油事故（the Exxon Valdez oil spill in the Gulf of Alaska）相提并论，成为一系列令人惶恐不安的技术灾难。[6]与其他技术事故相似，JR 福知山线出轨事故是典型的利益驱使下的产业经营的事故，是由不健全的公司文化引发失误的事故，也是私有化影响下的事故。后来，该事故不仅引发了公司和国家之间的矛盾，还引发了公司和事故受害者之间的矛盾。JR 福知山线出轨事故中的时间间隙是由 23 岁的列车司机高见隆二郎开启的——在伊丹站的停车超过停车线从而造成的 90 秒延迟。

事故发生后，时间间隙成了 JR 西日本和"4·25 网络"组织之间的争议焦点，所谓"4·25 网络"指的是代表事故中通勤出行受害者家属的民间组织。JR 西日本和 4·25 网络组织理解和处理该间隙的方式截然不同。JR 西日本断言，本次事故源自人为错误，尤其是司机以危险方式追赶延迟时间（90 秒）。国土交通省的调查员普遍同意这一观点。相反，4·25 网络组织认为事故并非由单一因素引发。他们坚持应考虑事故背后的可能性，比如没有余裕（或安全裕度）的列车铺画运行图。他们想知道，仅仅 90 秒延迟就引发如此悲惨的生命损失，这样的系统是如何形成的？4·25 网络组织成员和社区因本次事故谴责 JR 西日本，他们也准备好去反思自己工作节奏和制度系统的复杂性，这个系统无法容忍 90 秒的时间间隙，未免太过无情。

JR 西日本认为此次事故是由人为错误引起的，并将其视为一次常规列车运行事件，可通过标准的技术调整和组织调节来修正，目的是降低影响。换句话说，JR 西日本力图关闭间隙。相反，社区则试图保持间隙。社区认为，间隙是未标明的模糊地带，它强迫人们不仅对事故进行反思，并且对战后日本的技术—社会环境中产生的价值观进行反思。他们对事故的理解和得到的教训取决于思考间隙的不同方式。[7] 社区成员很快指出：对于 JR 西日本来说，修正只是意味着遵循事故既定处理办法——只需公开道歉，并承诺进行技术调整和部分外观结构重整。即使是事故后铺天盖地的丑闻也没能改变 JR 西日本的做法。相反，对通勤社区尤其是受害者而言，没有处理事故的现成模型或叙事手法。人们认为只有通过探索间隙，才能理解事故，并找寻关于表达的不同方式和场域。更重要的是，间隙让人们批判性地思考信任问题和复杂技术。

该事故尘埃落定后很久，信任问题依旧是话题中心，JR 西日本也设法重新开始列车线服务。公司发布了一则声明，企图恢复声誉。该声明称公司已充分吸取该列车事故教训，并再一次强调列车线的安全问题，但再次遭到社区反对。我认为，社区反对不仅表现出对 JR 西日本的极度不信任；更重要的是，社区意欲重新定义信任特质与所谓的"专家系统"（如通行网络），要求个体接受一定程度的风险。[8] 本章我将讨论这种重新定义。我认为，社区开始借助间隙重新考虑信任问题，这种间隙是构成主体的必需部分，总是在未完成过程中以集体决策构成不确定性边际。就这一点来说，信任超越了其精神含义，呈现了集体凝聚力这一物质力量特征。因此，它强迫人们去思考能否信任某人或某机构安全操作的复杂技术，以及能否信任技术本身。相信技术就是要在一段关系中为其腾出空间，并承认机器是集体秩序的伙伴，这种集体秩序不能简化为绝对确定的行为（absolute and determined performance）。这不仅是承认错误或故障无法避免，而且是鼓励发展对人类社会有余裕的机器。这样一来，JR 福知山线出轨事故引发了这样一种关于信任的态度，并因此影响了众多致力于解决风险、信任和复杂技术集合间不可避免的失败关系的文献。日本东北部福岛第一核电站事故发生后，这一态度尤其明显。该事故再次使信任和复杂技术系统的安全性问题备受关注。

2005 年到 2014 年将近十年的时间里，借助间隙思考该事故过程逐渐有了进展，包含日本航空铁路事故调查委员会 2007 年就该事故做出的一系列官方和非官方回应。然而，由社区成员组织的一周年纪念中，该过程首次映入人们眼帘。此处及贯穿本章的术语社区（community）指的是住在受事故直接影响的地区的群体。事故发生在兵库县而非大阪中心地区，这一点很重要，因为兵库县的居民区网络依旧畅通。JR 西日本对该事故的回应和铺天盖地的丑闻刺激了这些现存社区，4·25 网络由此产生。我的岳父岳母在成年后的大部分时间里都住在福知山线附近，这对我了解对该社区及其主要观点至关重要。在 JR 福知山线出轨事故发生之前，我们经常乘坐这趟车。事故发生后，我的岳父岳母给我介绍了一些他们的朋友和熟人——他们都在事故中失去了亲人，这对我的研究大有裨益。他们也给我介绍了一直乘坐该趟车的人。每次访谈结束，我都会和岳父岳母讨论我所了解到的事情，有时会讨论到深夜。我岳父的知识对我理解这些问题尤为有用。他是一位退休的公务员，几乎终其一生都在当地市政厅工作，在政府管理中担任过各种职务，尤其擅长解释 JR 西日本和社区之间的张力背后的复杂性。事故发生后的几年里，他坚持不懈地将他在当地报纸或社区报纸上剪下来的新闻文章邮寄给我。与主流国家媒体所追求的以丑闻驱动的现象不同，这些当地文章通常都对该事故和意义进行了详细阐述、缜密思考甚至探索性的分析。所有这些材料，以及我与岳父岳母还有那些他们介绍给我的人的讨论，都对本章内容有所贡献。它们也影响了我对各种公开分析事故的文章解读，包括从记者的调查到政府对该事故的报道及地方回应。

信　任

　　经由强调信任问题，JR 福知山线出轨事故提供了对技术和风险管理想法的干预。关于风险管理和技术的文章不胜枚举。虽然我的本意并不在此，它也不属于本章论述范畴，但我仍想请大家注意那些关于风险和技术性事故结构化思考的开创性时刻和相关讨论。当然，风险一度是经济学家和经济学理论的关注点。[9] 德国社会学家乌尔里希·贝克（Ulrich Beck）提出了"风险社会"（risk society）概念，第一次将风险与技术失败之间的关系作为社会问题对其进行系统分析。[10] 尽管贝克的作品受到很多批评，它已成为一粒颇具生产力的种子，激发了通常在欧美风险研究主题下组织起来的广泛的、跨学的文献体。在日本，风险研究常分属于"失败研究"（失败学）的主题之下。[11]

　　贝克在论文中提到，社会风险是个划时代范畴，表示随着工业现代化的出现，早期风险在本质上发生了量变和质变。贝克认为，随着第二特性技术环境（second-nature technological environments）与工业化的结合，我们看到了一个因"生产风险"（manufactured risks）而产生的日益加剧的存在不确定性（existential uncertainty），对前工业化的非技术性生产风险的影响可能更具有全球性和灾难性。切尔诺贝利核泄漏事件（Chernobyl nuclear accident）是贝克在该部分举出的一个例证。风险社会的核心在于：随着日益严重的生产风险，国家管理日常生活的能力有所下降。因此，市民被强迫将风险管理融入自己的日常决策过程，风险变得"分散"（distributed）、"个体化"（individualized）。贝克认为，这样的必要性会引起"自反式现代性"（reflexive modernity）的出现，能提高公众对风险的理解能力，还能评价并批判性地解决关于风险的相互竞争的专家知识主张。[12] 这在很大程度上体现出于尔根·哈贝马斯（Jürgen Habermas）的公众理想，包括高度理性和科学驱动下的个体，贝克"自反式现代性"的主题纯粹以工具性术语来理解信任——信任是机构根据其理性的、负责任的、有能力的表现积累的一种货币。换言之，贝克认为，信任是理性生活管理的一种机制，他在论文中详述了这一观点。英国社会学家安东尼·吉登斯（Anthony Giddens）则认为，在风险社会时期，公众对专家系统的信任必须依赖于技术运营表现的经验评估，并信赖理性的官僚统治（rational bureaucratic governance）系统，该系统可以对工业标准和专家进行监督。吉登斯认为，这样的信任具有非个人的理性特质，与非现代社会的流行特征——建立在个体关系之间的信任形成鲜明对比。[13]

学者们对贝克和吉登斯的信任概念所依赖的潜在官僚理性（bureaucratic rationality）提出了质疑。例如科学与技术的人文社会学学者约翰·唐纳（John Downer）认为仅通过增强管控可塑性无法减小复杂技术系统的风险。[14] 他表示，风险管理取决于官方支持下的非正式机制，这一机制精确使用了吉登斯归入非现代社会中人与人之间的一对一关系。[15] 希拉·贾萨诺夫（Sheila Jasanoff）呼吁"民主风险治理"（democratic risk

通勤梦魇

governance）——将风险测评从所谓的科学非正式理性者的手中拿出来，并置于人们可接受文化的细微差别的民主政治下进行考虑，从而进行另一种批评。[16] 本章中我借助间隙对于信任问题进行的思考与唐纳和贾萨诺夫的论点相呼应——否认贝克和吉登斯提出的信任的理性概念化，支持基于封闭的、非正式关系的和社区管控的信任。同时，借助间隙思考信任问题比唐纳和贾萨诺夫的做法更进一步，因为它的出现伴随着这样一种观点：将事故理解为一个没有留出余地的系统所导致的结果。我并非简单地说系统是围绕列车铺画运行图要求的绝对精确展开的。当社区受到事故影响时，社区成员批评 JR 西日本设计的没有余裕的列车铺画运行图，这涉及绝对无情的系统问题——这个系统没有回旋余地。关于这一点，通过否认人与机器／人与人之间的关系是共同构成的这一前提，JR 西日本的无情系统得以形成。它的发展所根据的是形式决定物质这样的观念前提。该前提表明，JR 西日本坚持认为司机可以让列车服从他们的意志，此外，"车下（再）教育培训"（off-train [re]education training）惩戒的现象也体现了这一前提，人为错误被视为薄弱意志的结果。从另一层面来看，该前提使得 JR 西日本认为，通勤社区会屈从于其权威并被迫相信其声明。

这种借助间隙思考信任的观念不仅指由间隙引发的反思性思维过程，也指将间隙本身作为在关系中思考信任条件的思维过程。间隙作为本体论力量呼应了这一点——它将信任理解为一种关系，这种关系产生于宽宏大量的人和不可饶恕的事情之间的空间。JR 福知山线出轨事故发生后，从遇难者家属对 JR 西日本的态度就可以看出这种信任的概念化。此外，这种信任的概念化为思考技术信任（而非只是人际关系中的信任）开辟了一条道路。这样一来，它初步回应了技术—风险研究的另一种思考方向，并宣称技术事故在一定程度上是不可避免的，因此不可能实现绝对安全。贾萨诺夫和贝克在其批评中引用了该声明，他们认为技术事故仅源自机械或组织错误，可以通过强加更理性、更民主的管理模式来设计或"组织存在"（organized out of existence）。[17]论据表明，一些技术事故源自知识不足，因此完全超出了人类能力范围。[18]换言之，有些事故是无法避免的。该文其中一个开创性概念就是正常事故理论（Normal Accident Theory）。这一理论由社会学家查尔斯·佩罗（Charles Perrow）发展而来，他认为灾难性的机器故障源自无法预测的不规则集合，这些不规则集合在其他方面则完全处于正常运作的复杂系统中。[19]换言之，故障是突发现象，因此无法通过组织计划或技术设计进行干预。紧随佩罗之后，唐纳从构成主义者的知识理解角度出发，对科学与技术的人文社会学研究进行发展，以此来强调机械知识和测试中的不能简化的歧义。唐纳总结道，机器故障并非源自正常事故理论中的操作违规（operational irregularities），而可能源自机械知识中的"未知的未知"（unknown unknowns）。[20]唐纳提出的"未知的未知"在很多方面相当于日语中的术语词语"想定外"。该复合词由三个日文汉字"想"（概念、思想、观点、想法）、"定"（测量、决定、建立）和"外"（外部、意外）组成，指使用现有的风险管理模式和诊断技术预测超出预期的事件或现象。"想定外"指技术集合体中不可预见的灾难性事件或由自然不可预见性导致的技术事故（technological accidents）。比如，JR西日本试图争辩说JR福知山线出轨事故是"想定外"，因为司机在弯道上的行车速度是不可预见的人为错误。此外，在福知山线列车脱轨之后的近十年，福岛第一核电站表示 2011 年 3 月 11 日由地震和海啸引起的核反应堆熔毁也属于"想定外"，因为他们没想到海啸的威力那么大，以至于摧毁了海堤防御设备。

我就 JR 福知山线出轨事故的思考及借助间隙思考信任大致分为三个部分。第一部分介绍该事故发生的历史背景，接着展示上午 9 时 18 分列车脱轨的图片，尤其关注列车司机和人为错误问题。第二部分的讨论则根据 2007 年铁路事故调查官方报道中的细节和分析进行，不只是因为其丰富的描述，更重要的是该报告及其结论是我第二部分中讨论的社区批评的焦点所在。我发现，这种批评特别体现在为纪念列车脱轨事件一周年而举办的提出信任问题的活动和演讲中。最后一部分探讨了在事故发生后的 10 年里，在由社区提议组织、JR 西日本参与的调查小组公开发表的报告中，这种信任讨论是如何继续的。

JR 西日本的城市网络

自 1987 年以来，一个无情的系统在日本是如何形成的？换句话说，使无余裕的列车铺画运行图成为可能需要什么条件？这个问题不仅是在询问 JR 福知山线脱轨事故发生的条件，而且是在质疑既定的技术—政治文化历史，这种历史基于双重概念，即人类和冷静无感的非人类之间的本体论界限以及机器只是人类意愿的直接工具。JR 西日本背后的技术—政治文化促进了"城市网络"（アーバンネットワーク）的发展，该网络将为关西地区三个城镇中心（大阪、神户和京都）的通勤者们提供了更快速、更便捷、更连通的体验。日本国铁私有化和解体后，JR 西日本始进行改革并着手研究城镇网络。然而，JR 福知山线出轨事故不能解释为违反交通运输系统规定和私有化影响的结果。私有化只是事故背后的众多推力之一，其意义是模棱两可的。当通勤社区责备私有化鼓励利益凌驾在安全之上的时候，就像许多人将这场事故视为日本国铁长久以来管理不善的残留效应。此外，私有铁路公司长久以来主导关西地区的交通产业，以至于在日本国铁时期，关西也被称为"私有铁路王国"（私鉄の御国）。[21]

　　JR 西日本在关西地区主要的竞争者是阪急电铁，其行车路线同样连接了关西地区的三个城市中心。阪急电铁品牌深植于关西地区的文化历史中，该公司还经营着一家大规模的百货商场。1910 年，遵照 20 世纪初期封闭的生产消费模式，阪急电铁开通了一条列车线路，从位于大阪中心的阪急百货公司开往位于西北山上的温泉度假小镇宝塚。1913 年，为吸引更多消费者，宝塚开始建立举世闻名的女性音乐剧剧团。[22]阪急系统的外观、感觉和体验都强调了娱乐性，因此，它在很多方面都与 JR 西日本强调的通勤感觉截然相反。阪急电铁的列车有着更厚的外壳，看起来很坚固，也给人一种安全感，车厢内的广告也更少。我听到乘客这样描述阪急列车：比起广告肆虐的 JR 西日本列车，它更安静。在车门即将关闭、乘客即将离开时，阪急公司的站台工作人员也往往会鞠躬示意。[23]

　　　　　　　　　　　　　　　　　　　　　　　　　　通勤梦魇

虽然在一些地方，通勤者只要步行一小段距离就可换乘，但阪急电铁和 JR 西日本的铁路网都作为同一地区的独立系统而存在。两家公司彼此相距几百米，列车都从位于大阪中心的交通枢纽站出发，开往位于西北山上的宝塚，途中都要经过淀河，过河后的第一个大站是尼崎站。从这里开始，列车向北急转弯，经过伊丹站，然后在到达川西前再次开往西北方向。在川西，一条长长的且部分覆盖人行道的列车轨道连接着 JR 西日本的川西池田站和阪急电铁的川西能势口站。JR 西日本和阪急电铁的列车线并列而行，再短短地延伸至宝塚，在那里，通勤者可以按需换乘。

JR 西日本尤其想从阪急电铁赢得通勤者，因此它通过对 JR 福知山线进行一系列技术和操作改造来优化其网络系统性能。1989年，JR 西日本开始使用修正后的列车铺画运行图实施其优化方案，缩短了宝塚与大阪交通枢纽站之间的列车运行时间。到 1992 年，高峰时段从宝塚到大阪，JR 西日本的列车运行时间比阪急电铁的快 15 分钟，非高峰时段则快 10 分钟。但随着 JR 西日本乘客数量增加以及宝塚站附近的房地产开发，高峰时段的运行变得拥堵起来。[24] 于是 JR 西日本将该条线路的最快行驶速度从 100 公里每小时提升到 120 公里每小时。1993 年，该公司推出了采用压缩空气悬挂系统的新型列车，这种列车更为轻便，系统也允许列车在直线行驶和弯道行驶均可保持高速运行。虽然这种新型列车的座位舒适度有所提高，但因其轻便结构未能在 JR 福知山线出轨事故中起到保护作用而受到批评，据说这种金属被撕裂后会锋利无比，足以刺穿通勤者的身体。[25]

1997 年秋天，为让来自宝塚郊区和西北方向新开发城镇（卫星城）的通勤者快速换乘，更快到达神户和新干线枢纽站新大阪站，JR 西日本重新设计了尼崎站附近的列车轨道，将 600 米的弯道半径减半。尽管付出了努力，JR 西日本依旧难以吸引乘坐阪急列车的通勤者。通勤者对于阪急列车线的钟爱（一直）如此强烈，即便一些人先乘坐了 JR 西日本的福知山线，他们通常也会选择步行几百米换乘阪急列车线。[26] 然而除了钟爱，巨大的价格差异也迫使通勤者在宝塚或川西转乘阪急列车线。由于从日本国铁遗留下来的复杂定价方案，对于来自宝塚西北偏远城镇的通勤者来说，先乘坐 JR 西日本线路，再在宝塚转乘阪急列车线更为便宜。

虽已在可能的技术调整上达到了最初的极限，JR 西日本仍然一心想要赢得阪急的通勤者。在 2003 年到 2004 年间，为将宝塚到大阪站的运行时间缩短几秒，该公司对列车铺画运行图进行了一系列积极的改变，同时，在开往大阪的特快列车线上也增加了一站。本次改变并未调整总运行时间，只是修改了列车铺画运行图，将现有一些站点的停站时间由 20 秒缩短到 15 秒。由此产生的列车铺画运行图在当时被一些人引用为效率典范模型。[27] 回想起来，这种效率显然是形式主义的技术优化的有缺陷的表达，它借助无情的列车铺画运行图来实现，并以通勤者会屈服于绝对稳定的秩序的假设为基础的。铁路分析家和作家川岛令三认为，它是个"密集的列车铺画运行图"（稠密ダイヤ），渴望一个复杂且紧密协同的"艺术的"或者"神圣的"（神業的）秩序。[28] 这种"神圣的"形式主义显然不可靠，这在车站每天发布的公告里也都有迹可循。公告并未强调安全性，而是强调了通勤者不遵守规则对地铁系统的有害影响。"目前，乘客仍在挤进车厢，这是危险的，而且会导致延误。

请立即停止。"[29] 通勤者不是唯一被强制屈服于无情的列车铺画运行图的一群人。司机被迫将车速提至极限，在直道上将速度提至高于每小时 120 公里，在到达弯道和车站的前一秒制动。[30] JR 西日本将司机未能掌握这一"神圣"指令视为无法对事物保持理智，是意志薄弱的表现。公司对犯有此类错误的司机给予体罚羞辱和精神虐待，即车下（再）教育培训，以重塑司机的决心。

人为错误

日本国土交通省下的日本航空铁路事故调查委员会负责调查 JR 福知山线出轨事故。事故发生后的几个小时里，委员会负责人按照惯例，派一名下属委员去调查列车脱轨原因。不出所料，这位委员对待这份工作极为认真。事发后的一年半时间里，这位委员分析了噪音和行车记录仪，查看了事故现场的列车残骸分布情况、列车和轨道状况、制动状况以及不同速度和载荷下的列车重心偏移情况。他也对列车脱轨进行了模拟，然后对列车上的一些乘客、列车司机和列车员进行了访谈。他于 2006 年 11 月发表了调查报告最终版草稿，并将其分发给 13 个人，以便为来年 2 月份的听证会做准备。那些收到调查报告终稿的人包括 JR 西日本的部分管理人员、一名工会代表以及一些人文科学和机械工程方面的学者。长达 275 页的最终版调查报告于 2007 年 1 月公之于众。[31]

事故报告是知识产品的特殊体裁，应由"大公无私的调查员"通过科学调查给出公正结论，[32] 其中的修辞共识（rhetorical currency）源自其同时具有反思、补救和公正的立场分析能力。未通过审判的事故报告应该解构事故，以便确认它到底属于可预见的组织错误还是技术失误，抑或是人为错误。因此，事故报告不属于刑事调查。是否要进行刑事调查是在事故调查结果出来之后做出的一项单独决策。事故报告的语言通常具有技术客观性，也不应介入政治或伦理道德。JR 福知山线出轨事故调查委员会宣称公正和客观是其报告的最显著特征，报告整个第二页都是一则声明——"本报告基于航空铁路事故调查委员会的调查结果，阐明列车事故发生原因，是为了防止事故再次发生，而非确定事故责任。"[33]

将近十年后，通勤者社区成员、4·25 网络和一个独立调查小组对委员会得出的结论进行最终的细致检查。这些群体提出的批评意见主要是针对报告结论中对事故背后的"可能原因"（Probable Causes）进行了三层分解，尤其强调了其中的人为错误。具体如下：

可能原因

很有可能是列车司机制动延迟，从而导致列车在进入半径为 304 米的右转弯道的时速约为 116 公里每小时，这远远超出了规定的最高时速（70 公里每小时）。列车沿着弯道高速行驶，使得第一节车厢向左侧坠落造成脱轨，进而造成第二到第五节车厢相继脱轨。

列车司机迟迟没有制动，也有可能是因为其注意力转移至他处：（1）他相信当他使用内部通话系统请求列车员在报告中弄虚作假时，列车员挂掉了电话，这使得他通过无线通信设备偷听列车员与列车调度员之间的对话；（2）编造理由以逃避"车下（再）教育培训"。

还有另一种可能。JR西日本的司机管理系统规定：引发事故的司机或犯错误者，需要接受车下（再）教育惩罚或受纪律处分；司机未汇报事故及失误或做虚假报告，会受到更加严酷的车下（再）教育或更为严重的纪律处分。这可能会：（1）导致司机使用内部通话系统给列车员打电话请求其做虚假报告；（2）导致司机分心。[34]

总结中没有令人瞠目结舌的不实之言。问题在于其对事件原委的组织方式，尤其是在第一行中就强调了司机未能及时制动是引发事故的主要原因。尽管该总结在第一段的最后指出了列车超速，但并未深究。对报告的批评迅速指出，调查报告中的询问方式预先决定了此处强调的人为错误，这种方式重点在于表现司机的心理状态。事实上，调查涉及司机生活的大量细节，其中很多对于事故调查并无太大意义。详细列举的这类事情，包括司机的身高体重、兴趣爱好、经济状况、家庭氛围以及恋爱关系。此外，报告还以分钟为单位将他在事故当天的活动列成表格——他吃了什么、喝了什么、看了什么电视节目、和谁讲过话，等等。读完这份材料，人们就会发现委员会急切地想将司机的错误与其潜在心理状态联系起来。每当报告提到高见绝对没有任何不正常的时候，人们都能感受到笔者的失落。高见没有严重的经济问题，没有患抑郁症，也不是个酒鬼。他的恋情长期稳定且幸福，朋友和家人也都说他活泼开朗。在其以往的工作中，也没有什么特别的事情发生。早在 JR 福知山线出轨事故发生一年前，也就是 2004 年的 5 月，他就拿到了一级驾驶资格证。

报告关注事发时司机的心理状态，而并未探究工作环境对其心理状态的影响，认为他未及时制动是因为其性格软弱。该观点在第二段表达得尤为清楚——将司机未能及时制动归因为他在接听通信设备时分散了注意力，这含蓄地表现出其不安全感和缺乏可信度。只有第三段和最后一段是车下（再）教育惩罚对高见造成的影响。总之，报告并未否认 JR 西日本惩罚性纪律措施的影响；相反，问题是报告将这种可能性归为第三层决定因素，同时通过使用越来越含糊其词的话"可以想象"（と考えられる）和"有可能"（可能性ガ考えられる）来避免对其意义做正面答复。简而言之，事故报告可以被解读为是 JR 西日本对列车事故人为错误的默认——高见未能追回 90 秒的列车延迟。

无情的系统

"可能原因"的总结尤其令人困惑，因为其与报告前面的很多内容矛盾。报告阐述的不仅是由人为错误引发的悲剧，而且也是由于没有余裕的技术和组织错误引起的灾难。我的意思是这个系统不仅是在物质世界应遵循技术—政治经济秩序这一假设的基础上动作，它也是一个绝对无情的系统，在其中，间隙被视为封闭的空间，而不是交缠的间隔。

毫无疑问，高见并非最熟练的列车司机。他经常会困惑，甚至分心。然而他不甚完美的驾驶技巧并非事故原因。无情系统中的不精确表现被认为是意志失败，将高见的缺点转化为司机的致命缺陷。事发当天上午，高见将高压工作处理得很好，也调整时间间隙以适应通勤高峰。早高峰时段，他已经成功追回前五站延迟的大部分时间（45 到 50 秒）。但随着早高峰时段的人流量逐渐减少，就在 9 点之前，事情变得有些糟糕。到达宝塚站的时间比规定时间晚了 44 秒，一辆已停止服务的列车正停在 1 号轨道上，但高见驾驶的列车行驶速度已然达到 65 公里每小时，而非规定的40 公里每小时。这时，车厢里响起了自动停车（Automatic Train Stop，ATS）的警报。自动停车是轨道上的安全装置，可以检测列车经过即刻的运行速度。事故发生后，报纸和杂志对自动停车进行了专题介绍，它成为围绕列车安全的讨论焦点，大众对其细节也耳熟能详。该系统最简单的版本是，如果列车超速行驶，它就会启动驾驶室的报警器。这一自动防故障装置可以惊醒昏昏欲睡、注意力涣散或反应迟钝的司机，并要求司机在几秒钟内按下取消键来解除警报。如果司机没这样做，制动装置就会自动激活，从而迫使列车完全停止。更先进的自动停车装置还可以自行减缓列车运行速度，将其控制在规定时速内。位于宝塚站入口轨道上的自动停车装置只是个简单模型，高见并未理会。结果，制动系统自行启动，停止了列车。高见再次人为松开了刹车，关闭了报警器，结果自动报警系统再次强制刹车——重新启动过程与常规模式有所偏离时的专门设计。

为什么高见以超过限速 20 公里每小时的速度进站？委员会的报告猜测他可能暂时打了个盹，也可能是他以为自己进入的是 2

号轨道而非 1 号轨道。1 号轨道进站时要求列车时速不超过每小时 40 公里。相反，2 号轨道是直线行驶，要求列车最高车速为每小时 65 公里。因此，可想而知，高见以为他在 2 号轨道上，只是稍稍超出了限速。

不管出于何种原因，报告都强调该事故明显让高见精神失常。列车在站台停下来之后，他应即刻离开驾驶室，走到列车尾部与列车员交换位置，以便返回尼崎。然而，他在驾驶室多待了 3 分钟。当他最后出来，走向对面站台时，他经过列车员，列车员停下来询问列车进站时发生了什么。列车员 42 岁，比高见早 19 年进公司。对 JR 西日本来说，高见没有回应前辈这一不恰当行为表现出其缺乏专业性和精神状态的不稳定。在关于 JR 福知山线出轨事故的详细且有深刻见解的调查分析中，JR 西日本的前列车机修工佐藤充（他写过几本通勤列车操作指南）对于高见的行为做出了不同解释，阐述了一个没有余裕的社会组织系统。

佐藤写道：一方面，既然高见和这个年长的列车员分属于不同工会，也不经常一起工作，所以可能高见只是简单地不想或者觉得不需要回应列车员；另一方面，高见是否有意无视他，这也很难确定。他可能已无法想象自己的错误将造成的后果了。不仅是司机必须报告紧急制动的使用和未回应自动停车警报，JR 西日本通常也会对司机进行严厉的车下（再）教育培训作为惩罚。2004 年 1 月 8 日，因为高见停车时超出停车线 100 米，造成了 8 分钟延迟，他就已经接受过一次这样的惩罚。当时他就没有立即汇报。更糟糕的是，最后报告时，他声称自己踩了刹车但力度不够。但根据行车记录仪的记录，他当时明显并未采取任何措施，后来证明他在撒谎。

通勤梦魇

听高见汇报的上司在其报告中指出，高见脸上带着一丝幸灾乐祸的笑容，表现得傲慢自大，忏悔没有诚意。事故内部调查总结道：高见极易在驾驶室打盹。作为惩罚，他接受了为期13天的（再）教育培训，也受到了警告——如果再犯同类错误，就会降职。按照惩罚的常规要求，13天的（再）教育培训里，高见一直被迫反复写"如果再犯，我就辞职"。他的笔记被泄露给媒体，笔记本的白色纸张上写满了不计其数的、潦草的、几乎辨认不出来的字，这作为该年轻人被虐待的证据出现在晚间新闻上。JR西日本最后承认，车下（再）教育的理念是：只要态度端正，司机就能战胜一切困难。这一概念在日语中被称为"根性论"（根性論），即使是在日本帝国面临崩溃时，该词也被用来激励二战中的日本军人。[35]JR西日本认为，"专业"司机能够调动意志来战胜一切物质限制（material constraints），比如时间压力、工作压力甚至设备缺陷。没有做到这些是意志不坚定和道德缺失的表现。

经历了宝塚站的失误，高见并未恢复理智。比规定发车时间晚了15秒钟之后，离开下一站（中山寺站）时，他又晚了25秒钟，离开川西池田站时晚了35秒钟。高见对这样的延迟已经习以为常。当天早上，他处理过更为糟糕的情况。然而，他似乎感觉在到达伊丹站之前必须追回延误时间。当列车经过北伊丹站（半快速列车不经停站）时，时速高达122公里每小时。在距伊丹站站台不足500米的时候，列车时速依然高达112公里每小时。于是，列车以83公里每小时的时速超速进站。很难想象，那一刻高见在做什么，又在想什么。第二次自动警告发出之后，他才开始制动，最终列车停在停车线之外的72米处。高见立即倒车，但他又越过停车线 3 米。结果，列车在离开伊丹站的时候延迟了 80 秒，这让人们怀疑它是否能按时将通勤者载往尼崎站从而使他们赶上开往神户的特快列车。驶离伊丹站后，高见立即将车速提至 124 公里每小时。与此同时，明知他和列车员需要报告超线停车，他也会再次接受车下（再）教育培训并且极有可能被降职，但他还是立即在列车尾部通过内部通话系统打电话给列车员，问他是否能够帮他在报告中稍稍遮掩。列车员还没来得及回答"你确实越线停车了，不是吗"，内部电话突然挂掉了。考虑到高见似乎在宝塚站忽略了列车员，我们可以想象到他很焦虑并认为自己关于瞒报越线停车的要求惹怒了列车员。之前他由于在报告中说谎已被强烈谴责了一番，毫无疑问，如果再次撒谎，他将会受到更加严酷的惩罚。然而，高见不知道的是，列车员并没有生气地挂掉他的电话。就在列车员与高见通过内部电话交谈之际，一位乘客敲了列车员的窗户，表示高见在伊丹站越线停车，但并未道歉。列车员认为必须回应，因此挂断电话，立即致歉。接着他通过无线电向指挥台中心报告越线停车情况。据说，高见站在列车前面，近距离地听列车员代表他撒谎——报告越线停车 8 米，这正是高见所要求的。但那已经太迟了。当列车进入右侧弯道时，时速为每小时 116 公里。高见似乎尝试过制动，但列车速度依旧很高。上午 9 时 18 分 54 秒，第一节车厢冲出了列车轨道，后面四节列车紧随其后。

　　事故报告称高见右手未戴手套，握着一支特殊的红色铅笔——司机驾驶时通常用它做标记。报告猜测，在列车脱轨的一瞬间，为了能记下列车员的报告内容，高见摘掉了手套，以便随后调整自己的报告。他的右手本应该在制动装置上的。[36]

为描述这个无情系统的特征，我将会讲述该事故的细节。导致列车脱轨的原因线索在很多方面都反映了不幸情况的复杂集合。这些不幸情况的共同特征就是它们都源自缺乏同情和容错空间的集合体。尽管在这一点上，JR 西日本的企业文化和其车下（再）教育培训引人注意，但我们不能忽略，要求列车员立即道歉的乘客是该无情系统的一部分。道歉除了能让他自己得到满足，还能得到什么呢？除了将其视为不可原谅的错误之外，还有其他方式去想象这次越线停车吗？

意料之外

事发那天上午，美香（Mika，音译）就坐在第七节车厢里。她解释道："这趟列车总是开得很快，但那天早上，自驶离伊丹站之后，开得太快了，我甚至都不知道经过了哪些站。"[37] 美香经营着一家快餐店。事故发生后 2 个月，在阪急川西站附近一片喧闹的温迪酒吧里，美香操着关西方言，将那天的事故经历快速地讲述给我和我的妻子。

美香身材纤细，31 岁，留着齐肩的时尚发型。那时，她是一名实习律师，与父母、哥哥住在川西，每天乘通勤列车去大阪的一家律师事务所上班。她认为自己很幸运，因为她不用在早高峰最拥挤的时候去上班。上午 9 点，工薪阶层的出行大潮已经退去，朝气蓬勃的高中生和大学生，还有早起去城市中心购物或参加活动的退休老人开始出行。美香总是在上午 9 时 11 分从川西池田站登上七节车厢的半特快列车的最后一节车厢,随后在尼崎站换乘。尽管最后一节车厢对她来说不太方便,但她还是喜欢坐那里。为了下车更方便,学生们都挤在前面的车厢里。从某种意义上来说,美香期待通勤,因为这是一段在开始工作前一个人的独处时光——她可以尽情沉迷于江户时代的小说。有时候她会和哥哥一起乘车,她哥哥在市里的一所大学读书。和哥哥一起乘车时,他们坐在第一节车厢,因为她哥哥喜欢在等车的时候抽烟,而只有站台前面才允许抽烟。事发当天,他们本来要一起乘车,但她哥哥睡过了,因此她一个人坐在最后一节车厢里。她承认,她哥哥睡过了可能救了她一命,尽管她从未想过这种可能。她根本想象不到会发生事故,何况还是伤亡如此惨重的事故。因此,当列车在伊丹站(尼崎站的前一站)越线停车超过 70 米时,美香并不认为那是灾难来临前的预兆,而是一则可以在中午用餐时向朋友讲述的趣事罢了。同样,对那些在伊丹站台上等待着的通勤者来说,这次越线停车是比较奇怪,但最后不过是一桩趣事而已。一位在事故中失去母亲和祖母的女士在事故发生一周年的官方纪念仪式上泪流满面地讲述道:

> 列车进站的速度太快了,好像一开始它就没打算停下来。但停下来的时候,几乎都要冲出车站了,因此不得不倒车,这非常奇怪,因为我们从未看到过。我的祖母开玩笑说:"司机肯定睡着了。或许我应该去叫醒他。"我们三个都笑了。事发那一瞬间,我们三个在被甩出去的时候挣扎着拼命想握住彼此的手。接着我就晕了过去。那是我最后一次看到我的母亲和祖母。[38]

列车在离开伊丹站的时候开得太快，美香有点晕车。她开始感觉很不对劲。即使列车开始剧烈晃动，美香都没意识到是发生了事故。因此，列车与公寓楼发生碰撞后，她并未准备迎接冲击，而是尽力放松，然后继续看小说。片刻之后，美香感到列车突然制动，她与其他乘客一起摔倒在地，伤到了胳膊。美香不是唯一没想到会发生事故的人。接受航空铁路事故调查委员会采访的 15 名受害者都回忆起当日通勤路上的不安感，但只有一位 30 岁的男士说他记得在列车脱轨前，自己曾怀疑列车能否以当时的速度通过弯道。[39]

美香和列车上的其他人都被困在了车厢内，他们设法站起来，安静地等待着列车发出通知或 JR 西日本的人前来相助。但没有人来。最后到来的救援人员并不是来自 JR 西日本，而是来自附近的钢锭厂。钢锭厂用他们能找到的任何东西来帮助伤者——将列车长椅上的蓝色靠垫撕下来当担架用；带来无数的冰袋、毛巾和水；安抚受惊吓的幸存者；征用能找到的任何车辆，将伤者送往医院。

信任的模棱两可

我跟美香交谈的时候，列车出轨路段的交通已经恢复。一周前，也就是 2005 年 6 月 19 日凌晨 5 点，在一场媒体广泛报道的仪式上，列车交通开始恢复。100 多名记者出席了该次活动，他们搭乘第一节车厢，其人数远超过包括事故遇难者家属在内的普通乘客人数（20 人左右）。事发后的几个月里，JR 西日本一直躲避记者，但那天凌晨，他们却欢迎媒体检查监督。列车出轨事故以及铺天盖地的丑闻完全瓦解了通勤者对该公司的信任，因此该公司面临着很大风险。因此，尽管公司以相对较快的速度恢复了列车线路运行，很多通勤者仍未做好准备乘坐。他们认为，JR 西日本需要做的不是简单宣布 JR 福知山线列车线路再次开通，而是重建信任，该公司也正试图通过将恢复服务变成一场表演和媒体事件来实现这一点。就像《朝日新闻》报纸当天凌晨（4 时 40 分）报道的那样：JR 西日本的董事长与公司 50 名员工一起前往事发点献花以示哀悼。[40] 之后，凌晨 5 点钟，第一辆列车离开宝塚站时，公司总裁垣内武（Akiuchi takeshi）穿着米黄色制服站在驾驶室中的司机旁边。当列车接近那个臭名远扬的弯道时，司机将列车时速降至每小时 30 公里，与此同时，广播里通知说他们正在接近事发点。就在列车经过如今已被废弃的房屋时，车上的事故遇难者家属一起将手掌在胸前合十，低头默默祈祷。报道中还说，之后在尼崎站，JR 西日本的社长垣内刚宣布他将下车确认列车是否驶过停车线，他补充说，列车经过事发点时，他感觉到自己在颤抖。他说："我再次向大家致以深深的歉意。"短短几个月后，由于处理事故的疏忽，垣内被迫离职。由山崎正夫接替他的职位，山崎正夫后来也被指控工作玩忽职守，但于 2012 年被无罪释放。

和很多 JR 西日本之前的通勤者一样，美香并未做好准备再次乘坐福知山线列车。她承认，她不再相信这家公司了。但她的不信任并非是在怀疑列车的安全性，而是 JR 西日本的态度以及其与社区的关系让她感到不安。美香解释说，在福知山线停运的两个月期间，JR 西日本安排通勤者使用他们的月卡乘坐阪急公司的列车。就在列车恢复服务之前，她收到了来自 JR 西日本的一封信，信中表明终止了对通勤者乘坐阪急列车的安排。她说这封信官僚主义气息十分浓厚，且相当敷衍了事。信中只说截至 6 月底，通勤者购买的 JR 西日本的通行卡将不能在阪急线路上使用。"没有人为这场事故道歉。真是不要脸到了难以置信的地步。他们没有对逝者表示一丝遗憾，没有对伤者表示一点关心，甚至没意识到这场事故造成了多大的不便！"美香的语气中充满了恼怒和不信任。[41]

最终，JR 西日本似乎终于明白，要赢回像美香一样的通勤者，不能只靠媒体事件。接下来的一整年里，公司都在举办活动，旨在重新赢回通勤者。活动主要是一系列主题为"进一步确保信任和内心的安宁"（更に安心信頼していただくために）的海报，通过这些活动，公司力求告诉通勤者他们将采取各式各样的措施来提高安全和性能。出现在列车里和 JR 福知山线车站上的每张海报，都以"卷"命名，旨在让内容更具吸引力和广度。下一个十年里，JR 西日本计划设计 45 幅系列个体"卷"，它们的内核都大致相同。[42] 在这 45 幅作品中，开头两幅最为重要，它们试图用声明真相的特定方式回应对 JR 西日本的运营和处理事故层面进行的具体批评。第一"卷"中，对于事故源于公司企业文化的说法，JR 西日本试图通过建立新的"企业理念"和"安全宪章"来应对。第二"卷"中，针对"如果将弯道之前的轨道上的安全装置进行升级或重新安装，就可避免本次事故"这一说法，该公司通过描述轨道上的新的安全设备部署设备照片、技术说明和安装点计划图纸予以回应。

总的来说，这些海报在两种风格之间来回转换。一方面，它们显示出自信的、活跃的公司声音，很容易译为朗朗上口的广告语；另一方面，它们表现为一种文化上可识别的写作模式，也就是反省文）。第一"卷"以反省文的模式开始，表示 JR 福知山线出轨事故促使 JR 西日本对其公司特征和道德标准进行重新评估，旨在培养安全第一的工作环境。海报继续从四点进行详述，每点都暗示了一种思想：企业理念的发展和安全宪章源于集体和有机保证，包括所有职员主动的积极参与。文章右边经过精心挑选的那些图案则体现出这种集体决心，每幅图案都包含一些可辨认的安全动作，比如司机指向信号灯或维修人员正在检查技术产品。第三幅图带有一种特殊的修辞力量，展示出工人们在检查或安装列车速度调节装置（自动停车装置）。如前所述，JR 西日本因未在尼崎站前的弯道上安装此类装置受到严厉批评。在该介绍性文本下面，第一"卷"用独立的两个文本框介绍企业理念和安全宪章。鉴于 JR 福知山线出轨事故是灵感的最初来源，这两部分都采取积极、活跃、自信的语气，强调了 JR 西日本转变经营方式的坚强决心。公司安全宪章提出 JR 西日本通过强调以通勤者为先来革新企业文化，但也特别强调其将继续致力于提高公司效益，这似乎安抚了股东们。而后，它也再次重申了公司将严格的安全协议、谨慎操作和细心观察铭记于心。

与第一"卷"半忏悔式的风格相比，第二"卷"则采取学究式和教学式的语气。第二"卷"对列车自动停车装置不同版本的具体功能进行了剖析。对经常在报纸上阅读该事故相关报道的人来说，这已然非常熟悉。之后是关于如今安全装置工作进度的简短汇报以及来年安装更多安全装置的时间计划表。安装自动停车装置（用红圆圈清晰圈出）和计划安置点的图表为该报告提供了根据，同时使海报具有技术意义。后面几卷与第二"卷"的风格保持一致。

通勤梦魇

さらに「安心」「信頼」して いただくために

vol.1「企業理念」「安全憲章」の 制定

JR JR西日本

当社では、福知山線列車事故を機に、安全を最優先する企業風土を構築するため、全社員が共有する価値観であり、行動指針である「経営理念」について見直すこととしました。

見直しにあたっては、社員間で議論を重ね、社外の様々な分野の有識者の方々からも意見をうかがい、それらをもとに、「安全」、「存在意義」、「お客様」、「技術・技能」、「社員」、「社会的責任」の六項目から成る「企業理念」を制定しました。

また、「安全憲章」についても、事故を決して忘れることなく、最大の使命である安全の確保に向けて、社員一人ひとりが具体的行動を起こせるよう、あわせて制定しました。

見直しにあたっては、「お客様の安全の確保」、「異常時における意識と具体的行動」、「福知山線列車事故の風化防止」の三点にこだわって検討を重ねました。

当社では、「企業理念」と「安全憲章」のもと、全社員が心を一つにし、新たなJR西日本を築き上げてまいります。

企業理念

1. 私たちは、お客様のかけがえのない尊い命をお預かりしている責任を自覚し、安全第一を積み重ね、お客様から安心、信頼していただける鉄道を築き上げます。
2. 私たちは、鉄道事業を核に、お客様の暮らしをサポートし、将来にわたり持続的な発展を図ることにより、お客様、株主、社員とその家族の期待に応えます。
3. 私たちは、お客様との出会いを大切にし、お客様の視点で考え、お客様に満足いただける快適なサービスを提供します。
4. 私たちは、グループ会社とともに、日々の研鑽により技術・技能を高め、常に品質の向上を図ります。
5. 私たちは、相互に理解を深めるとともに、一人ひとりを尊重し、働きがいと誇りの持てる企業づくりを進めます。
6. 私たちは、法令の精神に則り、誠実かつ公正に行動するとともに、企業倫理の向上に努めることにより、地域、社会から信頼される企業となることを目指します。

安全憲章

私たちは、2005年4月25日に発生させた列車事故を決して忘れず、お客様のかけがえのない尊い命をお預かりしている責任を自覚し、安全の確保にこそ最大の使命であるとの決意のもと、安全憲章を定めます。

1. 安全の確保は、規程の理解と遵守、執務の厳正および技術・技能の向上にはじまり、不断の努力によって築きあげられる。
2. 安全の確保に最も大切な行動は、基本動作の実行、確認の励行および連絡の徹底である。
3. 安全の確保のためには、組織や職責をこえて一致協力しなければならない。
4. 判断に迷ったときは、最も安全と認められる行動をとらなければならない。
5. 事故が発生した場合には、併発事故の阻止とお客様の救護がすべてに優先する。

図 6.3　JR 西日本的“信赖和内心安宁”系列宣传海报第一“卷”

JR西日本

さらに「安心」「信頼」して いただくために

vol.2 ATS(自動列車停止装置)の 機能向上

ATSとは…

列車を「安全」に走らせるための設備のことです。

ATSとは「自動列車停止装置」(Automatic Train Stop device)のことであり、列車が停止信号に接近すると、地上からの制御情報により運転室内に警報ベルを鳴らして運転士に注意を促したり、自動的にブレーキを動作させて、列車を停止信号の手前に停止させる装置です。

このATSに速度チェック機能を付加したものとして、ATS-SWとATS-Pがあります。

ATS-SWとは…

ATSに速度測定機能を付加したものであり、停止信号のほかにカーブやポイント、行き止まり線の手前で列車の速度をチェックし、制限速度を超えるおそれのある時に非常ブレーキを動作させ列車を止める機能を有しているものです。

当社では、「安全性向上計画」の取り組みの一環として、曲線用ATS-SW(速度測定機能付)やATS-Pを、1,234箇所の曲線に設置し、使用を開始いたしました。
引き続き、ポイント、行き止まり線に対して機能するATS-SWの設置に最優先で取り組んでおります。

	設置箇所数 (全線区対象)	整備時期
カーブ	1,234箇所	平成17年度整備完了
ポイント	約1,100箇所	平成18年度末をめどに整備
行き止まり線	約50箇所	

ATS-Pとは…

停止信号のみならず、カーブやポイント、行き止まり線において、列車の速度を常にチェックし、制限速度を超えるおそれのある時は、自動的にブレーキを動作させ制限速度以下に減速させる機能を有しているものです。
アーバンネットワークの列車本数の多い線区で整備を進めています。

ATS-Pについても、設置区間の拡大に向けて取り組んでおります。

図 6.4 JR 西日本的"信頼和内心安宁"系列宣传海报第二"卷"

通勤梦魇

JR西日本的海报中突出的一点就是他们使用了"信赖"（信赖）一词表示信任。在任何语言文化中，信赖都是一个复杂的词。在日语中，其复杂性源于第二个词—"信用"（信用）。两个词都使用了同样的汉字——"信"，意思是"真理"或"信仰"。术语的区别源于第二个汉字。尽管在"信赖"中第二个汉字意为"依赖，取决于"（頼る）或"要求"（頼む），第二个汉字在"信用"中的意思是"使用"（用を持ちる）。第二个汉字的不同使两个词表达的意思有细微差别，但也表明了恰当的使用语境。用"信赖"（JR西日本使用的术语）来表示信任，强调的是关系过程（relational processes），而非结果。它指一种信任感，这种信任感源自具体关系中的重要构成。换句话说，"信赖"需要面对，以甘愿、开放和准备就绪为先决条件的相互依赖来维持关系。比如，如果我说我信赖某个人，我的关注点不是想通过我们的关系完成特定目标，而是关注一种感觉，一种他们接纳我们这段感情的建立过程的感觉。"内心的安宁"是可信赖的影响，可能在感情中得到发展。[43] 相反，"信用"一词则更多指一所机构或一件事物的可信性和可靠性。为传递其工具性含义，"信用"将重点放在积极结果上。"信用"可被用来描述某人的可靠性，强调关系功能，因此不像"信赖"表示信任的一个特征，它不需要面对。"信用"习以为常的客观特征使得它与理性信任变得相似，贝克和吉登斯认为这种理性信任是"风险社会"中信任关系的特征。

JR西日本在其海报中似乎将"信赖"和"信用"这两个词混为一谈。它宣称希望"赢得"通勤者信赖，表达出试图在表面上与社区建立相互依赖关系的意愿。但海报却传达给通勤者一种习以为常的客观信用形式，这一信用形式取决于技术专业知识、维修列车线路上的技术问题以及组织漏洞修补。换言之，JR西日本表达建立信任的姿态是单向的。该公司制定新的安全措施作为对上述策略的实施，来试图证明自己是一家值得信赖的公司。与此同时，海报体现出一种说教式口吻，暗示JR西日本认为：作为一家权威机构，其安全措施和承诺毫无疑问应该被全盘接受。尽管JR西日本表达了他们试图"赢得"通勤者信任的决心，但其海报却在试图规避建立信任的过程，而不是庄严宣布JR西日本应该被信任。如此一来，海报表现出公司的推测，即现实应该与政策相符合，通过坚强的意志，从而再现JR西日本车下（再）教育培训这一有问题的处理方式。最后，就海报描述JR西日本为完成安全操作做出的努力而言，他们远不能保证安全。他们的言外之意就是可以降低风险，但无法消除风险。因此，安全应该被视为一种风险评估问题，它所带有的假设是：大多数（但不是全部）事故都能被预测并预防。

总之，JR西日本将追求重建信任作为一项品牌活动，活动中，安全被视为商品。该公司将信任具体化，使其仅具有工具价值。如果海报有什么正面价值的话，那就在于它们产生的教学效果。尽管在这一方面，它们只是继续了日本媒体从分析事故背后的多种原因开始的教育过程。事发之前，大部分通勤者可能无法解释不同交通—控制机制之间的区别。然而，事发后的几个月里，经过来自媒体不计其数的曝光剖析，通勤者社区已经通晓一定的铁路知识，能够分析自动停车装置、自动停车保护装置（Automatic

Train Stop-Protection，ATS-P）和自动停车监控装置（Automatic Train Stop-Supervision，ATS-S）之间的区别。

断　裂

　　JR 西日本和通勤社区之间的关系在 JR 福知山线出轨事故发生后变得日益紧张。这种张力源自双方解决间隙的不同方法。JR 西日本想对事故避而不谈。在鉴定该事故源自人为错误后，JR 西日本试图关闭间隙，继续提供服务。然而，社区却不打算这么做。社区认为，事故原因复杂且不明晰，根植于文化、技术、政治因素，因此仅 90 秒的延迟就夺去了 106 条生命。他们认为，间隙是个问题空间，而不是亟待解决的问题。然而，它引发了社区成员对社会变革的探索和反思。除 JR 西日本给出的回答外，该社区经常由 4·25 网络牵头与公司进行交涉。JR 西日本依旧固守己位，不愿参与其中。该公司与社区之间的断裂氛围所引发的结果在事发一周年的纪念活动上尤为显著。

　　事故一周年纪念于上午 9 时 18 分开始，人们聚集在事发点集体默哀一分钟。大多数参与者似乎都是上班途中的普通通勤者，有男有女。一年来，列车与公寓楼相撞的地方已被用临时覆盖着白色塑料的脚手架分成几个部分。人们也搭建了一个有着铝顶和滑动百叶窗的简易场所作为纪念厅，里面放着鲜花和香炉。任何一个工作日，你都会看到游客在这里耐心地排队以示敬意的身影。在一周年纪念日的那天上午，队伍不同寻常地长，一直排到事发现场。尽管人数众多，整体氛围还是很压抑，人们围着轨道静静地排队等待着。上午9时18分，仪式正式开始，人们都低下头默哀一分钟，时不时会有深沉而稳定的钟声从附近神社传来。现场也有很多记者，在这一分钟里，全都是按相机快门的咔嗒声。一些媒体工作人员甚至准备了工业悬臂起重机（或载式吊车），其长长的液压悬臂高高地悬挂在列车轨道和人群上空，在北风中摇摆，使得原本的晴朗天气变得莫名寒冷。

在事故一周年纪念前夕，我与JR总连（最大的铁路工会之一）的一名成员交谈过。那名成员是当天在尼崎站附近发传单的一名工会成员，传单上有次日的主要罢工计划。传单列举了工会对JR西日本的不满，并说明该公司并未执行更为宽松的列车铺画运行图，也没有向接受车下（再）教育培训的员工道歉，而且继续使用缺乏安全机制的轨道和列车。递给我传单的人是一位看上去很瘦弱的年轻男士，他是工会代表，看起来即使不算激动至少也很兴奋。他告诉我此次罢工事件意义重大，媒体将会对其进行全方位报道。

第二天，活动现场并没有JR总连的标志或者传单上暗示的对抗性氛围。但也没有JR西日本和社区之间合作或对话的标志。这两个集体解决间隙和信任问题冲突的方法间的张力已经加深，这明显体现在他们各自为当天的纪念和哀悼活动所做的计划中。尽管JR西日本依旧通过悲伤和纪念的套话措辞来维持其专断、冷漠的立场，但社区一直在寻求表达。尽管似乎有些杂乱无章，但社区成员致力于探索反思和沟通的不同方式。这一方法上的差异体现在JR西日本和社区组织的纪念活动的脱节现象中，这些活动在

通勤梦魇

宝塚和尼崎之间的主要站点举行。

JR西日本在每个站点都设立了签到处，在日后的官方追悼会上，这将被展示给受害者和遇难者家属。一张大大的立牌，上面写着"JR福知山线出轨事故纪念服务处"，签到处由一张盖着白布的桌子和两把折叠椅组成，以便人们签名时使用。两个JR西日本的员工身穿黑色服装，头微微低着，双手合十，站在桌子前面，看起来十分庄重。虽然他们时刻准备着帮助那些有需要的人进行签到，但不会跟他们有任何交流。那天的大部分时间里，都有一小拨人在签到处安静地排队等待签到。

从某种意义上来说，JR西日本为人们提供签到处并没有什么不同寻常之处，当然也不具有对抗性。从另一种意义来说，这也正是问题所在。JR西日本按照纪念和哀悼惯例，试图帮助关闭间隙。相反，社区想保持间隙。没有什么能比那天标语上的话让人印象深刻——"永生不忘4·25"。社区成员为那天计划的活动拒绝既定的悼念模式，想要通过开放式的对话来探索间隙的不确定性边际，这一对话未设定目标。这些活动是对集体表达的诉求，比如"相聚演唱会"。演唱会上，人们被邀请按照志愿者分发的歌谱一起唱歌。社区志愿者也在宝塚和尼崎之间的5个主要站点设立了留言板。手绘留言板被称为"蓝天留言板"，高不足6英尺（约1.8米）、宽3英尺（约0.9米）。有时候，JR西日本的签到处通常与留言板相距不过几英尺，但它们似乎来自截然不同的两个世界。每组留言板都以白色鸽子为主题，背景为宁静的蓝色，板上有用黑笔写就的日英双语的词语——"时间""众多""爱""遗憾""相遇""友情"和"对话"。

图 6.5　签到处的 JR 西日本的员工

图 6.6　通勤者在"蓝天留言板"上留言

通勤梦魇

这些词散落在留言板上，作为定义松散的信息提示，尽管人们可以想象这些词之间的联系，但明显具有不确定性。它们的目的似乎是提供一个最小叙事框架作为丰富的点阵，让关于悲伤的表达浮现，甚至解释为何（而非如何）一次普通通勤却以惨痛悲剧结尾。它通过填满广阔蓝天与单词之间的空隙，为参与者提供连接。志愿者手持黑色钢笔站在一旁，也随时准备鼓励他们这样做。那天清晨，在前往事故发生点的路上，我第一次经过伊丹站的留言板，留言板上的信息很少，周围的氛围也是安静的。那天上午我返回的时候，留言板的氛围就变得有活力起来，个体通勤者停下来，快速阅读那些潦草写上去的信息，那些信息几乎覆盖了整个代表蓝天的区域。

纪念仪式：借助间隙思考

社区组织了一整天的活动来纪念JR福知山线出轨事故一周年，这表明JR西日本没能赢回通勤者的信任。但直到晚上的公众纪念仪式，该问题才被明确提出。表面上，仪式是社区表达团结一致的机会。该仪式由4·25网络组织，在尼崎文化中心（Amagasaki Cultural Center）举办，对公众开放，定于下午6时30分开始，持续两个小时。下午5时30分，班车每隔10分钟从近尼崎站发车，将参会者载往文化中心入口处，在那里，一队身着黑色服装、带有官方胸针或袖章的工作人员指引参会者入场。下午6时30分仪式准时开始，剧场里挤满了人，远远超过了其600人的容量，没有座位的人就坐在台阶上，或是靠墙站着。各大媒体记者占据了观众席的最后一排，在一排三脚架照相机的后面。在节目暂停或演讲间隔的歌曲声中，人们不断地进进出出。

两位在事故中失去了家人的男士在讲话中提到信任问题。第一位发言人叫篠原慎一，人至中年。在事发前14天，他的儿子拓也刚开始到大阪电气通讯大学（Osaka Electro-Communication University）上学。拓也的遗体是在脱轨列车的第二节车厢里找到的，这节车厢被挤成"く"形状，停在公寓楼一侧。第二位发言人叫浅野弥三一，年纪稍大一些，头发花白，戴着银色边框眼镜。他的妻子和妹妹在该场事故中丧生，女儿也在事故中受了重伤。一年过去了，女儿依旧在做身体复健。这两位男士一边细数令他们心痛的损失，一边强忍泪水，保持冷静。观众显然被感动了——昏暗的礼堂中，抽噎声越来越大，我身旁的女士开始哭泣。这样的情感触动似乎在仪式策划者的意料之中，因为每段演讲结束后，都会有来自业余爱好者和专业歌手的令人振奋的音乐表演，它具有潜在功效——可以有效地将意料之中感同身受的观众从极度的悲伤中拉回现实，这显然也是媒体翘首以待的。每当篠原或浅野开始失去冷静，后排站着的记者都会举起相机一通乱拍。

尽管其他事故受害者的表演和讲述未对JR西日本进行指责，但篠原和浅野抓住机会表达了严厉的批评，特别针对其为恢复通勤社区信任所做的努力，该公司在这方面并不太成功。尽管两位男士似乎都是在读演讲稿，但他们各自演讲的内容很多都是杂乱无章的，这体现出他们心烦意乱的心理状态。结果是情感大于论争。要不是我记录下整个仪式，我想我可能根本不会理会他们的演讲，因为内容虽然都是高尚的，但效果并不太好。只有通过无数次回放录音，我才明白他们的演讲其实是对以下问题最初的阐释：试图不把事故看作人为错误的实例，而是对质疑技术－社会环境下的信任特质的刺激，这意味着什么？

道歉之余

　　篠原站在舞台中央的聚光灯下，拿着一张 A4 纸大小的演讲稿，双手颤抖。他以事故当天他和妻子的所作所为葬送了儿子生命开始演讲，接着是对儿子的各种回忆，这使得他认为自己这个父亲当得很失败，非常遗憾、悔恨。然而，演讲到大约一半的时候，篠原开始转向似乎是其演讲最核心也最为迫切的问题——"为什么我的儿子必须为 JR 西日本 90 秒钟的延迟付出生命代价？"他讲到儿子从小就对列车是否准时到达毫不关心，但却是真心实意地喜欢列车，这凸显出这场事故残酷的讽刺意味。毫无疑问，这一形象引起了观众席中其他父母的共鸣。篠原说儿子两三岁的时候，他每周都会带着儿子去伊丹站，只是看着来来往往的 JR 西日本的列车，儿子就会兴奋不已。篠原悲痛地说道："谁又能想到他竟然丧生在列车上？我们从未想过告诉孩子们乘车时要小心，别去第一节车厢，JR 西日本背叛了我们的信任，也背叛了社区的信任，已然犯下滔天大罪。"似乎为描述犯罪等级，篠原大声地讲述儿子被夺走的未来，想象将会和儿子结婚的女孩、婚礼上要招待的客人、要抚养的孩子。篠原断言，仅仅通过客套的道歉和海报活动是不能恢复通勤者的信任的。他们真正需要的是一些史无前例的举措："我们希望JR西日本能摆脱规章制度的束缚，采取强有力的行动——承认自己做了一件很可怕的事情，一件匪夷所思的、可怕的事情。"[44]

从语义上讲，道歉表示承认做错事。然而，关于要求对摆脱规章制度约束的回应，篠原要的显然不只是一封道歉信（无论它更为真诚还是套话更少），而是JR西日本目前为止完全没有表达的一些东西。虽然JR西日本的社长一次又一次地跪在地上磕头，并表示："真的万分抱歉。"但公司未曾祈求过事故受害者和社区的原谅。日本人道歉时或许经常使用以下措辞：特此致歉（お詫び申し上げます）、道歉（謝ります）、很抱歉（申し訳ないです）、谢罪（謝罪します）和对不起（ごめんなさい）。在某种程度上，进行所谓的并非为道歉而道歉时可能会使用这些措辞。它们已经成为国家的每周丑闻，也成为公司社长或国家部长在一排排闪光的照相机面前跪卧在地这样铺天盖地的俗套照片的标题。如果真有什么人们不怎么经常听到的话，那就是"请宽恕我吧"（許してください）。

这种在道歉和请求原谅之间的区别至关重要。请求原谅是对绝对过失的内在承认。[45]也就是说，如果某人请求你的原谅，那么他就要对这件事以及其意图负责。道歉并不意味着他有同等程度的罪责。人们可以为很多事情道歉，包括与其无关的事情。比如，我可能会说："听到你生病的消息，我很抱歉。"但那并不意味着我需要为你的病负责。一个人为行为或条件道歉，而非意图。如果将请求原谅假定为道德过失，那道歉就是给他为协商罪责程度留有余

通勤梦魇

地。道歉可能是某种不可控因素或某种不可抗力可能带来的结果。

此外，请求原谅和因此假定为某事负有绝对和道德的责任时，某人的命运掌握在那些被伤害或被冤枉的人的手中。请求原谅就是请求被你伤害的人重新接纳你进入他们的世界，当时你可能并不值得他这样做。这样的空间本身并不能构成信任。它是一种空虚、一个占位符，是重新开始一段关系的可能性条件，信任必须从这种关系中被轻轻引出。篠原讲话的一部分感染力就源自这种事实——在一定程度上，他是在表达希望 JR 西日本请求原谅，在观众面前的演讲也是在请求儿子的原谅。演讲的最后，这一点变得清晰，因为篠原通过他的生活变化来收尾——"等待死亡，等着再见儿子的机会，请求儿子原谅，因为在这个社会里，仅仅 90 秒的延迟就夺走了他的未来。"[46]

原　谅

篠原的演讲语气是亲密的，同时也是忏悔的。相反，浅野却试图将他的想法和内心动荡分离开来，对信任和安全进行批判性思考。浅野的演讲是仪式的最后一项内容。其后本该是合唱团表演《不要站在我的坟墓前哭泣》，预计晚上 8 时 30 分结束。然而，晚上 8 时 50 分的时候，浅野依旧在台上高谈阔论。典礼主持人在舞台边缘徘徊，就站在舞台聚光灯的圆圈之外，浅野对时间的毫不在意显然让主持人焦虑不已，但也无法打断他。

浅野的演讲是一次高尚的尝试，他试着对安全和信任问题进行结构化的批判性分析，但不幸的是，最终呈现出来的都是碎片化的、不连贯的句子。观众似乎从一开始就对浅野的困境深表同情，并愿意努力去理解，但随着演讲的超时，他们明显不耐烦了。我周围的观众都开始收拾东西，等待着离开的信号——灯亮、门开。坐在我旁边的女士，陪着她的是她十几岁的儿子，篠原演讲的时候她哭过，不到8时30分的时候，她就开始穿外套。然后她就急切地坐在座位边缘，时不时地看看时间，似乎在找机会溜出礼堂。说实话，他们的不耐烦情有可原，但也并非没有讽刺意味，因为浅野让人们去考虑建设一个对时间更宽容的社会。

尽管浅野的演讲都是碎片化和不连贯的句子，但在两个演讲中，它相对易于理解。他的观点是追求"绝对安全"，意思是完全消除的技术事故可能性。他的推理始于对"安全改善计划"（Safety Improvement Plan）和"安全验证计划"（Safety Verification Plan）的批评，这是JR西日本为赢回通勤者信任而举行的海报宣传活动中展示的内容。他认为，这些计划除了"相对安全"（相对的な安全性），再没保证其他，他向观众阐释，这意味着"不确定性和风险会带来不可避免的安全问题"。他断言，JR西日本无法提供绝对安全。社区不能简单地把自己托付给JR西日本。相反，这种情况下，社区只有积极参与思考、实践和要求安全，绝对安全才能实现。同样，浅野似乎想将仪式从纪念与哀悼活动变成对集体风险控制的批判性思考空间，或者就像他所说的"关于安全真正特质的公众讨论论坛"。他恳请观众："我希望每个人都开始将安全问题作为与自己切身相关的问题去思考，我们必须把它作为公众事务来解决，无论他们写的是'安全改进计划'还是'改

　　　　　　　　　　　　　　　　　通勤梦魇

善公司环境',我们乘客必须监管,为保证安全,我们必须进行社会监督。"[47]仿佛要模拟这种"社会监督"过程,浅野在演讲中说了很多他如何审视 JR 西日本对事故的调查。尽管 JR 西日本聚焦于人为错误,但浅野将注意力放在了列车铺画运行图余裕不足的问题上。

在呼吁对风险进行社会监督这一方面,浅野在一定程度上回应了希拉·贾萨诺夫在一篇文章中提到的风险民主治理,这篇文章主要讲组织失误,这些失误影响了地方和国际对 2004 年印度洋海啸和 2005 年新奥尔良卡特里娜飓风的回应。贾萨诺夫呼吁从风险管理转型到风险治理。尽管风险管理将风险分配给不同领域的专家和技术人员,由他们对其概率和可接受水平进行理性计算,但就像贾萨诺夫设想的那样,风险治理试图理解和介入产生风险和灾难的社会政治环境。[48]社会风险治理使风险成为社会和政治的表征过程。如此一来,它反对贝克风险社会中的潜在主题——无论是由专家还是精通自反式现代性的科学的人来管理,都只能通过理性力量来降低风险。

浅野提出的风险社会监督的概念与贾萨诺夫的观点最大的分歧,就在于贾萨诺夫在承诺"绝对安全"方面犹豫不决。贾萨诺夫认为,风险民主治理可能"促进发现和创新",也可以考虑不同民众和文化的不同需求,但无法改变一个事实,那就是"零风险是不可能达到的理想状态"。[49]或许浅野感觉到了观众在那个时候逐渐增加的不耐烦,故而没有阐述绝对安全概念。由于他不断地重复社会、技术、组织和心理条件,但并未点明它们之间的逻辑关系,这使得他的概念性表述变得难以理解。几年后,我再次听了他的演讲录音，阅读了一些关于他参与的事故学习会议的报告后，这一点才逐渐清晰起来——他试图阐明风险和安全问题，并将其作为人类－机器系统批判性的干预。我将在下一节重新讨论风险的批判性介入和报告。与此同时，我也想将回到浅野的结语，在他说到这里时，他不仅呼应了篠原演讲中出现的原谅概念，也想到了另一位并未出席本场仪式的事故受害者父亲。

浅野结束演讲时，首先感谢了观众的耐心聆听。最后，他表示只有通过实现绝对安全，社区才能使"106 位逝者"的灵魂安息，接着他停顿了片刻，纠正为"107 位逝者"以包括 23 岁的列车司机高见，因为他的灵魂也需要得到抚慰。[50] 这一微小的修正意义重大。在举行纪念仪式之前，JR 西日本向事故受害者和遇难者家人发放问卷——伤亡人数是否应该加上列车司机。大部分人的回答是"不应该"，当天所有的官方通知和仪式上都用的是"106 位逝者"而非"107 位逝者"。当然，JR 西日本主动提出排除高见，实际上是含蓄地将对列车脱轨的责任几乎全推到 23 岁的新手司机头上。社区成员理解这一行为，他们也意识到这并不公平。出乎意料地，与我交谈的每个人都认为高见只需要为本次事故负部分责任，认为他也是 JR 西日本虐待行为和无情制度的受害者。但将其排除在受害者名单之外，这表明他们还无法原谅他。毫无疑问，浅野将高见算为受害者的这一修正惹恼了一些观众。但通过接受司机也是一名受害者，浅野愿意原谅并在社区中接纳高见，尽管他可能并不值得这样的同情。这样一来，浅野颠倒了请求原谅的过程，让自己承担起了宽恕的责任，从而为信任关系的出现创造了空间，同时也促使了社区这样做。

浅野并未原谅 JR 西日本，而是原谅了列车司机。然而，对四家庆次郎（Shike Keijiro，音译）来说那不是重点，他的儿子贵志（Takashi，音译）读了四年大学，当时正乘坐第二节车厢准备参加招聘会，结果不幸丧生于此。四家是个公务员，和我的岳父一样，都在大阪市中心之外的市政厅工作，直到现在，他们依然保持着联系。和美香一样，我也是通过我的岳父岳母认识他的。在一个周日的早晨，我和四家坐在餐桌前等着一份寿司，那是我的岳母有先见之明地在几天前就订好的，这时候我的岳父岳母和我的妻子也坐了过来。遗憾的是，当寿司到了之后，每个人似乎都没胃口了。我们谈话期间，米饭上发光的鱼肉原样放在有着金色精致图案的黑色漆盘上。后来，他离开的时候，我岳母坚持让他把整盘寿司带回家。

　　出于对我岳父岳母的尊重（因为他们不遗余力地安排我们的谈话）和对四家的尊重，我并未对整个访谈进行录音。尽管我确定他不会反对我对谈话录音，但我对于向他请求这种事觉得不自在。回想起来，我后悔当时没有征求他的同意并录音，因为我的笔记非常不具有说服力。与此同时，我有一种负罪感——请求一位痛失爱子的男士为我的调研接受访谈，而且研究的核心问题依旧不清不楚，这似乎是残酷的机会主义。因此，无论桌子上的录音器多么微小，都只会放大我的负罪感，让我感觉自己是在侵入别人的悲痛。结果证明，我是杞人忧天了，因为四家在讲述的时候很平静。

　　四家解释说贵志几乎从不乘坐福知山线。但那天的招聘会对他至关重要，为此他还特意买了套新西装。它并不贵，是新入职的职员或找工作的人都会穿的那种。他的母亲在那天早晨他出门前帮他整理了领带，那是她最后一次看到儿子。

事故发生后，JR 西日本不允许四家夫妇探望儿子的遗体，称其处在无法察看的状态。于是，四家夫妇只是通过拍立得拍的脚部照片确认了儿子的遗体，之后则只是通过 DNA 进行确认。他们没收到儿子的遗体，但收到了儿子的遗物——公文包、手机和 MP3 播放器。他们也收到了他的新西服，上面全是血。儿子生前最后一张照片被列车站台上的一个摄像头拍下来了，但四家夫妇直到 6 个月后才敢看它。同样，儿子的衣服几个月来也一直没有洗，血迹斑斑地放在那里，他们用它来替代从未看到的儿子的遗体。

不同于篠原和浅野，四家夫妇不接受媒体采访，也不参加纪念仪式这样的公众活动。他们没加入 4·25 网络，也没加入其他任何组织。与其他事故伤者或遇难者的家属不同，四家对 JR 西日本几乎没有非常严厉的批评。他说他不明白批评公司有什么意义，因为这也无法使儿子起死回生。相反，他和妻子希望能够开始原谅 JR 西日本。这并不是源于任何宗教信仰，而是源于他们的公民责任感。他们希望或者说需要将自己再次托付给 JR 西日本。为此，四家夫妇将儿子的西装（他们所保存的儿子的遗物之一）寄给 JR 西日本，他们要求该公司在一年一度的培训研讨会上将这件"礼物"展示给员工并讲述儿子的故事，目的是让员工深刻意识到列车上所承载的生命之宝贵并肩负起对社区的责任。作为回报，JR 西日本将安全研讨会的视频送给了四家夫妇，也就是那天早上四家展示给我们的那段视频。视频中，教室里前面的讲台上陈列着他们儿子的衣服，该公司的新员工坐在一排桌子旁听着故事。故事里，一个穿着新衣服的年轻人急切地登上列车，准备去参加招聘会。[51]

4·25 网络调查小组

浅野原谅司机和四家原谅 JR 西日本，明显是出于实现列车更高安全性的务实考虑。这种实际感性并不能减小其行为的意义，因为他们试图为信任的出现制造机会。JR 西日本认为，如果请求社区原谅意味着让社区重新接纳他们，那浅野和四家则是通过主动原谅 JR 西日本迫使公司承认他们是信任过程中互相信赖的同伴。

2011 年由 4·25 网络调查小组发布的一篇报告也同样表现出相似的姿态，其题目格外长——《福知山线出轨事件研究小组报告：事故结构和组织问题阐释以及安全重建途径》。[52] 该报告是 4·25 网络在事故发生五年后提出的一项倡议的成果，体现出集体为创造与 JR 西日本的对话空间做出的和解，并以此作为信任前提。该倡议形成的部分原因是：2009 年 JR 西日本时任社长山崎和航空铁路事故调查委员会成员在关于 JR 福知山线出轨事件的官方调查中用邮件和电话进行了联系。这一事件的曝光逐渐使社区对山崎接管 JR 西日本之时所做的承诺（提高安全性，并进行重大的结构和组织改革）失去信心。但总的来说，缺乏真正结局的普遍感觉和经久不衰的问题一直萦绕在 4·25 网络成员心间，这些问题就是：为什么会发生事故？为什么他们爱着的人不得不离开？

本质相同的单一事件被分为以上两个不同问题，这体现出一种和解途径，这种途径指导着 4·25 网络与 JR 西日本进行互动，同时也反映在报告的字里行间。正如报告作者解释的那样，出于安全考虑探寻事故真相，4·25 网络建议 JR 西日本撤销 2009 年 9 月的责任议题，目的是成立一个调查小组从而使受害者亲属和 JR 西日本能够进行对话。JR 西日本同意这一想法后（7 个月后）举办了一个讨论会，旨在明确公司的组织和结构问题，将重点放在车下（再）教育培训、列车铺画运行图的组成部分、自动防故障装置技术以及公司的安全管理条约等问题上。在报告的前言部分，其作者阐明了讨论会的风险与挑战："这种公司和遇难者家属之间面对面的交流在我国事故历史上是第一次发生。双方都需要找到一个重新开始讨论的方法，同时承认相互冲突的立场和不同观点，以便双方都能正视事故。遇难者亲属需要保持镇定，JR 西日本也需要表现出诚意。相互尊重对有逻辑地提炼、解决问题来说是不可或缺的。"[53] 似乎 JR 西日本和 4·25 网络成员都信守承诺——在报告结尾处，笔者表扬了 JR 西日本参会时的诚意。对他们来说，整篇文章，笔者显然煞费苦心地从法律角度展示 JR 西日本在事故调查最初阶段的复杂立场，同时谨慎地使用无过错的中性语言，有时甚至还会不惜牺牲概念的明晰度。

人类技术制度

在与 JR 西日本的对话中，4·25 网络提到的最主要的问题之

通勤梦魇

一就是其安全管理系统。他们担心这个系统仅符合现有的风险评估模式，因而只能限制却不能消除再次发生事故的可能性。换言之，他们担心该系统接受了特定风险分析范式下运作的某些认知局限——"未知的未知"（或日语中的"想定外"）。对4·25网络中的遇难者亲属来说，这个系统不够好。正如浅野在公众纪念仪式上所说的那样——除了"绝对安全"之外，别无他法。

"绝对安全"能实现吗？在试图强调列车线路的安全问题方面，4·25网络的方法只限于JR福知山线出轨事故背后的组织和结构决定因素的介入，其操作前提是事故可以通过组织来预防或者通过设计使之不复存在。[54] 如前所述，4·25网络的安全策略因此与贾萨诺夫提倡的"民主风险治理"的概念产生了密切联系，力图从集体层面介入能够产生风险和灾难的社会政治环境。篠原、浅野和四家在此方面的创新旨在借助间隙思考社会管理。因此，我想表达的是他们都假设了一个相互依存的信赖形式，这对杜绝事故至关重要。这种信赖表现出由原谅产生的空间间隙引出的关系过程，人们可以宽恕原本不可原谅的事物。

这种借助间隙的思考注意到事故的社会和组织决定因素，但仍有遗漏，即技术设备和所谓的事故预防的知识限制问题，因此也未能解决"想定外"问题。在下一节中，我将选择JR福知山线出轨事故发生后最新报告中的一篇进行探讨，报告题目为《JR西日本安全会议后续报告》（以下简称为《后续报告》）。[55] 这份长达83页的文件是研究小组的调查结果，该研究小组于2013年中召开第一次会议，在之后的两年里，他们共召开了11次会议。报告中的亮点就是该小组试图通过对人类与技术之间的信任关系特质对

"想定外"问题进行批判性思考，并试图解决该问题。此外，调查小组认为 JR 福知山线出轨事故作为一个批判性思考"想定外"问题的方式，在 2011 年福岛核泄漏事件中有所投射。4·25 网络有两名代表加入了该调查小组，浅野就是其中之一。其余的参与者，3 位是 JR 西日本的代表，3 位是专业学者，另外还有尼崎市的前市长。JR 西日本交通部部长和安全部部长也参与了这一系列会议。与 2009 年由 4·25 网络发起的调查小组相似，《后续报告》会议旨在将事故受害者与 JR 西日本集中起来，深入理解事故原因及其社会影响。然而，这些却远不如前一个调查小组的结果鼓舞人心。《后续报告》的调查者们承认，在很大程度上，会议并未达到目的。从遇难者家属的角度来看，JR 西日本并未以任何有意义的方式参与讨论，依旧固守己见，只是在不停重复自己调查中的结论和观点。

《后续报告》并没有任何关于事故的新的经验性分析。相反，它密切关注了四项主要调查的方法和结论：航空铁路事故调查委员会报告（2007 年）、4·25 网络报告（2011 年）、JR 西日本内部委员调查委员会调查期间信息泄露提案（2011 年）[56] 以及 JR 西日本安全改善计划（2005 年）[57]。

信任机器

后续报告调查小组成员于 2012 年开会讨论 JR 福知山线出轨事故时，福岛第一核电站反应堆熔毁和"想定外"问题萦绕在他们心间。[58] 由反应堆熔毁引发的接连不断的社会环境灾害，可以和 1986 年发生在苏联切尔诺贝利的核电站事故相提并论。与切尔诺贝利核电站事故一样，福岛核电站周围的社区居民也被迫疏散。6 年后，周边许多社区依旧废弃。未强制疏散地区的很多家庭和个人也因为担心核泄漏离开了家园。在接下来的几十年中，预计依旧会有轻微辐射从该地区泄露，为防止熔化的堆芯进一步分解，每天必须牺牲大面积水域。

如前所述，福岛第一核电站由东京电力公司（Tokyo Electric Power Company，简称 TEPCO）创建、经营，该公司也因其试图逃避法律惩罚和道德责任受到日本和国际社会的严厉批评。值得注意的是，东京电力公司坚持认为，核反应堆熔毁是不可预见的"想定外"自然灾害结果，因此超出了现有风险管控模型和诊断技术的计算预期。

核能被卖给日本民众，承诺经过技术专家和政府监督，能够保证绝对安全。只要看看东京电力公司在核反应堆熔毁事件之前制作的电视广告，我们就可以了解该公司是如何通过建立在专家科学和绝对可靠的理性管理上的绝对安全声明来精明地处理公众信任。反应堆熔毁暴露了信任建立的脆弱基础，揭示了核监管者和核电厂经营者之间复杂的勾结文化，这种文化导致很多明显问题多年来都未得到修正。[59] 比如：应急备用发电机被放在可能会进水的核电厂地下室；核电厂的技术员缺乏训练，对灾害—安全协议知之甚少；可能发生规模巨大（但并不是史无前例的）海啸的警告被无视。

2012 年，日本东北部的核灾难危机意识和核电厂周围的辐射水平一直居高不下，即使有机器人，东京电力公司也无法进入核电厂评估损失。此外，大量被污染的冷却水被汇集在匆忙成型的大型钢储罐中，泄漏到土地里或者海里；医生开始注意到该地区的孩子甲状腺异常的情况明显增加。然而，政府却在极力否认这些信息，并不予理睬。尽管福岛的名字和核灾难的术语从未在后续报告中出现过，但 JR 福知山线出轨事故却以分析福岛核事故的"想定外"问题的方式出现在报告中。尤其在报告最后，调查者们在对"人类和技术"（人と技术）的反思中定义技术，这被解读为试图为技术发展提供指南，以此来认识人类知识和控制的局限性：

> 广义上说，技术是为更高效、安全地实现特定目标的一种引入自然力量的人工手段，其中，自然力量包括"硬"力量（如能量和物质）和"软"力量（如自然规律、自然现象和自然的内在属性）。技术是引入自然力量的一种人工手段，自身也能根据自然规律运行。因此，它并不总是与人类社会的要求和期望相一致。从这个意义上来说，技术有着强大的自然属性。无论技术自动化程度多高，都需要人类构思、生产，不能独自运行。它取决于社会和公司决定发展哪种技术、如何使用以及要实现什么目标。就此而言，技术有着强大的社会属性（石谷 [Ishitani]，1972）。人类可以发明并使用技术，因此技术发展和使用方式深受人类意图的影响（人の意志が强く影响している）。基于该原因，在技术行为方面，将技术视为人类—技术系统（人技术システム）势在必行。[60]

该定义源于技术的标准和工具化理解，最先使人回想起19世纪德国理论学家弗朗茨·勒洛（Franz Reuleaux）的机器理论——机器作为一种将"自然的机械力"运用到人类目标实现中的手段而影响未来。[61] 后续报告调查者认为，与勒洛的机器理论相似，技术不能被简化为自然和文化的二元区分。技术由人类创造，因此是一个文化表达，但作为自然力量的媒介，它受制于自然规律，而这些规律是人类规定所不具备的。将自然与文化分开，技术呈现出一种本体论的不确定性边际，这种不确定性边际有决定性影响，那就是我们不能期待完全控制机器。机器是人类设计的产品，根据自然规律来运行，这就使得它们成为类自然产品（quasi-natural objects），因此，机器并不总会符合人类的期望和要求。报告继续说，技术不是一种自发力（也就是说它不能独自运行），意思是它与人类社会紧密相关。定义把技术归于一种特定中介，让人回想起拉图尔对行为者网络理论系统（Actor Network Theory）的阐述。与此同时，调查者通过让人类意识到技术伦理的责任——"它取决于社会和公司决定发展哪种技术、如何使用以及要实现什么目标"，超越了拉图尔关于人类与机器过程互动的阐述。结合前文论述，我们被要求这样解读该声明：它所指涉的远超技术的工具性价值。它意味着人类肩负着区分消极技术和积极技术的责任，肩负着辨别威胁和约束人类生活的技术的责任，同时也肩负着用我们能培养的互惠、伦理道德上具有凝聚力的相互依赖的技术的责任。在最后一部分，这一观点被升华，也变得复杂难懂。人只能参与技术开发，而不能成为技术的主宰。人类仅仅是涉入了技术发明而已。人类意图可能会强烈影响技术的发展和使用，但不能起决定作用，这种论述发人深省。它根除了人类几个世纪以来的幻想——通过技术革新的独特能力来控制生活和环境。而且，这种表述至关重要，因为它强调人类和机器紧密联系、相互依存。机器不是物品，也不是工具。可以说，人类和机器是合作伙伴，共同组成了一个"人类—技术系统"。这一论述除关于知识、规则或操作限制的讨论外，还承认技术处于本体论纠缠关系系统中，最好称之为"生态学系统"。因而，无法得出"人为错误"这一结论，也不存在这样的事情。任何一个错误都是人和机器相互影响的结果。论述拒绝赋予人类或机器本体论优先权，而是要求我们从相互影响（不确定性边际）方面来理解并规避灾难。

采用这种方法，调查者以唤起技术概念的方式，试图对"技术"这一术语进行去整体化处理。他们驳斥了把技术理解成纯粹工具、无价值或受人类意念支配的观点，要求理解并区分机器之间的集体特征。因此，报告中的批评不仅针对 JR 西日本，还针对了日本战后特有的人机关系。调查者根据人类与机器互动的本质反思，为技术增加了两条原则或指南：

    1. 任何机器的部署必须考虑物质属性以及机器性能的限制。

    2. 不应该部署灾难性条件下可能会反应迟钝的机器。[63]

根据这些原则，调查者从本体论问题（"什么是技术？""它们与人类社会有什么关系？"）讨论到什么样的机器可以被信任。就此而言，第二条原则最重要，正如调查者记录的那样，其重要性已隐含在第一条原则中。不应该部署灾难性条件下可能会反应迟钝的机器，从本质上说，是指应该总是运行有余裕的机器，以便维持不确定性边际。这不仅是技术安全失效问题，而且关系到机器维持与人类操作者之间的信任关系的能力。一台能够维持间隙的机器，尽管在灾难性条件下也能保持与人类操作者之间的关系，这就是一台可原谅的机器，也是一台值得信赖的机器。根据这一论述，在人机关系中，信任不再局限于心理层面。相反，它具有物质力量特征，能够形成具有凝聚力的集体。信任成为集体团结的可能性条件。它允许通过不同量级的通信系统（或环境）生成相互依赖。这个信任概念要求培养一种不同于技术的关系，以及另一种技术。

小　结

自 2010 年起，我每年夏天都会回兵库县，这就让我有了无数次乘坐 JR 福知山线列车的机会。伊丹站和尼崎站之间的列车轨道旁曾经是荒废的金属加工车间和锈迹斑斑的仓库，如今很多地方都建成了一排排的集装箱房屋，还有小型购物中心。列车曾经猛烈撞击过的公寓楼，废弃了几年后也被拆除了。列车经过弯道时，人们基本上都在玩手机或看报纸，似乎很少有人会抬起头。然而，JR 福知山线出轨事故并未从人们的记忆中消退。JR 西日本和社区成员依旧每年聚集在事发点悼念遇难者。为永远铭记这场悲剧，人们在公寓楼旁边建造了纪念物。另外，在 12 周年纪念日活动上，NHK 电视台和日本公众广播服务播放了一则特殊视频——JR 西日本司机每天早晨上班前的集会，目的是背诵公司口号来纪念 JR 福知山线出轨事故和遇难者。每年和我交谈的社区朋友和熟人都承认，JR 西日本做了很多来重新获得他们的信任，他们乘车时也觉得更安全了。不管延迟多久，列车在经过尼崎站前的弯道时，都会将时速降至 60 公里每小时，甚至更慢。

JR 福知山线出轨事故并未促进新技术的发展。除改善安全系统和停职部分人员之外，福知山线上运行的列车与 2005 年脱轨时大体上还是一样的。JR 福知山线出轨事故提供了批判性介入，允许与 JR 西日本发展不同的关系，并将通勤列车重新定义为技术。正如我试图使其明晰化，这根本不是一个容易或短暂的过程。其难度和持续时间的部分原因是 JR 西日本对自身在通勤社区中的位置和角色的不妥协。与此同时，这也是社区尝试理解事故的结果，也是对事故背后出现的责任认识不足的结果。JR 西日本和社区的不同之处在于，他们处理引发出轨事故的 90 秒钟间隙的方式截然不同。尽管该公司认为它是一次失败表现，但对社区来说，通过仔细思考 JR 西日本和通勤列车关系的意义，间隙成为一种介入媒介。 此外，间隙成为一种类比，将信任重新定义为未完成过程，是创造和维护各种各样的集体现实（无论是社区与公司之间，还是列车系统与通勤人群之间）关系的基础。在 JR 福知山线出轨事故相关讨论中，信任不能被简化为关系中的物品或财产，是取决于维持特定交互空间或间隙和调节的过程。因此，信任从一所机构、一个人或技术过程转换为必须不间断产出的特征，以便维持精力充沛的集体不确定性边际交互。JR 福知山线出轨事故与日

　　　　　　　　　　　　　　　　　　　　通勤梦魇

本历史上列车事故的不同之处在于：JR 福知山线出轨事故成功将间隙作为介入空间保持了十多年。

　　JR 福知山线出轨事故凭借其间隙成为思考技术、公司责任和信任问题的手段，这种手段因东京电力公司的福岛第一核电厂反应堆熔毁而重新出现。正如我认为的那样，《后续报告》调查者试图（重新）定义人机关系之间的信任问题，以及由 JR 福知山线出轨事故引发的似乎不可避免的技术事故本质，这显然受到福岛核熔毁中出现的不确定性和焦虑感的影响。尽管调查者从未明确指出这种联系，但他们与技术建立信任关系和对技术发展的伦理责任建立信任关系的指南，可以被解读为对东京电力公司经营的核电厂直接批评，也是对核能自身作为本来就有残缺的"人类—技术系统"的直接批评。

结　语
关于间隙的反思

我们站在垃圾旁，发射火箭到月亮上。

——皮特·西格（Pete Seeger，1919—2014），民谣歌手

　　皮特·西格这句简洁而有力的歌词至少有两种不同的诠释。其中一种可说是对技术和其现代化必然结果的明确谴责。在这种解读中，垃圾和火箭是同一问题的一部分。技术发展将火箭发往月球，但这一过程也破坏了我们的地球，让我们生活在垃圾之中无事可做，只得将目光投向星空以及采掘工业的下一目标。这种解读与普遍流行的反技术论述相一致，在人与技术、自然与机器之间形成了虚假且脆弱的对立。它断言，技术是无法前进的。我们唯一的希望是：通过本土知识的传统形式，修复与自然的关联，从而与自然环境和谐相处。

　　对西格歌词的另一种解读更为复杂，就是将垃圾和火箭理解为截然对立的讽刺关系。根据这种解读，这首歌是在问：人类社

会可以实现将人送往月球的技术，但无法为地球上的有机物提供健康环境，这怎么可能呢？这表明，问题不在技术，而在于人类和人类社会在利用（而非通过）技术实现其潜力方面的更根本的失败。如果我们遵循这种解读，西格不是在谴责技术现代性大灾难，他所指向的是由人类与技术之间的关系引发的悲剧。

对西格歌词的多种解读，与我在发展东京通勤铁路网技术学时探寻的策略产生了共鸣。我的目的是将东京通勤铁路网作为人机相互作用的集体构成来思考，以此对特定实践过程进行批判性探索，为集体生活提供新的人类学方法，我称之为机器理论。这涉及抵制一个为人们所熟知的故事，关于列车作为资本主义现代性的超合理化逻辑下的机械调节媒介。这是一种间隙理论，为机器和大规模技术性灾难提供了关键方法。它并不意味着为机器和技术集合提供一套理论框架；相反，它鼓励一种针对技术知情集体的从根本上进行实验和本体论驱动的方法，该方法始于用技术集合的不确定性边际中的物质和非物质力量进行思考。因此，机器理论不规定思考方式，只阐述在机器或技术集合的不确定性边际下，对其中出现的强度和关系进行批判性思考。

西蒙栋的技术哲学最先带给我研究机器人类学的灵感。当然，西蒙栋不是一位人类学家，他的兴趣在于哲学。他也获得了心理学学位，并学习了物理机械工程科学。[1]其核心思想是理解并探索合乎自然法则的、有机的、技术的和社会心理个性化的生成相互交织的过程。在这方面，他关心的主要问题是：事物、有机生物、技术和集体是如何形成的？它们能演进成什么？西蒙栋在高度批判资本主义和其对技术发展产生影响的同时，还主张一种总体积极向上的观点，那就是通过技术来思考集体个性化的人类潜力。要发展西蒙栋的思想——从机器人类学的角度关注东京通勤铁路网，就要在一定程度上精确理解这一概念。为做到这一点，我与一些采用其方法（将关键干预发展为技术集合）的思想家一起阅读了其作品。在这种情况下，我采取了一些人可能认为相当自由的方式，突出强调并详述了我所认为的西蒙栋集体方式中技术－伦理人类学探索的内在结构。我认为，西蒙栋提供的是一种聚焦于不确定性边际的分析倾向，并将其作为通过人机本体论纠缠形成的一种集体维度。

受最近关于提倡本体论转向的人类学材料影响，我能预料对我的批评——一些人会认为我通过借鉴西蒙栋的思想，在东京通勤铁路网阐述中强行加入非本土化理论。[2] 对此，我的第一反应是强调，强调我之所以选择西蒙栋，是因为我与列车标准运行图和实际操作运行图之间产生的间隙的"际遇"，而非出于其他任何原因。换言之，我的方法与分析方式源于自我场地的物质条件。当我受训成为一名人类学家时，我的方法也与本体论转向中的方法论规定相一致。此外，虽然我并未忽视本体论转向在人类学方面的杰出贡献，但我还是认为，坚持根据本土的理论成果介入围绕日本技术风险问题的讨论，这会忽视一代代学者的努力——他们努力使日本去特殊化，从而使其摆脱"东方"的影子。[3] 正如这些学者极力表明的那样：自 19 世纪后期（甚至更早）起，关心技术和文化的日本哲学和社会理论就已经深深融入欧洲和美国思想家的论述中，这使得人们无法分清（所谓）日本和西方（欧洲和美国）思想体系间的界限。[4] 事实上，日本学术界在与思想家（如黑格尔、康德、海德格尔和马克思）建立的对话中，就对现代社会进行了关键性探索。即使是市川昆导演这样的非学术界人物，他也阅读过思想家马克斯·韦伯的作品，而且通过阐述介入韦伯对技术合理化的批评认识自我，读者也已知晓该论点（参见第四章）。这种理智的哲学对话一直延续到今天，我与负责开发自律分散基础设施的工程师的讨论也可以证明这一点（参见第三章）。正如欧美的许多讨论一样，日本学术倾向于在包罗万象的现代性和其对文化的影响框架下处理技术问题。

从不确定性边际进行思考，可以从现代技术叙事的无层次轮廓进行技术关键探索。现代技术叙事往往采用技术史形式，技术史就是研究各种各样影响人类社会和人类经验的技术工具、机器和（或）集合的发明，以及它们的后续反馈效应。于是它转向技术决定论（这种技术决定论关注确定技术的已知转变），成为一种描述人类从前现代到现代再到后现代阶段的方式。[5] 与此同时，技术史必然赋予人类作为历史主体的本体论优先权，人类通过应用理性科学思想塑造技术客体，随着问题转向技术如何塑造社会以及技术客体如何创造技术主体，从而为存在主义焦虑和对人类能动性的丧失的关注奠定的基础。[6] 相反，本书中我遵循从不确定边际思考的方法（受西蒙栋启迪），通过操作模式起源追溯技术突现。它关注的不是人机之间的关系，而是人机在短暂稳定交互模式中产生的过程关系，这种强调过程中出现的沉淀模式的交互突现，既不是人类主体，也不是技术客体。从本体论来说，没有纯粹人类，只有一个实体，必须通过其一直／已经存在的与环境的物质过程的本体纠缠，这实体才是人类。当从不确定性边际进行

通勤梦魇

思考时，技术是工业的还是后工业的、技术的还是信息的，都没有任何影响。工业和后工业的、现代的和后代的，都只是时代限定词，与现代目的论的技术进步叙事相辅相成，即为推动经济消费而形成无尽的新奇事物。相反，重要的是机器的技术性，即机器激发出的集体潜在程度。从技术性角度来探讨技术，重点是一项技术能提供的集体特征，此处特征指的是机器或技术集合的不确定性边际的程度，以及其网状发展的配套能力。

我认为，技术本身就包含对技术伦理的考虑。尽管西蒙栋没有用这样的术语表达，但我们可以通过他关于技术的思想衡量技术的伦理特质，这与其体现出的理性演进的有机模式程度（也就是它所谓的"有机演进"）成正比。融合过程作为一个网状发展的过程，有继续个性化的潜力，因而高技术性的技术可以提供高度的集体个性化。[7] 我推测，通过技术性解决技术伦理问题时，机器或技术集合中的余裕问题应包含原谅的概念。我认为，有余裕的技术具有广阔且兼收并蓄的不确定性边际。强调技术的原谅程度使技术事故的讨论问题发生转变——从可想而知与不可思议的事故转移到信任问题。与风险治理论述相比，信任被纳入理性思维和组织中，当通过原谅视角来理解信任时，它就成为技术思维问题，朝着集体方向发展。就此而言，信任呈现出一种物质力量特征，这种特征贯穿并约束技术集合整体的连贯性。

本书一开始就声明，东京通勤铁路网的超员载荷运行是高度地方化的特定人机关系迭代，为集体生活普遍形态提供了批判性介入模式。就此而言，超员载荷运行并不是技术—社会组织的理想范例；相反，它作为一种有益于思考的集体条件被提出。其意义在于它阐明了不确定性边际作为人机之间集体生活形成过程中的强烈互动和调节的一个维度。这强调了通勤者积极适应网络节奏的外界变动，而非是顺从的机器人，但它也带来了清醒的认识，换句话说，超员载荷运行不是一项技术强加条件，而是在人机合作、投资的互动中形成的现实。一方面，超员载荷运行因此反映出人类借助技术演进的独一无二的能力，这种技术不是将人类身体和机器融合从而形成赛博格，而是人机彼此间相互影响以形成新的集体表达。另一方面，超员载荷运行表现出的人类舒服地居住在自己创造的集体条件中的能力，既不稳定，也不长久。因此，超员载荷运行体现出潜在危险。

东京通勤铁路网超员载荷运行的发展，产生了有着异常广阔不确定性边际的技术集合。20 世纪 90 年代，受自然系统中突现原则启发，交通控制系统得到发展，互联网的技术性程度也明显提高。然而，就像我强调的那样，其广阔的不确定性边际并不是必然转换为高度技术化。很难称东京通勤铁路网是道德高尚的技术集合。实际上，东京通勤铁路网蕴藏着不计其数的道德缺陷——强调极端资本主义、以适应轨道上的遗体而不中断交通服务为原则、列车被挤得水泄不通以及将性别化车厢作为男性幻想空间从而鼓励暴力对待女性通勤者。然而，本书的目的并非将东京通勤铁路网视为值得效仿的技术集合模型，而是借助它重新理解集体。

本书以福岛核电厂周围仍旧存在的核危机作为结尾，旨在表明我们正面临着未能重新定义对集体的理解的危机。自 2011 年 3 月的三重灾难（即 3·11 日本地震），学者们一直努力通过批判性介入找寻这场悲剧的意义，目的在于揭示从福岛核泄漏事件中得

通勤梦魇

到的教训。书中讨论过的 JR 福知山线出轨事故的教训，在很多方面也预示着福岛核泄漏事件中的教训。从技术性角度来看，核能很容易显现负面结果。核反应堆是绝对无情的机器。3·11 灾难发生后的最初几年里，很多日本人似乎都理解了这一信息，他们走上街头，要求国家废除核计划，这在日本是前所未有的。然而，近几年，激发这些抗议的改变意愿似乎已经衰败，但日本政府已启动了一个大型项目，通过重建概念上有缺陷的技术基础设施来恢复以前的秩序。我认为，尽管遭到环保组织和环保人士的反对，日本政府依旧开发项目的部分原因，是这些环保组织和环保人士无法提出一种足以令人想象一个全然不同的技术环境的反技术理论。环境保护论的言辞经常包含对技术的拒绝，这一技术拒绝伴随着想象中与自然失去关系的怀旧渴望。正如我在本书前面表明的那样，我们没有回头路可走。相反，如果我们希望集体生活不止于生存而是能兴盛繁荣，那我们就需要改变对技术的理解。如果我们能从重新定义通勤铁路网开始不受既定理解框架的束缚，或许还有时间重返正途。

注　释

概　述

1. 见 www.mlit.go.jp/common/001179760.pdf，第 35 页。
2. http://kikakurui.com/e/E7106–2011–01.html.
   通勤列车车厢容量由日本工业标准委员会（Japanese Industrial Standards Committee）确定。委员会以通勤者的平均体重 55 到 60 公斤为标准，规定了每名通勤者需要 430 毫米的座位空间和 0.3 米的地面空间，即每平方米空间可容纳 3 名通勤者。按东京工业大学地球生命科学系研究员拉蒙·布拉瑟（Ramon Brasser）的说法，如果我们从一个典型的人（55 到 60 公斤）的宽度为 0.4 米，深度为 0.24 米的计算开始，那么一个身体所需的绝对最小空间是 0.096 平方米（$0.4 \times 0.24 = 0.096$）。因此，只有像罐头里的沙丁鱼一样堆叠在一起，一平方米的空间才能容纳 10 个人。（见本章注 1）东京通勤铁路网的某些站点，如中央线上的中野站和新宿站之间，在早高峰时段会出现像沙丁鱼一样严重的拥堵状况。
3. 此例参 Mito, *Teikoku hassha*。
4. Tomii, *Ressha daiya no himitsu*.
5. Mito, *Teikoku hassha*; Tomii, *Ressha daiya no himitsu*. 之所以选择这样

的地方，主要是考虑到数百名铁路员工长时间聚集的后勤问题，而不是为了享受。这一进程涉及若干阶段，包括协调每个地区不同铁路线的管理人员关于通行权进行的冗长谈判。

6. Tomii, *Ressha daiya no himitsu*.

7. Eguchi, "Ressha daiya wa ikimono," *Tetsudō No Prufesshionaru*, p. 103. ——本书作者自译（如无特别说明，本书中引用的英文以外其他外文文献内容皆为作者所译）

8. Simondon, *On the Mode of Existence of Technical Objects*.

9. Jansen and Vellema, "What is Technography?"; Vannini, Hodson, and Vannini, "Toward a Technography of Everyday Life."

10. 我在这里特指探索技术的方法。例如，参见 Jensen 和 Morita 在《基础设施作为本体论实验》（"Infrastructures as Ontological Experiments"）中的"本体论实验"概念，以及 Gad、Jensen 和 Winthereik 在《实践本体论：STS 和人类学中的世界》（"Practical Ontology: Worlds in STS and Anthropology"）中的"实践本体论"概念。这两篇文章都受到，安德鲁·皮克林（Andrew Pickering）提出的"知识的表演习语"（performative idiom of knowledge）的明确启发；参见 Pickering, *The Mangle of Practice*。

11. 甚至在 20 世纪 90 年代早期，社会文化人类学家布赖恩·普法芬伯格（Bryan Pfaffenberger）还在他对技术的人类学方法的回顾中指出，人类学还没有把技术当作一个正当的研究主题来对待。Pfaffenberger, "Social Anthropology of Technology."

12. 马克·欧杰（Marc Augé）对非地域技术调解和巴黎地铁的研究是一个例外，见 Augé, *In the Metro*；Augé, *Non-Places: Introduction to an Anthropology of Supermodernity*（中译本参：《非地点：超现代性人类学导论》，牟思浩译，杭州：浙江大学出版社，2023）。尽管致力于将大型技术集合体的主题引入人类学调查的范围，欧杰并没有发展出相应的技术理论。虽然他的作品有许多创新之处，但仍停留在民族志理论的范畴内。

13. 法兰克福学派相关的重要思想家对这些担忧的阐述是最有力也最为人所知的，他们在技术方面的工作转向了技术决定论。"法兰克福学派"指的是一个智慧多元化的学者群体，他们与两次世界大战间在德国成立的法兰克福社会研究所（Frankfurt Institute for Social Research）有着某种程度的联系。在其核心人物中，最直言不讳地表达对技术担忧的是西奥多·阿多诺（Theodor W. Adorno）和马克斯·霍克海默（Max Horkheimer）。尽管瓦尔特·本雅明（Walter Benjamin）和格奥尔格·齐美尔（Georg Simmel）（这两位也与法兰克福学派有关）与阿多诺和霍克海默的立场不同，但他们倾向于主要在发展现代性理论的更大范围内处理技术问题。

14. 布鲁诺·拉图尔（Bruno Latour）的研究，特别是他对行动者网络理论（Actor Network Theory）的发展，对将人类学开放给大型技术集合体起到了重要作用。

15. Simondon, *On the Mode of Existence of Technical Objects*, p. 157.

16. Hayles, *How We Became Posthuman*; Johnston, *The Allure of Machinic Life*; Martin, "The Organizational Complex"; Mindell, *Between Human and Machine*; Pickering, *The Cybernetic Brain*.

17. Halpern, *Beautiful Data*.

18. Wiener, *The Human Use of Human Beings*. 维纳的简化方法将技术系统和社会系统视作关于一种逻辑及信息模式的同类表达。他的理论因将控制论引入构建人工智能的失败尝试而在 20 世纪 60 年代广受批判。见 Brooks, "Intelligence without Representation"; Brooks, "Intelligence without Reason"; Johnston, *The Allure of Machinic Life*。

19. Parikka, *Insect Media*, p. 141.

20. 见托马斯·拉马尔（Thomas LaMarre）对赛博格概念的批评：LaMarre, "Afterword: Humans and Machines," in Combes, *Gilbert Simondon and the Philosophy of the Transindividual*。

21. Latour, *We Have Never Been Modern*; Latour, *Reassembling the Social*.

22. Haraway, *When Species Meet*.

23. Gad, Jensen, and Winthereik, "Practical Ontology"; Morita, "The Ethnographic Machine."

24. Combes, *Gilbert Simondon and the Philosophy of the Transindividual*, p. 71.

25. Simondon, *On the Mode of Existence of Technical Objects*.

26. Fujii, "Intimate Alienation"; Hashimoto and Kuriyama, *Kindai nihon ni okeru tetsudō to jikan ishiki*; Kuriyama and Hashimoto, *Chikoku no tanjō*; Tanaka, *New Times in Modern Japan*; Noda, Katsumasa, and Eichi, *Nihon no tetsudō*; Sawa, "Nihon no tetsudō koto hajime."

27. Schivelbusch, *The Railway Journey*.（中译本参:《铁道之旅:19世纪空间与时间的工业化》,金毅译,上海:上海人民出版社,2018。）

28. 同上书,第74—75页。希弗尔布施以如下方式引用了齐美尔的观点: Georg Simmel, *Soziologie*, pp. 650–651。

29. 关于日本列车的文献,参 Nakamura, *Ressha seigyo*; Nihon kokuyū tetsudō sōsaishitsu shūshika, *Nihon kokuyū tetsudō hyakunenshi*; Noda, Katsumasa, Eichi, *Nihon no tetsudō*; Sawa, "Nihon no tetsudō koto hajime"; Watanabe and Tamura, *Ryojō 100-nen*; Kuriyama and Hashimoto, *Chikoku no tanjō*.

30. Simmel, "The Metropolis and Mental Life."

31. LaMarre, *The Anime Machine*, p. xvii.

32. Lévi-Strauss, *Totemism*.

33. LaMarre, *The Anime Machine*, p. xxvii.

34. 同上书,第 301 页。

35. Mackenzie, *Transductions*, p. 53.

36. 同上。

37. Sarti, Montanari, and Galofaro, *Morphogenesis and Individuation*.

38. 西蒙栋对"信息"一词的表述与他对"控制论"一词在可量化信号、概率和熵方面的理解大相径庭。正如托马斯·拉马尔在为缪里尔·库姆斯(Muriel Combes)关于西蒙栋的研究所作的导读中指出的那样,如果控制论给我们提供了信息论,那么西蒙栋就创造了一种信息理论(Combes, *Gilbert Simondon and the Philosophy of the Transindividual*, p. xv)。在该理论中,信息是一种不可量化的物质力量，或者如尤西·帕里卡（Jussi Parikka）所分析的那样，是"不同量级边界上变化的密集过程"（Parikka, *Insect Media*, p. 142）。

39. 关于基础设施的人类学所的挑战，参见 Larkin, "Politics and Poetics of Infrastructure"。

40. "非地点"（non-places）这一术语出自马克·欧杰的同名著作《非地点》。

41. 我对于"不确定的公众"这一术语的使用参照了米米·谢勒（Mimi Sheller）对交通和通信基础设施的"移动公众"的方法论的问题化，见 Sheller, "Mobile Publics"。

42. 人类学家以创造性的方式处理了这种方法论上的困境。最值得注意的是，布鲁诺·拉图尔的行动者网络理论试图通过描绘构成集体的人类和非人类关系来捕捉集体的复杂性，见 Latour, *Reassembling the Social*。虽然拉图尔的方法已被证明具有创造性，但它因未能处理这些关系的伦理困境而受到批评，见 Fortun, "From Latour to Late Industrialism"。相比之下，其他一些学者通过强调基础设施建设过程中出现的政治、法律和经济冲突，提出了伦理考量。参见 Chu, "When Infrastructures Attack"; Harvey and Knox, *Roads*; Anand, "Pressure"; Appel, "Walls and White Elephants"。

43. Simondon, *On the Mode of Existence of Technical Objects*, p. 157.

44. 同上。

45. 同上书，第 20 页。

46. "工薪族"是一个宽泛的术语，包含性别、阶级和种族的规范概念，出现在日本现代化历史的早期，但在最近几十年里，它的使用范围发生了重大波动。基本上，它指的是领薪水的全职日本男性白领。

47. 日本国铁最初被定名为"日本政府铁路"，二战后才改称"日本国铁"。

48. Weathers, "Reconstruction of Labor-Management Relations in Japan's National Railways"; Kasai, *Japanese National Railways*.

49. 日本铁道集团下属六家区域性客运铁路公司（JR北海道、JR中部、JR东日本、JR西日本、JR四国、JR九州），每家公司在指定的地理区域内运营，此外，集团还包括一家货运公司（JR Freight）、一所研究机构（RTRI）和一家信息系统公司（JR System）。该集团还拥有一些子公司，如东日本营销和通信公司（JEKI），负责JR东日本关东网络的广告。

50. 我在2004年春季到2006年冬季期间为这本书进行了最初的实地考察。在那段时间里，我住在东京都的西侧，东小金井附近，那里是中央线的途经之地。之后我回到了东京，从2006年底一直待到2008年夏天，我的妻子陪伴着我，她也在进行她自己的人类学田野调查。自2010年以来，我几乎每年夏天都有机会回到东京进行后续研究和采访。

51. Allison, *Precarious Japan*.

52. Alexy, "Intimate Dependence and Its Risks in Neoliberal Japan"; Lukacs, "Dreamwork."

53. Arai, *The Strange Child*.

54. Yoda, "A Roadmap to Millennial Japan."

55. Cooper, *Life as Surplus*.

56. Kainuma, *Fukushima ron*.

第一章

1. Adorno et al., *The Authoritarian Personality*.

2. Simondon, "On the Mode of Existence of Technical Objects."

3. 唐纳德·麦肯齐（Donald A. MacKenzie）和朱迪·瓦克曼（Judy Wajcman）在《技术的社会塑造》（*The Social Shaping of Technology*）的第2版中采用了技术塑造社会和社会塑造技术的后一种方法。

4. Félix Guattari, *Chaosmosis: An Ethico-aesthetic Paradigm*. Translated by Paul Bains and Julian Pefanis. 也见拉马尔对瓜塔里概念的说明：LaMarre, *The Anime Machine*。

5. Mackenzie, *Transductions*, pp. 52–53.

6. 正如阿德里安·麦肯齐所言，这种方法要求我们理解一种介于

通勤梦魇

"短暂、不稳定的事件和持久、大量复制的结构之间"的技术对象。参见 Mackenzie, *Transductions*, p. 14。

7. 与阿尔弗雷德·怀特海（Alfred Whitehead）一样，西蒙栋将这种与环境一起持续个性化的过程称为"合生"（concrescence）。

8. Mackenzie, *Transductions*. 也见上引中麦肯齐对不确定性边际的分析。

9. Simondon, *On the Mode of Existence of Technical Objects*, p. 17.

10. Deleuze and Guattari, *A Thousand Plateaus*.

11. 最广泛和详细的记录之一是由国土交通省编撰的十一卷集《日本国有铁道百年史》（『日本国有鉄道百年史』，日本国有鉄道総裁室修史課編）。

12. 也有学者将日本在"一战"期间的经济繁荣归因于其本土没有卷入战争，从而使工业得以自由发展。他引用了关于百年铁路历史的权威的 19 卷文集，指出 1914 年日本铁路运送了 1.66 亿乘客，到 1918 年这个数字已经上升到 2.45 亿。参见 Takashi Nishiyama, "War, Peace, and Nonweapons Technology"。

13. Fujii, "Intimate Alienation."

14. 这也加速了自明治时代（1868—1912）结束以来缓慢出现的居住与工作空间分离的趋势。见 Mito, *Teikoku hassha*。

15. 查莫斯·约翰逊（Chalmers Johnson）在《通产省与日本奇迹》（*Miti and the Japanese Miracle*）一书中详细描述了日本对一种集中计划模式的坚持。

16. Mito, *Teikoku hassha*, p. 123.

17. 以中央线和山手线为例，1914 年至 1919 年间，前者的客流量从平均每天 83,575 人次增加到 221,183 人次，后者的客流量从每天 101,344 人次增加到 290,014 人次。见 *Shosen denshashi kōyō*, p. 227。

18. Mito, *Teikoku hassha*, pp. 76–78. 另见当时东京主干线上的列车量数据，参 *Shosen denshashi kōyō*, pp. 58–61。

19. 其时，轨道公司开始将每趟列车的车厢数由两个增加为四个。见 Denkisha kenkyukai, *Kokutetsu densha hattatsushi*。

20. Mito, *Teikoku hassha*, pp. 76–78.

21. 同上书，第 126 页。

22. 见 *Shosen denshashi kōyō*, p. 125。

23. 同上。

24. Tsutsui, *Manufacturing Ideology*.

25. Denkisha, *Kokutetsu densha hattatsushi*. 另见 Mito, *Teikoku hassha*, p. 128。

26. Hein, "Growth Versus Success," *Postwar Japan as History*, p. 106.

27. Johnson, *Miti and the Japanese Miracle*, p. 200.

28. Yamamoto, *Technological Innovation*, p. 226. 另见 Johnson, *Miti and the Japanese Miracle*, p. 198。

29. Ivy, "Formations of Mass Culture."

30. Noda, Katsumasa, and Eichi, *Nihon no tetsudō*, p. 284.

31. Takashi, "War, Peace, and Nonweapons Technology." 通过减轻集中在列车车头的重量，并增加牵引力，将推进系统分布在整个列车的各个部分，可以提升加速和减速的效率。由于重量减轻，该系统还降低了铁路和路基的维护成本和磨损。见 Yamamoto, *Technological Innovation*。1952 年，精工公司（Seiko Corporation）推出了一款带有秒针的特别版时钟，这也有助于火车系统的合理化，这种时钟很快被火车站采用。见 Mito, *Teikoku hassha*, p. 98。

32. 三户佑子为高密度的车站提供了一个令人信服的解释。她写道，日本的现代城市继承了前现代城市的车站地形，其前现代城市是一个步行社会，而非马车社会，因为德川幕府为了遏制其藩国的军事野心，限制了有轮车辆的使用。因此，该地区的村庄、旅馆和休息设施（后来成为火车站）被相当紧密地建设起来，以适应步行社会。Mito, *Teikoku hassha*, pp. 67–69.

33. 但日本国铁的集中化尝试实际上是在 1964 年首条新干线（子弹头列车）线路开通后才展开的。见 Isamu, "Ressha shūchū seigyo sōchi (CTC) no kaihatsu."

34. *Nihon kokuyū tetsudō hyakunenshi*, p. 11.

35. Shinmura, Izuru. *Kōjien*, DVD-ROM (Tokyo: Iwanami Shoten,

通勤梦魇

2008).

36. Mito, *Teikoku hassha*, p. 173.

37. 自动检票口的起源是东京通勤铁路网技术发展的一条线索，这一点我将在后面的章节中详细说明。

38. Akira Imai, director, *Prujekuto X chōsentachi: tsūkin rasshu o taiji se yo (Project X Challengers: Let's Eradicate the Commuter Rush)*, DVD (Tokyo: NHK, 2001).

39. LeCavalier, *The Rule of Logistics*.

第二章

1. Lefebvre, *The Production of Space.*（中译本参:《空间的生产》，刘怀玉译，北京：商务印书馆，2022。）

2. 对 20 世纪初日本通勤列车车厢极具洞见的历史分析，可参 Fujii, "Intimate Alienation"。

3. 源自本书作者于 2005 年 7 月 2 日在东急涩谷蓝塔大酒店对三户佑子的采访记录。

4. 这个问题是由托马斯·拉马尔的观察得出的，他在其著作导言中引用了如下内容：速度在列车乘客的感知中引入了一个新的间隙，而这个间隙被其他形式的媒体所填补。LaMarre, *The Anime Machine.*

5. 源自本书作者于 2005 年 9 月 23 日在新宿某居酒屋对明先生的采访。

6. 源自本书作者于 2005 年 11 月 13 日在东京对美智子的采访。

7. 格奥尔格·齐美尔将这种矛盾心理与一种个人在应对都市生活难以抗拒的刺激时形成的"内在储备"相关联。参见 Simmel, "The Metropolis and Mental Life"。

8. Schivelbusch, *The Railway Journey.*

9. LaMarre, "Living between Infrastructures."

10. 源自本书作者于 2005 年 6 月 16 日在东京惠比寿对吉原美穗子（JEKI 规划与制作高级项目总监）的采访。

11. Ito, Okabe, and Matsuda, eds., *Personal, Portable, Pedestrian.*

12. 同上书，第 1 页。

13. 2007 年最畅销的小说之一，原本就是一位 21 岁的女性在通勤路上所写的一部"携带小说"（keitai novel）。见 Norimitsu Onishi, "Thumbs Race as Japan's Best Sellers Go Cellular," *New York Times*, Jan. 20, 2008, Asia Pacific Section。携带小说是手机小说的一种形式。

14. 虽然通过电脑发送的邮件可被收到，但所有来自非手机设备的邮件都可以被拦截。

15. Augé, *In the Metro*, pp. 28–30.

16. 对吉原美穗子的采访。

17. Noda Masao, *Shōsen denshashi kōyō, taishōki tetudōshi shiryō* (Nihon keizai hyoronsha, 1991), p. 253; 也见 Mito, *Teikoku hassha*, pp. 126–127。

18. Cook, "Meanings of Non-Referential Indexes," *Test & Talk* 12, p. 38.

19. Mazzarella, "Affect: What Is It Good For?"

20. 同上引，第 298—299 页。

21. 同上引，第 299—300 页。

22. 同上引，第 299 页。

23. 例子见 Buckley, "Altered States," pp. 347–372。

24. 《亲密的疏离》的作者在分析 1907 年的一篇短篇小说时提供了一个很好的例子，故事的主人公是一个中年男性通勤者，他借拥挤的火车所提供的与女性接近的机会来激发自己的性幻想。见 Fujii, "Intimate Alienation"。

25. See Horii, *Josei senyō sharyō no shakaigaku*; Steger, "Negotiating Gendered Space on Japanese Commuter Trains"; Freedman, "Commuting Gazes"; Tanaka, "Shanai kūkan to shintai gihō"; Adam and Horii, "Constructing Sexual Risk."

26. 例子见 http://chikan-g.com/schedule/。从法律上讲，性娱乐产业不等同于卖淫。后者被定义为提供性交以换取现金的服务，而前者是没有性交的性服务。自然，两者之间的界限是模糊的，至少可以说，这种区别最好被理解为一种法律上的策略，允许政府

通勤梦魇

管理卖淫并从税收中获得经济利益。

27. Freedman, *Tokyo in Transit*, p. 57.

28. 从社会学的角度看日本的女性专属车厢，见 Horii, *Josei senyō sharyō no shakaigaku*。

29. 值得注意的是，尽管与我交谈的女性通勤者中没有人分享性骚扰的经历，但我从生活在日本的外国女性朋友那里获得了许多二手资料。因此，我认为日本女性通勤者对于向男性研究人员传达她们的经历感到不舒服。此外，在没有接受过与性侵受害者交谈的正式培训的情况下，我觉得在采访女性通勤者时继续讨论这个问题是非常不道德的，而且可能对受害者有害。

30. 源自本书作者于 2005 年 9 月 10 日在吉祥寺星巴克（井之头恩赐公园入口处）对由子的采访。

31. Mito, *Teikoku Hassha*, p. 121.

32. 源子本书作者于 2004 年 11 月 17 日在东京户田公园站多托尔咖啡厅对佐藤的采访。

33. Jensen, "Multinatural Infrastructure"; Morita, "Multispecies Infrastructure."

第三章

本章所用到的一些材料也见于：Michael Fisch, "Tokyo's Commuter Train Suicides and the Society of Emergence," *Cultural Anthropology* 28, no. 2 (2013): 320–343; Michael Fisch, "Remediating Infrastructure: Tokyo's Commuter Train Network and the New Autonomy," in *Infrastructure and Social Complexity: A Routledge Companion*, edited by Penny Harvey, Casper B. Jensen, and Atsuro Morita (London: Routledge, 2016), pp. 115–127。

1. Kitahara, Kera, and Bekki, "Autonomous Decentralized Traffic Management System."

2. Fisch, "Tokyo's Commuter Train Suicides and the Society of Emergence."

3. 关于当前互联网定制化推广的杰出研究，可见 Martinez, *Chaos*

Monkeys, p. 382。对全球商品即时生产与交付的物流问题的深入探索，可见 LeCavalier, *The Rule of Logistics*。

4. 我此处的观点是基于拉马尔关于动画创作中技术优化的讨论。见 LaMarre, *The Anime Machine*, pp. 140–141。

5. Haraway, *When Species Meet*.

6. 关于"有机演进"这一术语，我借用了约翰·约翰斯顿（John Johnston）对西蒙栋概念的措辞，见 Johnston, *The Allure of Machinic Life*, p. 7。关于西蒙栋对技术进步作为有机演进的阐释，见 Simondon, *On the Mode of Existence of Technical Objects*, pp. 71–81。

7. "Technical Mentality," in Simondon, *Gilbert Simondon: Being and Technology*.

8. Cooper, *Life as Surplus*.

9. Halpern, *Beautiful Data*.

10. Schivelbusch, *The Railway Journey*.

11. Isamu, "Ressha shūchū seigyo sōchi (CTC) no kaihatsu."

12. JR 东日本的关东铁路网包含 24 条线路，其中 18 条在 2005 年已处于 ATOS 的控制之下。截止 2012 年 1 月，已有 20 条线路与 ATOS 相接，而剩余 4 条线路的接入已在计划中，见 Ito, "Development and Update of ATOS," p. 33。

13. 2005 年 11 月探访指令室时，一位 JR 东日本的职员与作者的对话。

14. 我通过 RTRI 陶瓷黏结剂喷射技术部（我在此教授英文）的一位职员认识了富井规雄，并通过他获得了参观许可。不过，我所获得的许可是有条件的，我承诺不会拍照以及透露关于设备的任何敏感细节。

15. Ito and Hideo, "Autonomous Decentralized System with Self-organizing Function."

16. Foucault, *Discipline and Punish*, p. 205.（中译本参：《规训与惩罚：监狱的诞生》，刘北成、杨远婴译，北京：生活·读书·新知三联书店，2019）

17. Foucault, *Security, Territory, Population*.（中译本参：《安全、领土与人口》，钱翰、陈晓径译，上海：上海人民出版社，2018）

18. Galloway and Thacker, *The Exploit*, p. 153.

19. 很多地方都可以找到这种论述的例子，但最明确的表述出现在关于信息社会的出色论文中，例如：William J. Mitchell, *Me++: The Cyborg Self and the Networked City* (Cambridge, MA: MIT Press, 2003)。

20. 在自律分散系统国际研讨会（International Workshop on Autonomous Decentralized Systems）或自律分散系统国际座谈会（International Symposium on Autonomous Decentralized Systems）上发表的论文，讨论并提出了该技术从工厂到货币管理系统再到铁路交通运营的各种应用。这些论文是用英文发表的。

21. 例见 Kitahara, Kera, and Bekki, "Autonomous Decentralized Traffic Management System"。

22. Mito, *Teikoku hassha*, p. 116.

23. Yamamoto, "Sekai ni hirogaru jiritsu bunsan."

24. 事实上，顾客在回转寿司店里也会点单，要求厨师料理某种特定的鱼。

25. "Infrastructure," *GlobalChange.gov*, 2016 年 6 月 18 日登入，http://nca2014.globalchange.gov/highlights/report-findings/infrastructure。

26. Graham and Marvin, *Splintering Urbanism*.

27. 一些经济学家认为，这些危机是战后凯恩斯主义政治经济和工业增长模型"内在局限性"的结果。见 Castells, *The Rise of the Network Society*。

28. Meadows et al., *The Limits to Growth*. 梅琳达·库珀对此报告有过出色的分析，我将在本章稍后部分讨论她的作品。

29. 莫里斯－铃木引用了日本计算机使用发展研究所（Japan Computer Usage Development Institute，该研究所是一个在 20 世纪 70 年代早期敦促向信息经济过渡的智库）一名成员的话，该成员在一份声明中提到了信息作为一种无污染商品的价值。

30. 同上。

31. George, *Minamata*.

32. 关于这些游行及运动的出色分析，见 Sand, *Tokyo Vernacular*; Sasaki-Uemura, "Competing Publics"。

33. Morris-Suzuki, *Beyond Computopia*, p. 57.

34. 关于此处的术语，我跟从莫里斯－铃木使用了"亲货币主义者"而非"新自由主义者"，见 see Morris-Suzuki, *A History of Japanese Economic Thought*。前者更准确地表达了受米尔顿·弗里德曼新自由主义经济理论影响的日本经济思想家的新保守主义倾向。

35. Weathers, "Reconstruction of Labor-Management Relations in Japan's National Railways," p. 624.

36. 日本电报电话公司于 1985 年私有化，比日本国有铁道的最终私有化早了两年。整个 20 世纪 70 年代和 80 年代围绕日本国有铁道重组的斗争，确实为日本电报电话公司的私有化奠定了基础。日本邮务局（Japan Postal Service Agency）的私有化进程始于 2003 年日本邮政（Japan Post）的成立。2007 年，日本邮政私有化，成立了日本邮政集团（Japan Post Group）。

37. 我在此处总结了日本国铁制度更迭过程中的许多尝试，这源自诸多文献，包括：Weathers, "Reconstruction of Labor-Management Relations in Japan's National Railways"; Ishikawa and Imashiro, *The Privatisation of Japanese National Railways*; Kasai, *Japanese National Railways*; Watanabe, "Restructuring of Japanese National Railways"。

38. Weathers, "Reconstruction of Labor-Management Relations in Japan's National Railways," p. 624.

39. 2008 年 7 月，参与了长达 20 年抗议活动的前题本国铁员工 Hirakatsu Tatsuo、Kawabata Kazuo 和 Sakai Naoaki 不辞辛苦地向我解释了私有化后国劳成员的命运，感谢他们的帮助。

40. 大卫·哈维（David Harvey）提供了该时期财政状况的简史，见 Harvey, *A Brief History of Neoliberalism*。

41. Takeuchi, "Seimei ni manabu"；Yamamoto, "Sekai ni hirogaru jiritsu bunsan."

42. NHK 电视台的《X 项目》纪录片中关于首部电子检票闸口的部分（第一章）提到每分钟最大通过人数为 88。

43. Gleick, *The Information*.

44. Gleick, *Chaos*, p. 216.

45. 战后控制论的核心人物罗斯·艾什比（Ross Ashby）于 1947 年提出了首个关于自组织系统的数学证明，见 Ashby, "Principles of the Self Organizing Dynamic System"。按约翰·约翰斯顿的说法，我们可以发现艾什比的概念后来被计算机科学家用来发展人工生命。

46. Ziman, *Technological Innovation as an Evolutionary Process*, 转引自 Johnston, *The Allure of Machinic Life*.

47. Parikka, *Insect Media*.

48. Langton, ed. *Artificial Life*.

49. Brooks, "Intelligence without Representation."

50. 同上引，第 157 页。

51. 同上引，第 145 页。

52. Lin, *Kenzo Tange and the Metabolist Movement*.

53. 关于控制论对代谢运动之影响的解释，见 Wigley, "Network Fever"。

54. Dawkins, *The Selfish Gene*; G. J. V. Nossal, *Antibodies and Immunity*.

55. 见约翰斯顿对于克斯屈尔所定义的"新人工智能"的讨论。Johnston, *The Allure of Machinic Life*, p. 347.

56. 同上；Cooper, *Life as Surplus*。需要注意的是，库珀将"混乱的边缘"一词归功于斯图尔特·考夫曼，而约翰斯顿则将其与克里斯托弗·兰顿联系在一起。约翰斯顿致力于对人工生命项目进行详尽的分析，我选择跟从他的解读，将这个术语与兰顿联系起来。

57. Miyamoto et al., "Autonomous Decentralized Control and Its Application to the Rapid Transit System." 该系统是为神户市

12 公里的地铁系统开发的。HAL 代表"和谐、自治和地方"（Harmonious, Autonomous, and Localities）。

58. Cooper, *Life as Surplus*, pp. 43–44.

59. Hardt and Negri, *Multitude*.

60. Cooper, *Life as Surplus*, p. 19.

61. Egami, "Idō to seikatsu ni okeru aratana kachi no kōzō wo mezashite—kachi・kaiteki・kukan no kōzō."

62. Deleuze, "Postscript on the Societies of Control."

63. 一份 JR 东日本的报告称，自 2012 年 3 月 31 日至 2013 年 3 月 31 日，使用中的 SUICA 卡的数量已由 3888 万张增至 4247 万张。见 JR East, "Review of Operations: Non-Transportation," 2013 Annual Report, www.jreast.co.jp/e/investor/ar/2013/pdf/ar_2013_10.pdf; and JR East, "Review of Operations: Non-Transportation —SUICA," 2012 Annual Report, www.jreast.co.jp/e/investor/ar/2012/pdf/ar_2012_10.pdf.

64. Egami, "Idō to seikatsu ni okeru aratana kachi no kōzō wo mezashite—kachi・kaiteki・kukan no kōzō."

65. 根据 JEKI 高级项目总监的说法，其营销团队决定不收集个人数据，因为他们担心通勤者会因为担心被侵犯隐私而强烈抵制。同样，为了回应通勤者表达出来的担忧，JR 东日本也被迫允许 SUICA 卡用户通过在线注册他们的卡号来选择退出数据跟踪。不过，人们需要选择退出，而不是选择加入。此外，这种选择的存在并不广为人知，只能在铁路公司的官方网站上找到。（2005 年 6 月 16 日在 JEKI 位于东京惠比寿的办公室对吉原美穗子的采访。）

66. Thrift, "Movement-space."

67. Galloway and Thacker, *The Exploit*, p. 153.

68. Guattari, *The Three Ecologies*.

69. Goddard, "Towards an Archaeology of Media Ecologies," pp. 14–15.

第四章

本章的部分材料亦见于：Michael Fisch, "*Days of Love and Labor: Remediating the Logic of Labor and Debt in Contemporary Japan*," *positions: asia critique* 23, no. 3 (2015): 463–486.

1. Kirby, *Parallel Tracks*; Schivelbusch, *The Railway Journey*.

2. "御宅族"这一术语将在本章的后面部分有深入探讨。

3. Frasca, "SIMULATION 101."

4. Manovich, *The Language of New Media*.

5. Pickering, *The Mangle of Practice*.

6. Augé, *In the Metro*.

7. Augé, *Non-Places*, p. 120.

8. 同上书，第 94 页。

9. 井上与一位新潮社编辑的访谈。

10. Inoue, *Kyūjūkyū nin no saishū densha* (*99 Persons' Last Train*).

11. Gitelman, *Scripts, Grooves, and Writing Machines*, p. 222. 值得注意的是，井上并不是唯一一个尝试超文本和地铁小说的人。就在井上开始上传《99 人末班车》部分内容的同一年，加拿大科幻和奇幻作家杰夫·莱曼（Geoff Ryman）在网上推出了一部名为《253》的超文本小说，讲述了 253 名伦敦地铁通勤者的生活，见 Ryman, *253: The Print Remix*。在井上的采访中，没有任何迹象表明他在创作《99 人末班车》时知道莱曼的作品。正如所料，莱曼和井上的作品有许多相似之处。二者都允许读者根据角色视角或系统结构移动，也都以一场重大的灾难而告终。然而，莱曼的作品并不复杂，因为他的每个角色都是根据一套固定的格式呈现的，包括外表、内部信息以及角色的行为或想法。

12. 参见优秀的民族志作品：Tom Boellstorff, *Second Life, Coming of Age in Second Life*。

13. LaMarre, *The Anime Machine*, pp. 103–109.

14. 拉马尔所举的一个例子是关于一个人坐在一列静止的火车上时，透过窗户看到另一列火车开始移动时所产生的运动感。虽然这个人所乘坐的火车实际上并没有移动，但从火车窗口看到另一列火车的横向移动会使他产生一种移动的感觉。

15. Yaneva, "Scaling Up and Down."

16. 同上。

17. Gibson, *Pattern Recognition*, p. 140.

18. Inoue, *Kyūjūkyū nin no saishū densha*. My translation.

19. 同上。

20. 欧杰称，巴黎地铁是"没有节日的集体，没有孤立的孤独"。Augé, *In the Metro*, p. 30。

21. 2005 年 2 月在东京新潮社总部办公室对该社一位编辑的采访。

22. 见 Ito, Okabe, and Tsuji, *Fandom Unbound*。

23. Saito and Angles, *Hikikomori*; Horiguchi, "Hikikomori."

24. LaMarre, "An Introduction to Otaku Movement."

25. Suzuki, *Densha Otoko wa dare nanoka*. 也见 Fisch, "War by Metaphor in *Densha Otoko*"。

26. 根据新潮社编辑的说法，在被藏起来的词汇表中查找词语就像在执行秘密网络搜索任务一样。

27. Lisa Katayama, "Meet Hiroyuki Nishimura, the Bad Boy of the Japanese Web," *Wired Magazine*, May 19, 2008. 本文讲述了西村是如何在中阿肯色大学学习心理学时建立这个网站的。该网站的服务器位于旧金山，所以不论日本政府决定对针对该网站的众多诉讼采取行动，或者对其限制网络言论自由的威胁采取行动，这个网站都能免受干扰。

28. "*Densha otoko* ga būmu ni"（《〈电车男〉火了》）, *Spa Weekly Magazine*, December 13, 2005, p. 91; Yohei Fukui, "Densha otoko ni naritai bokutachi"（《想成为电车男的我们》）, *Aera Weekly Magazine*, February 2, 2005, pp. 12–17. 也见 Yohei Fukui, "Densha otoko no iya onna ron"（〈电车男〉关于不受欢迎的女性的论述》）, *Aera Weekly Magazine*, October 17, 2005, pp. 16–19.

29. Uchiyama, Hiroki, "*Densha otoko* hamaru onna no ren-aijukudo"（《爱上〈电车男〉的女性的浪漫成熟度》）, *Aera Weekly Magazine*, November 22, 2004, pp. 29–30.

30. Fisch, "War by Metaphor in *Densha otoko*."

31. Kirby, *Parallel Tracks*.

32. 冈崎表示,《电车男》真正讲述的故事是关于网友们聚集在一起帮助男主角的虚拟社区的。他认为,列车上的事件只有在为这一情节提供借口时才有意义。Okazaki, "Bestoseraa: Shinsatsu-shitsa."

33. 见马扎雷拉对哈尔特和内格里的作品《大众》(*Multitude*)的批评:Mazzarella, "The Myth of the Multitude, or, Who's Afraid of the Crowd?"

34. Mazzarella, "The Myth of the Multitude," *Critical Inquiry* 36, pp. 715–716.

35. Schivelbusch, *The Railway Journey*, p. 31.

36. 同上。

37. "启示光学"这一术语,我借用自 Flaig and Groo, *New Silent Cinema*,并在此将其用于对沃尔特·本雅明《机械复制时代的艺术》("The Work of Art in the Age of Mechanical Reproduction")一文的解读。见 Flaig and Groo, p. 168。

38. Kirby, *Parallel Tracks*, p. 3.

39. Nakano, *Densha otoko*, p. 12.

40. Suzuki, *Densha Otoko wa dare nanoka*.

41. Wark, *Gamer Theory*, para. 021.(沃克的书只有段落号,无页码。)

42. 见马扎雷拉对关于人群的文学作品的批评:Mazzarella, "The Myth of the Multitude"。

43. Simmel, "The Metropolis and Mental Life," p. 14.

44. LaMarre, *The Anime Machine*, pp. 107–109.

45. Žižek, *For They Know Not What They Do*.

46. Ichikawa, *Man-in densha*, 8:00–8:23.

47. Ichikawa and Mori, *Ichikawa Kon no eigatachi*.

48. Fisch, "Days of Love and Labor."

49. Butler, Bodies *That Matter*. 我对巴特勒文章的解读深受阿德里安·麦肯齐的影响,他极具其洞察力的阐释参见:Mackenzie, *Transductions: Bodies and Machines at Speed*。

50. Althusser, *On the Reproduction of Capitalism.*

51. 我此处对这款游戏的解释基于游戏设计师在 2010 年夏天接受我采访时对其预设效果的描述。

52. Manovich, *The Language of New Media.*

53. 2channel, 2017 年 5月1日登入, www.logsoku.com/r/appli/1115218839。

54. Schüll, *Addiction by Design*, p. 13.

55. 同上书, 第 47 页。

56. 间隙的形式或是避开人流中心的角落, 或是对在失败的边缘处几乎看不到的胜利组合的一瞥。间隙是作为本体论开口的引人深陷的空间。

57. 如果我们按照希弗尔布施的说法, 火车车厢是沉浸式冥想的原始场景, 在这里, 人类对世界的感知和体验首次完全受到机器整体的速度和架构的影响。

58. "联系和非联系"(connection and disconnection)这一术语指的是安妮·艾利森(Anne Allison)在《千禧怪兽》(*Millennial Monsters*, p. 72)一书中对通勤社交的描述, 即 "断开的连通性"(disconnected connectedness)。同样, "亲密和疏离"(intimate and alienation)一词来自詹姆斯·福吉(James Fujii)在《亲密的疏离: 日本城市轨道和城市主体的商品化》("Intimate Alienation: Japanese Urban Rail and the Commodification of Urban Subjects")中对通勤体验的分析, 他认为这是一种 "亲密的疏离"。

59. Mizukawa, "Reading 'on the Go.'"

60. 同上引, 第 80—81 页。

61. 2channel, www.logsoku.com/r/appli/1115218839.

62. 正如我在其他地方写过的, 我惊讶地发现 G-Mode 设计《爱与劳动的每一天》时的目标群体竟是年轻女性, 见 Fisch, "Days of Love and Labor"。这背后的理由是, 他们认为这款游戏对年轻男性玩家来说 "过于真实"。

63. 2channel, www.logsoku.com/r/appli/1115218839.

64. 我用"非理性理性"这个术语来指代马克斯·韦伯对现代官僚制的批判。影片中的韦伯式批判是含蓄的。韦伯的作品当时在日本大学生中很受欢迎。此外，市川在同一时期拍摄的另一部电影《处刑的房间》(『処刑の部屋』)中也清楚地表明，他对韦伯的理论很熟悉，在这部电影中，他描绘了学生们探讨韦伯作品的场景。

65. Berlant, *Cruel Optimism*.

66. 个体起源于个体化的过程，这是西蒙栋作品的一个基本理念。见 Simondon, "The Genesis of the Individual"。

第五章

1. 该网站现已关闭，我最后一次登入是在 2010 年 6 月。网址为：http://www.h5.dion.ne.jp/~lilith13/jisatu4.txt。

2. Sato, *Jinshin jiko dēta bukku* 2002–2009, p. 3.

3. 在"人身事故"这个词出现之前，报纸上经常会报道有人在车站跳轨自杀。这样的叙述还倾向于提供跳轨者生活的细节，并提到诸如精神疾病、就业问题或人际关系问题等动机。这些细节在关于人身事故的报道中完全消失了。对此更深入的讨论，可参见 Fisch, "Tokyo's Commuter Train Suicides and the Society of Emergence"。

4. 我很少遇到能从官方意义上解释"人身事故"一词的通勤者。

5. 直到 2015 年，日本每年的自杀人数一直保持在 3 万以上（见www.mhlw.go.jp /toukei /saikin /hw /jinkou /tokusyu/ suicide04/2.html）。从日本国土交通省公布的年度统计数据中，我们很难确定 1989 年至 2000 年间有多少列车服务中断是通勤者自杀造成的，该部门没有提供具体地区的数据。一份独立的出版物提供了 2002 年—2009 年更详细的数据和精确的分类，列出了大东京都市区铁路上的自杀人数从 85 人增加到 169 人（Sato, *Jinshin jiko dēta bukku* 2002–2009）。

6. 从医学和社会的角度对日本自杀进行深入的英文学术研究，见 Kitanaka, *Depression in Japan*。日本的经济衰退是何时结束的或是

否已经结束了，一直是备受争论的话题。有些人认为，直到2012
年日本首相安倍晋三重返政府并提出"安倍经济学"时，这一切
才算结束。然而，对安倍经济学持批评态度的人指出，安倍经济
学的表现不够出色，而且经济仍在持续衰退。

7. 这条评论出现在一篇名为《高频的人身事故应该怪谁？》
    （"Hinpan ni aru densha no jinshin jiko. Waruii no wa dare？"）
    的文章的读者回复部分。*Nyūsu batake*, 2007 年 11 月 26 日，
    http://news.goo.ne.jp/hatake/20071119/kiji228.html，2011
    年 8 月 23 日访问。我还引用了一篇文章，即 Fisch, "Tokyo's
    Commuter Train Suicides and the Society of Emergence"。

8. 关于日本自杀现象独特性的理论，参 Iga, *The Thorn in the Chrysan-
    themum*; Pinguet, *Voluntary Death in Japan*; Shneidman, *Comprehending
    Suicide*; Farberow, *Suicide in Different Cultures*; Headley, *Suicide in
    Asia and the Near East*。

9. 参 Kitanaka, *Depression in Japan*; West, *Lawn in Everyday Japan*;
    Takahashi, *Chūkōnen jisatsu*。

10. West, *Law in Everyday Japan*, p. 215.

11. Douglas, *Purity and Danger*, pp. 36–41.

12. 这里对德勒兹的引用是有意的，因为论证将回归到他的文本中。
    见 Deleuze, *Difference and Repetition*。

13. 拉马尔对技术优化的解释，见 LaMarre, *The Anime Machine*, pp. 137–
    138。

14. 正如米里埃尔·孔布（Muriel Combes）的作品所暗示的那
    样，西蒙栋选择用"网状"一词来代替"网络"，以强调相互
    生成的要素：Combes, *Gilbert Simondon and the Philosophy of the
    Transindividual*, pp. 66–69。

15. "Jinshin jiko asa no JR Chūō sen 11 man-nin ni eikyō"（《今晨中
    央线的人身事故，11 万人受其影响》），*Mainichi Shinbun*, August
    19, 2004.

16. 2004 年 8 月 19 日在东京东小金井站对岛袋（通勤者）的采访。

17. Deleuze, *Difference and Repetition*.

通勤梦魇

18. Osborne, "'Fascinated dispossession.'"

19. 同上引，第 282 页。

20. Iida, *Rethinking Identity in Modern Japan*, p. 1.

21. 见大卫·威尔伯里（David Wilberry）在为基特勒（Kittler）作品所写的序言中对能动性、身体和文化的讨论：Kittler, *Discourse Networks 1800/1900*。

22. 2004 年 8 月 20 日在京小金井站店铺中与高桥的谈话。

23. 2004 年 8 月 20 日在京小金井站店铺中与一男性顾客的谈话。

24. 与高桥的谈话。

25. 2005 年 1 月 18 日在京东新宿 JR 东日本中央办公大楼对该公司公共关系代表的采访。

26. 这源于 2002 年至 2009 年的数据统计。Sato, *Jinshin jiko dēta bukku 2002–2009*, p. 182.

27. Kitanaka, *Depression in Japan*.

28. Satou Tarou, "Gojyussai [shorō utsu] no norikirikata: yon nin tobikomi jisatsu"（《如何克服五十岁中年人的抑郁：四人卧轨自杀》）, *Aera Weekly Magazine*, December 7, 1998, p. 61.

29. Kurosawa, *Tokyo Sonata*.

30. 对 JR 东日本公共关系代表的采访。

31. 从 2002 年至 2009 年，在 JR 东日本公司铁路线上自杀的确认人数自 92 上升至 149。Sato, *Jinshin jiko dēta bukku 2002–2009*, p. 194.

32. Bataille, *The Accursed Share*.

33. 关于"无回报投入"一词，我借用自 Shershow, *The Work and the Gift*.

34. Bataille, *The Accursed Share*, p. 26.

35. "Ekichōsan 'kamidanomi' jisatsu tsuzuki, kyūyo JR chūō sen Tokyo"（《站长"向神灵祈祷"但自杀仍在继续，中央线上的绝望》）, *Asahi Shinbun*, December 1, 1995. 驱邪仪式常被译为神道教的净化仪式，且带有一种安抚灵魂的含义。

36. 同样，日本人也习惯偶尔去神社参与驱邪仪式，以清除他们在日常生活中不知不觉中积累的邪祟；这些邪祟如果不及时处理，可能会成为未来不幸的根源。

37. "Chūō sen de jinshin jiko 'oharai' kōka nashi, Tokyo"（《东京中央线上的人身事故，无用的"驱邪仪式"》）, *Asahi Shinbun*, December 19, 1995.

38. Deleuze and Guattari, *A Thousand Plateaus*, p. 256.

39. Satō, *Tetsudō gyōkai no ura banashi*. 博客版本，见 http://railman. seesaa.net/article/31413915.html，2017 年 3 月 4 日登入。

40. 同上书，第 13—14 页。

41. 同上书，第 19 页。

42. 同上书，第 21—22 页。

43. 2012 年 9 月 1 日在东京新宿对佐藤的采访。

44. Satō, *Tetsudō gyōkai no ura banashi*.

45. 关于这一问题在美国的讨论，见 Turkle, *Simulation and Its Discontents*；Turkle, *Alone Together*。关于日本相关问题的讨论，见 Miyadai, Fujii, and Nakamori, *Shinseiki no riaru*.

46. 在该电影的英文字幕中，乐队的名字被误译为"甜品"（Dessert）。沙漠乐队的正确拼写在以下著作中有明确的说明：Sono, *Jisatsu sākuru* (Kadokawa-Daiei Pictures,2002)。这本书讲述了一个与《循环自杀》相关但又截然不同的故事，后来呈现在 2005 年的电影《纪子的餐桌》中。

47. Sono, *Jisatsu sākuru*, 04:46–05:28.

48. 同上书，1:11:34—1:13:25。

49. 同上书，1:13:25—1:13:54。

50. Pinguet, *Voluntary Death in Japan*, p. 27.

第六章

1. 按官方说法，福知山线出轨事故的伤亡人数为 107 死、562 伤。见 Japan's Aircraft and Railway Accidents Investigation Commission, *Tetsudō jiko chōsa hōkoku sho*, p. 1。

2. 2005 年 7 月 3 日对灰山菊男（Haiyama Kikuo）的采访。我在探访事故现场 3 个月后在他的店铺外与他进行了交谈。

3. "Hijō burēki de sharin rokku ka kenkei ga jiko to kanren chōsa," *Asahi Shinbun*, April 28, 2005.

4. 在最初的丑闻爆发几天后，报纸又报道了一名老司机的故事，他在 2001 年因检查安全装置时延误了 52 秒而接受了三天的车下（再）教育，随后就自杀了。

5. "Kyū nin ijō shibō no tetsudō jiko, 71 nen no kintetsu tokkyū irai"（《1971 年近铁特急事故以来，死亡 10 人以上的列车脱轨事故》），*Asahi Shinbun*, April 25, 2005.

6. 见 Bond, "Governing Disaster"; Fortun, *Advocacy after Bhopal*; George, *Minamata*。

7. Jasanoff, *Learning from Disaster*.

8. Giddens, *The Consequences of Modernity*.

9. 见 Knight, *Risk, Uncertainty and Profit*。

10. Beck, *Risk Society*.

11. 这一领域首屈一指的思想家是畑村洋太郎。见 Hatamura, *Sōteigai o sōteiseyo!*

12. Beck, *Risk Society*, p. 3.

13. Giddens, *The Consequences of Modernity*, pp. 26–36.

14. Downer, "When the Chick Hits the Fan," *Social Studies of Science* 37, pp. 7–26; Downer, "Trust and Technology"; Downer, "'737-Cabriolet,'" *American Journal of Sociology* 117, pp. 725–762.

15. Downer, "Trust and Technology," *The British Journal of Socilolgy*, p. 100.

16. Jasanoff, "Beyond Calculation," *Disaster and the Politics of Intervention* p. 36.

17. Downer, "'737-Cabriolet,'" *American Journal of Sociology* 117, p. 726.

18. Downer, "'737-Cabriolet,'"; Downer, "Trust and Technology."

19. Perrow, *The Next Catastrophe*; Perrow, *Normal Accidents*.

20. Downer, "'737-Cabriolet,'" *American Journal of Sociology* 117, p. 741.

21. Fujii, "Intimate Alienation."

22. 见 Robertson, *Takarazuka Sexual Politics and Popular Culture in*

Modern Japan。

23. Kawashima, *Naze fukuchiyama sen dassen jiko wa okotta no ka*, pp. 60–61.

24. 同上书，第 51—52 页。

25. 在《为什么会发生福知山线脱轨事故和起こったのか》(『なぜ福知山線脱線事故和起こったのか』)一书中，川岛令三详尽地解释了福知山线为开发更轻、更快、更舒适的列车而进行的渐进式改进，以及随后客流量的增加。他强调，对于 JR 西日本来说，从与之竞争的阪急线吸引乘客仍然很困难，通勤者有时会选择在通勤的相关地点转回阪急线，因为其服务更好。铃木和山口在《JR 西日本的大罪：司机服部自杀事件和尼崎脱轨事故》(『JR 西日本の大罪：服部運転士自殺事件と尼崎脱線事故』)中给出了类似的解释和例子。

26. 类似的解释和例子也参见 Suzuki and Yamaguchi, *JR nishi nihon no tazai*。

27. 铁路信息和铁路系统专家兼研究员富井规雄在他的关于时刻表研究的书中引用了福知山线的运行图作为一个近乎完美的计算系统的例子。见 Tomii, *Ressha daiya no himitsu*, p. 37。

28. Kawashima, *Naze fukuchiyama sen dassen jiko wa okotta no ka*, pp. 108–109.

29. 关于这一公告的参考资料见 Kawashima, *Naze fukuchiyama sen dassen jiko wa okotta no ka*; 也见 Noriko Yamane and Koji Togo, "JR nishi nihon no 'tsumi to batsu'"（《JR 西日本的"罪与罚"》), *Sandei mai nichi*, May 22, 2005, pp. 140–143.

30. 这方面的证据出现在日本国土交通省公布的事故报告中。报告详细说明了司机是如何在轨道的所有路段被迫超速行驶的。

31. Japan's Aircraft and Railway Accidents Investigation Commission, *Tetsudō jiko chōsa hōkoku sho*.

32. Brockman, *Twisted Rails, Sunken Ships*, pp. 13–14.

33. 这是一个常设的事故调查小组，1991 年 JR 西日本列车在滋贺县与当地一辆列车相撞，出于事故中遇难的 42 名乘客的家属的要

通勤梦魇

求，该调查组于 2001 年成立。2008 年，其权限扩展，包括了海上事故调查机构，并更名为日本交通安全委员会，隶属于国土交通省。

34. 见 Japan's Aircraft and Railway Accidents Investigation Commission, *Tetsudō jiko chōsa hōkoku sho*, p. 243。

35. Japan's Aircraft and Railway Accidents Investigation Commission, *Tetsudō jiko chōsa hōkoku sho*, p. 5; JR nishi nihon anzen forōappu kaigi, *JR nishi nihon anzen forōappu kaigi hōkokusho*, p. 54.

36. Satō, *Dare mo kataritagaranai.*

37. 2005 年 6 月 27 日在阪急川西站对美香的采访。

38. "Fukuchiyama-sen jiko 1 nen tsuitō reishiki ni 1886 nin sanretsu"（《福知山线事故一周年纪念，1886 人参加》），*Yomiuri Shinbun*, April 25, 2006.

39. Japan's Aircraft and Railway Accidents Investigation Commission, *Tetsudō jiko chōsa hōkoku sho*.

40. "Dassen jiko no JR takarazuka sen, 55-nichiburi saikai shihatsu shachō, izokura mokutō,"（《JR 宝塚线脱轨事故 55 天后重新启动，社长和遇难家属在首发列车上默祷》），*Asahi Shinbun*, June 19, 2005. 所有报纸几乎都呈现了相同的故事。

41. 对美香的采访。

42. 该系列目前已出到了 83 卷，但在事故发生一周年之际，只出版了第一卷和第二卷。见 www.westjr.co.jp/company/action/poster/。

43. Yamagishi, *Shinrai no kōzō*, pp. 37–42. 山岸指出，"信赖"一词是以公认的危险或不确定性为前提的。

44. 2006 年 4 月 25 日篠原在尼崎文化中心的演讲。笔者对录音进行了翻译。

45. 我要感谢我的哥哥丹尼尔·菲什法官，他帮助我思考了这种差异的法律意义。

46. 篠原的演讲。

47. 2006 年 4 月 25 日浅野在尼崎文化中心的演讲。笔者对录音进行了翻译。

48. Jasanoff, "Beyond Calculation," *Disaster and the Politics of Intervention*, pp. 36–37.

49. 同上引，第 23 页。

50. 浅野的演讲。

51. 2007 年 1 月 5 日在宝塚市云雀丘对四家的采访。

52. 4.25 Network and Nishinihon ryokaku tetsudō kabushikigaisha, *Fukuchiyama-sen ressha dassen jiko no kadai kentō kai hōkoku.*

53. 同上书，第 1—2 页。

54. Downer, "'737-Cabriolet.'"

55. JR nishi nihon anzen forōappu kaigi, *JR nishi nihon anzen forōappu kaigi hōkokusho.*

56. 见 *JR nishi nihon fukuchiyama sen jiko chōsa ni kakawaru fushōji mondai no kenshō to jiko chōsa shisutemu no kaikaku ni kansuru teigen*, 2011 年 4 月 15 日发布，2017 年 10 月 15 日登入，https://www.mlit.go.jp/ jtsb/ fukuchiyama/kensyou/fu04-finalreport.html。

57. 见 *Anzensei kōjō keikaku*, 2005 年 5 月 31 日发布，2017 年 10 月 15 日登入，https://www.westjr.co.jp/safety/fukuchiyama/plan_ improvement/ pdf/keikaku_00.pdf.

58. 尽管东京电力公司在灾难发生后数小时内收集的数据在数年后才公布，但停电导致了核电站 4 个反应堆堆芯中的 3 个发生核熔毁。见 Reiji Yoshida, "TEPCO admits it should have declared meltdowns at Fukushima plant much earlier," *Japan Times*, February 24, 2016。

59. Kainuma, *Fukushima ron.*

60. *JR nishi nihon anzen forōappu kaigi hōkokusho*, p. 57. 此处对报告内容的引用参照 Ishitani, *Kōgaku gairon.*

61. Reuleaux, The Kinematics of Machinery, p. 33. 也见森田敦郎对于勒洛机器的理论的出色分析：Atsuro Morita, "Rethinking Technics and the Human"。

62. Latour, *Reassembling the Social.*

通勤梦魇

63. *JR nishi nihon anzen forōappu kaigi hōkokusho*, p. 58.

结　语

1. Nathalie Simondon, "Gilbert Simondon Biography," http://philosophyofinformationandcommunication.wordpress.com/2013/06/30/gilbert-simondon-biography/（该网站现已关闭）.

2. 对于"本体论转向"的出色总结，见 Jensen, "New Ontologies?"。

3. 由于对这一努力做出贡献的学者很多，我在这里只列出那些与我一起学习的人，以及他们的工作对本书的思考有直接影响的人：哈里·哈鲁图尼恩（Harry Harootunian）、酒井直树（Naoki Sakai）、维克托·科施曼（Victor Koschmann）、卡洛尔·格拉克（Carol Gluck），玛里琳·艾维（Marilyn Ivy）、托马斯·拉马尔以及汤姆·卢瑟（Tom Looser）。

4. 许多两次世界大战间和二战时期的著名日本哲学家试图在一个他们称之为"战胜现代性"（overcome modernity）的项目中分离东西方思想。具有讽刺意味的是，正如哈里·哈鲁图尼恩的著名观点，他们这样做反而证明了其努力是徒劳的，因为也许没有什么比这更能表明一种受环境影响的感性而不是克服现代性的欲望。见 Harootunian, *Overcome by Modernity*。

5. 托马斯·拉马尔对于他所谓的"现代性论题"（modernity thesis）的批评深深影响了我此处的思考。LaMarre, *The Anime Machine*, p. xxiii.

6. LaMarre, "Afterword: Humans and Machines."

7. 见缪里尔·库姆斯对于网状形成（reticular becoming）的解释：Muriel Combes, *Gilbert Simondon and the Philosophy of the Transindividual*, pp. 65–70。

致　谢

　　本书是集体智慧的结晶。从最初的实地调查到修改出版历时十年，没有大家一直以来的协助，这本书就不可能面世，在此我要向所有帮助过我的人致以诚挚的谢意。本书的写作源于一次没赶上通勤列车的经历——2003年夏末的一天晚上，我错过了从新宿站开往城西住所的最后一班列车，当时我还是哥伦比亚大学人类学系的一名研究生，刚刚完成了论文的相关准备工作。错过末班车后，我决定在此等待次日的首班车，并觉得可以利用这段时间做些事情，于是就在站内找寻一些和我一样滞留在车站的通勤者进行交谈。写作这本书的第一步就是学会如何消磨这段时间。

　　我要向我在哥伦比亚大学求学期间的导师Marilyn Ivy致以最诚挚的谢意，感谢她在漫漫求学路上对我的鼓励和启发。一直以来，Ivy教授都是我求学路上的指路明灯，是我毕生学习的楷模。她以渊博的学识、充足的耐心以及对民族志研究敏锐的洞察力，指引我用人类学视角阐释在东京的经历。在书稿多年的修订过程中，她的谆谆教诲时常浮现在我眼前，敦促我更深入地对场景进

通勤梦魇

行解读、深挖。我也要感谢 John Pemberton 一直以来的支持以及他对技术和技术话语的批判性解读。没有他的独到见解，我就不会想到通勤列车系统也能成为人类学探究的话题之一。我也要感谢 Rosalind C. Morris，她对媒体的解读方式启发了我的思考和写作。非常感谢 Thomas Looser，他对本书初稿的评价启发了我对媒体和技术的思考。我也要感谢麦吉尔大学的 Thomas LaMarre 教授，几年前我在该校攻读学士学位时，他在我的学位论文答辩会上提出的问题"通勤列车能教会人们有悲天悯人之心吗？"引导我踏上了研究之路，也让我一直思考自己的书稿究竟想解决什么问题。他的想法和观点一直深刻地影响着本书的写作。

感谢唐纳德·基恩中心（Donald Keene Center）面向日本研究学者提供的"新潮研究生奖学金"（Shincho Graduate Fellowship），正是有了该资助，本书初步的实地调查工作才能得以在 2004 年至 2006 年顺利展开。也因为该中心的资金支持，我在新宿站错过回家末班车的经历才有可能成为书稿，否则，那段经历可能只是一次寻常的经历而已，丝毫没有什么特别之处。在开展本研究期间，我在东京的上智大学工作，得到了 David Slater 的悉心指导和热心帮助。和同期的很多日本学者一样，他组织的实地调查工作坊使我受益良多，工作坊也为我提供了一个平台，让我能够展示自己的研究并与将来一起共事的专家学者进行深入交流。

2009 年，我有幸获得了埃德温·赖肖尔研究所（Edwin O. Reischauer Institute）设立的关于日本研究的博士后奖学金。我在该研究所工作的一年收获颇多，学术上也取得了一定进展，也很感谢该研究所能为我提供机会，使我有幸能与 Theodore Bestor、

Ian Condry 和 Tomiko Yoda 这三位著名的人类学学家探讨我的研究成果。

我也想表达对众多日本受访者的由衷感谢，他们从自己忙碌的工作生活中抽出时间与我交谈、分享自己的故事、表达对某位通勤者逝去生命的遗憾之情。我特别要感谢千叶工业大学的 Tomii Norio，感谢他在百忙之中多次抽出时间与我会面交谈，耐心地向我解释一些通勤列车操作的相关细节，为我的列车指挥中心之旅进行精心安排，并向我提供大量的图表和技术文献。我还要感谢 Mori Kinj 和 Mito Yuko，感谢他们百忙之中抽出时间与我会面并解释自己的工作内容。

多年来，许多人阅读了我的书稿，并给出了建设性意见，帮助我凝练自己的观点语言。在这方面，我尤其感谢 Orit Halpern 和 Junko Kitanaka 提出的宝贵意见，他们都仔细、完整地阅读了本书的初稿，并在与我一起用餐时提出了数不胜数的宝贵意见，也一直鼓励我继续自己的研究。我还要向一直以来积极参与我和同事 Julie Chu 共同举办的巡回基础设施工作坊的参与者表达谢意：感谢 Amahl Bishara、Eleana Kim、Brian Larkin、Andrew Matthews、Jun Mizukawa 和 Bettina Stoetzer 等人在我写作期间一直以来的支持和协助。感谢我的同事——机器思想家 Morita Atsuro 和媒体学家 Marc Steinberg 在我写作过程中一直费神费力地提供帮助，正是因为他们慷慨的帮助，这本书才能问世，我将永远铭记他们对本书做出的贡献。我还要感谢 Casper Jensen 在阅读本书最早的草稿时提出的建议。他对人类学深入浅出的阐释让我受益良多。

我在芝加哥大学完成了本书的终稿，该大学人类学系学术气氛浓郁，我的写作也从中受益颇多。最初在该大学任教时，我对机器人类学的理解还相对较浅，芝加哥大学为我提供了机会和平台，使我在教学研究过程中对机器人类学的理解逐渐深入。我要把我最诚挚的谢意献给我所有的同事，感谢他们对我的支持、启发和鼓励。我要感谢 Anne Ch'ien、Sandra Hagen、Kim Schafer 和 Katherine Hamaguchi 在处理日常行政事务过程中时常对我伸出援手。我尤其感谢 Joseph Masco 和 Kaushik Sunder Rajan，是他们在百忙之中挤出时间阅读第一章的初稿，并给出了宝贵建议。我也想感谢 Judith Farquhar 在最开始几年间对我的指导。感谢 Julie Chu 对我的鼓励以及她广博的民族志见解。当然，我也要感谢 Kathy Morrison 在帮助我协商取得为期一年的休假时付出的努力，如果没有她的帮助，我也无法完成这本书。

2013 年，我与 Poornima Paidipaty 教授共同负责硕士研究生的机器理论课程的教学工作，在此过程中，我得到了很多写作的灵感，也从中收获颇多。我也要对修习该课程的研究生们表达我的谢意，感谢他们在课上给我启发，也感谢他们一直以充足的耐心对待我在教学过程中的试验和探索。特别感谢 Love Kindstrand 和 Hiroko Kumaki 能与我共同阅读关于日本、科技和自然的学术著作。

我也得到了东亚研究中心同事 Michael Bourdaghs、James Ketelaar、Chelsea Foxwell 和 Hoyt Long 的大力支持。自 2010 年以来，我有幸受到利希滕斯坦基金会（Lichtstern Endowment）向芝加哥大学人类学系和东亚研究中心提供的慷慨资助，他们为本书的后续研究提供坚实的经济后盾。从 2016 年 8 月到 2017 年

6 月，我还获得了日本学术振兴会（JSPS）提供的资助。在那期间，我有幸在大阪大学人类学系工作，有机会与该大学的学生和教师分享我的研究成果，并参加会议和工作坊。

2011 年和 2012 年，在东亚研究中心的资助下，我的同事和我于芝加哥大学主办了日本研究工作坊。这些工作坊的开展为我提供了展示本书初期成果的机会。我要感谢参与者 Andrea Arai、Kate Goldfarb、Junko Kitanaka、Phil Keffen、Koga Yukiko、Joseph Hankins、Gabriella Lukacs、David Novak、Lorraine Plourde、Satsuka Shiho、Watanabe Takehiro 和 Takeyama Akiko 给出的反馈。

我还要感谢 Anne Allison。本书的第三章是由 2013 年于《文化人类学杂志》上发表的文章基础上演变而来。Anne 帮助我重新理清了该文章的论点，她给出的建议对本书的创作意义重大。

我非常感谢芝加哥大学出版社的 Priya S. Nelson 和她的助手 Dylan Joseph Montanari 为本书出版所付出的辛勤工作，也感谢他们能帮我把手稿变成铅字稿。Priya 也在阅读了本书前两章的初稿后一直鼓励我继续写作。我很感谢 Suzuki Wakana 在保护图像和版权方面做出的不懈努力，感谢 Kerry Higgins Wendt 和 Serene Yang 对本书进行了细致的排版和编辑。Abe Junko 和她的伙伴 Satoshi 在协助我恢复一些难以辨认的图像方面也做出了卓越贡献。

2010 年到 2016 年，我们居住在海德公园旁，在我的创作过程中，很多同事和朋友提供了帮助。非常感谢 Noa Viasman 和 Ofer Ravid 在文化和学术方面提供的资源。感谢我亲爱的邻居 Emil

通勤梦魇

Sidky 和 Ingrid Reiser 在周末帮我们照顾孩子们，这样我就能更加专注工作，他们也能在我的写作过程中随时为我提供物理和技术系统方面的专业知识。Jason MacLean 和 Mayram Saleh 总是愿意与我进行交谈，也愿意聆听，是不可多得的真心朋友，他们也为我提供控制论的相关理论帮助。Eugene Raikhel 和 Iris Bernblum 也一直支持我、鼓励我。多谢 Patrick 和 Maeve McWhinney，是他们让我虽身处海德公园，却感觉到了家一般的温暖，

在日本进行研究工作期间，Nakamura Yutaka 和他的同事 Ryoko 一直都鼓励我继续研究，他们也在哲学、社会学和技术学等话题跟我进行了探讨。我还特别感谢 Chiba Hajime，他为我提供了很多帮助，使我在接受日本学术振兴会资助期间找到了适合自己的研究方法。感谢前岛社区的全体成员，特别是该社区的 Kikuchi Toshio，感谢他在我的书稿修改工作进行之时为我提供了住处。

多年前，我的学术生涯始于麦吉尔大学，在那里，我得到了 Mary 和 David Green 的经济方面的支持。他们对我期望甚高，这使我有勇气在大学生涯结束后多年还一直坚持学习和研究。他们的鼓励对我来说至关重要。

我要对我的家人们表达最诚挚的谢意。Masaki 和 Yukiko Yanagita 对我和妻儿来说就是家人一般的存在。他们自本书的写作之初就和我们在一起了。如果没有他们的陪伴、没有与他们的彻夜长谈、没有与他们共进的那些美味晚餐，我可能就无法在东京坚持研究工作这么久。感谢他们对我们的帮助，在过去的几年间，他们与我志趣相投，一直是我们的人生导师。

Chiba Hajime 和 Michiyo Mizukawa 在本书最后一章的研究和写作过程中发挥了重要作用，感谢他们一直支持着我。我非常感谢 Yuki Mizukawa 多年来一直给予我的无条件支持。她的家于我来说像是一个平静的港湾，使我能够得到充足的休息和思考。

我的兄弟姐妹 Danny、Joel、Sharon 和 Miriam 以及他们众多的儿女，他们都是我写作时勇气和灵感的源泉。我特别感谢 Danny 在阅读书稿时提出的专家级建议和帮助。

我要表达对我父母 James Fisch 博士和 Rochelle Fisch 的深切感激，他们的爱和支持帮助我度过了多年的写作时光。现在，当他们问起"儿子，你的书写得怎么样了"时，我终于可以自豪地回答他们了。

我的儿子 Kai 和 Mio 为我的写作生活增姿添彩，提供了无尽的欢笑和喜悦，支持我最终完成了本书的写作，也让我每天都更加了解他们的生活。本书的大部分内容都是在晚间的闲暇时间写就，有时我会把尚在襁褓的 Kai 和 Mio 绑在胸前，在一个大的健身球上轻轻地上下弹跳。他们的呼吸和心跳节奏刻印在这本书的书页中，使本书的内容更加鲜活。最后，我要对我生活和思想的伴侣 Jun 表达我的谢意，感谢她暂时搁置了自己的学术活动，帮我做了很多工作，以便我能完成此书的写作，我会永远铭记在心。感谢她为我争取的时间、赋予的勇气和写作热情，使我能更好地完成这部作品，可以说，没有她就不会有今天的我。

参考文献

Adam, Burgess, and Mitsutoshi Horii. "Constructing Sexual Risk: 'Chikan,' Collapsing Male Authority and the Emergence of Women-Only Train Carriages in Japan." *Health, Risk & Society* 14, no. 1 (2012): 41–55.

Adorno, Theodor W., Else Frenkel-Brunswik, Daniel J. Levinson, R. Nevitt Sanford, and the American Jewish Committee. *The Authoritarian Personality*. New York: Harper & Row, 1950.

Alexy, Allison. "Intimate Dependence and Its Risks in Neoliberal Japan." *Anthropological Quarterly* 84, no. 4 (2011): 895–917.

Allison, Anne. *Millennial Monsters: Japanese Toys and the Global Imagination*. Berkeley: University of California Press, 2006.

———. *Precarious Japan*. Durham, NC: Duke University Press, 2013.

Althusser, Louis. *On the Reproduction of Capitalism: Ideology and Ideological State Apparatuses*. 1971. Translated by G. M. Gosiigarian. Brooklyn: Verso, 2014.

Anand, Nikhil. "Pressure: The Politechnics of Water Supply in Mumbai." *Cultural Anthropology* 26, no. 4 (2011): 542–564.

Appel, Hannah. "Walls and White Elephants: Oil, Infrastructure, and the Materiality of Citizenship in Urban Equatorial Guinea." In *The Arts of Citizenship in African Cities: Infrastructures and Spaces of Belonging*, ed. Mamadou Diouf and Rosalind Fredericks. New York: Palgrave Macmillan, 2012.

Arai, Andrea. *The Strange Child: Education and the Psychology of Patriotism in Recessionary Japan*. Stanford, CA: Stanford University Press, 2016.

Ashby, W. Ross. "Principles of the self-organizing dynamic system." *The Journal of General Psychology* 37, no. 2 (1947): 125–128.

Augé, Marc. *In the Metro*. Translated by Tom Conley. Minneapolis: University of Minnesota Press, 2002.

———. *Non-Places: Introduction to an Anthropology of Supermodernity* 2nd English language ed. London: Verso, (1992) 2008.

Bataille, Georges. *The Accursed Share: An Essay on General Economy*. New York: Zone Books, 1988.

Beck, Ulrich. *Risk Society: Towards a New Modernity*. Translated by Mark Ritter. Theory, Culture & Society. Los Angeles: Sage Publications, 1992 (1986).

Benjamin, Walter. "The Work of Art in the Age of Mechanical Reproduction." In *Illuminations*, edited by Hannah Arendt, pp. 217–252. New York: Schocken Books, 1968.

Berlant, Lauren Gail. *Cruel Optimism*. Durham, NC: Duke University Press, 2011.

Boellstorff, Tom. *Coming of Age in Second Life: An Anthropologist Explores the Virtually Human*. Princeton, NJ: Princeton University Press, 2008.

Bond, David. "Governing Disaster: The Political Life of the Environment During the BP Oil Spill." *Cultural Anthropology* 28, no. 4 (2013): 694–715.

Brockman, John R. *Twisted Rails, Sunken Ships: The Rhetoric of NineteenthCentury Steamboat and Railroad Accident Investigation Reports, 1833–1879*. Amityville, NY: Baywood, 2004.

Brooks, Rodney A. "Intelligence without Reason." *The Artificial Life Route to Artificial Intelligence: Building Embodied, Situated Agents* (1995): 25–81.

———. "Intelligence without Representation." *Artificial Intelligence* 47 (1991): 139–159.

Buckley, Sandra. "Altered States: The Body Politics of 'Being-Woman.'" In *Postwar Japan as History*, edited by Andrew Gordon, pp. 347–372. Berkeley: University of California Press, 1993.

Butler, Judith. *Bodies That Matter: On the Discursive Limits of "Sex."* London: Routledge, 1993.

Castells, Manuel. *The Rise of the Network Society*. Cambridge, MA: Blackwell Publishers, 1996.

Chu, Julie Y. "When Infrastructures Attack: The Workings of Disrepair in China." *American Ethnologist* 41, no. 2 (2014): 351–367.

Combes, Muriel. *Gilbert Simondon and the Philosophy of the Transindividual*. Translated by Thomas LaMarre. Cambridge, MA: MIT Press, 2013.

Cook, Haruko. "Meanings of Non-Referential Indexes: A Case Study of the Japanese Sentence-Final Particle Ne." *Test & Talk* 12, no. 4 (2009): 507–539.

Cooper, Melinda. *Life as Surplus: Biotechnology and Capitalism in the Neoliberal Era*. Seattle: University of Washington Press, 2008.

Dawkins, Richard. *The Selfish Gene*. Oxford: Oxford University Press, 1976. Deleuze, Gilles. *Difference and Repetition*. New York: Columbia University Press, 1994.

———. "Postscript on the Societies of Control." *October* 59, Winter (1992): 3–7.

Deleuze, Gilles, and Félix Guattari. *A Thousand Plateaus: Capitalism and Schizophrenia*. Translated by Brian Massumi. Minneapolis: University of Minnesota Press, 1987.

Denkisha kenkyukai. *Kokutetsu Densha Hattatsushi*. Tokyo: Denkisha kenkyukai, 1959.

Douglas, Mary. *Purity and Danger: An Analysis of Concepts of Pollution and Taboo*. London: Routledge, 1966.

Downer, John. "'737-Cabriolet': The Limits of Knowledge and the Sociology of Inevitable Failure." *American Journal of Sociology* 117, no. 3 (November 7, 2011): 725–762.

———. "Trust and Technology: The Social Foundations of Aviation Regulation." *The British Journal of Sociology* (2010).

———. "When the Chick Hits the Fan: Representativeness and Reproducibility in Technological Tests." *Social Studies of Science* 37, no. 1 (February 1, 2007): 7–26.

East Japan Railway Company. "Company Data." www.jreast.co.jp/e/data/index

通勤梦魇

.html?src=gnavi.

Edwards, Catharine, and Thomas Osborne. "Scenographies of Suicide: An Introduction." *Economy and Society* 32, no. 2 (2005): 173–177.

Egami, Setsuko. "Idō to seikatsu ni okeru aratana kachi no kōzō o mezashite—kachi · kaiteki · kukan no kōzō." *JR East Technical Review* 4 (2003).

Eguchi, Tetsuo. "Ressha Daiya Wa Ikimono." In *Tetsudō No Purofesshionaru*, edited by Hoshikawa Takeshi. Tokyo: Gakken, 2008.

Farberow, Norman L. *Suicide in Different Cultures*. Baltimore: University Park Press, 1975.

Fisch, Michael. "*Days of Love and Labor*: Remediating the Logic of Labor and Debt in Contemporary Japan." *positions: asia critique* 23, no. 3 (2015): 463–486.

———. "Tokyo's Commuter Train Suicides and the Society of Emergence." *Cultural Anthropology* 28, no. 2 (2013): 320–343.

———. "War by Metaphor in *Densha otoko*." *Mechademia 4: War/Time* 4 (November 2009): 131–146.

Flaig, Paul, and Katherine Groo. *New Silent Cinema*. AFI Film Readers Series. New York: Routledge, 2016.

Fortun, Kim. *Advocacy after Bhopal: Environmentalism, Disaster, New Global Orders*. Chicago: University of Chicago Press, 2001.

———. "From Latour to Late Industrialism." *HAU: Journal of Ethnographic Theory* 4, no. 1 (2014): 309–329.

Foucault, Michel. *Discipline and Punish: The Birth of the Prison*. New York: Vintage Books, 1995.

———. *Security, Territory, Population: Lectures at the Collège de France, 1977–78*. Translated by Graham Burchell. Edited by Michel Senellart, François Ewald, and Alessandro Fontana Basingstoke. New York: Palgrave Macmillan, 2007.

4.25 Network and Nishinihon ryokaku tetsudō kabushikigaisha. *Fukuchiyamasen ressha dassen jiko no kadai kentō kai hōkoku*. 2011.

Frasca, Gonzalo. "SIMULATION 101: Simulation versus Representation." Ludology.org. 2001. www.ludology.org/articles/sim1/simulation101.html.

Freedman, Alisa. "Commuting Gazes: Schoolgirls, Salarymen, and Electric Trains in Tokyo." *Journal of Transport History* 23, no. 1 (2002): 23–36.

———. *Tokyo in Transit: Japanese Culture on the Rails and Road*. Stanford, CA: Stanford University Press, 2011.

Fujii, James A. "Intimate Alienation: Japanese Urban Rail and the Commodification of Urban Subjects." *Differences: A Journal of Feminist Cultural Studies* 11, no. 2 (1999): 106–133.

Gad, Christopher, C. B. Jensen, and Brit Ross Winthereik. "Practical Ontology: Worlds in STS and Anthropology." *NatureCulture* 3 (2015): 67–86.

Galloway, Alexander, and Eugene Thacker. *The Exploit: A Theory of Networks*. Minneapolis: University of Minnesota Press, 2007.

George, Timothy S. *Minamata: Pollution and the Struggle for Democracy in Postwar Japan*. Harvard East Asian Monographs 194. Cambridge, MA: Harvard University Asia Center, distributed by Harvard University Press, 2001.

Gibson, William. *Pattern Recognition*. New York: G. P. Putnam's Sons, 2003.

Giddens, Anthony. *The Consequences of Modernity*. Stanford, CA: Stanford University Press, 1990.

Gitelman, Lisa. *Scripts, Grooves, and Writing Machines: Representing Technology in the Edison Era*. Stanford, CA: Stanford University Press, 1999.

Gleick, James. *Chaos: Making a New Science*. London: Vintage, 1998.

——. *The Information: A History, a Theory, a Flood*. New York: Pantheon, 2011.

Goddard, Michael. "Towards an Archaeology of Media Ecologies: 'Media Ecology,' Political Subjectivation and Free Radios." *The Fibreculture Journal: Digital Media + Networks + Transdisciplinary Critique*, no. 17 (2011): 6–17.

Graham, Stephen, and Simon Marvin. *Splintering Urbanism: Networked Infrastructures, Technological Mobilities and the Urban Condition*. New York: Psychology Press, 2001.

Guattari, Félix. *The Three Ecologies*. London: Athlone Press, 2000.

Halpern, Orit. *Beautiful Data: A History of Vision and Reason since 1945*. Durham, NC: Duke University Press, 2014.

Haraway, Donna. *When Species Meet*. Minneapolis: University of Minnesota Press, 2008.

Hardt, Michael, and Antonio Negri. *Multitude: War and Democracy in the Age of Empire*. London: Penguin, 2004.

Harootunian, Harry D. *Overcome by Modernity: History, Culture, and Community in Interwar Japan*. Princeton, NJ: Princeton University Press, 2000.

Harvey, David. *A Brief History of Neoliberalism*. Oxford: Oxford University Press, 2005.

Harvey, Penny, and Hannah Knox. *Roads: An Anthropology of Infrastructure and Expertise*. Expertise: Cultures and Technologies of Knowledge. Ithaca, NY: Cornell University Press, 2015.

Hashimoto, Takehiko, and Shigehisa Kuriyama, eds. *Kindai nihon ni okeru tetsudō to jikan ishiki* [Railway systems and time consciousness in modern Japan]. Chikoku no tanjō: kindai nihon ni okeru jikan ishiki no keisei. Tokyo: Sangensha, 2001.

Hatamura, Yōtarō. *Sōteigai o sōteiseyo!: Shippaigaku kara no teigen*. Tokyo: NHK Shuppan, 2011.

Hayles, Katherine. *How We Became Posthuman: Virtual Bodies in Cybernetics, Literature, and Informatics*. Chicago: University of Chicago Press, 1999.

Headley, Lee A. *Suicide in Asia and the Near East*. Berkeley: University of California Press, 1983.

Hein, Laura E. "Growth Versus Success: Japan's Economic Policy in Historical Perspective." In *Postwar Japan as History*, edited by Andrew Gordon, pp. 99–122. Berkeley: University of California Press, 1993.

Horiguchi, Sachiko. "Hikikomori: How Private Isolation Caught the Public Eye." In *A Sociology of Japanese Youth: From Returnees to NEETs*, edited by Roger Goodman, Yuki Imoto, and Tuukka H. I. Toivonen. New York: Routledge, 2012.

Horii, Mitsutoshi. *Josei senyō sharyō no shakaigaku*. Tokyo: Shūmei Shuppankai, 2009.

Ichikawa, Kon, dir. *Man-in densha* [The full-up train]. 1957. Tokyo: Daiei Studios.

Ichikawa, Kon, and Yuki Mori. *Ichikawa Kon no eigatachi* [Films of Kon Ichikawa]. Tokyo: Waizu Shuppan, 1994.

通勤梦魇

Iga, Mamoru. *The Thorn in the Chrysanthemum: Suicide and Economic Success in Modern Japan*. Berkeley: University of California Press, 1986.

Iida, Yumiko. *Rethinking Identity in Modern Japan: Nationalism as Aesthetics*. London: Routledge, 2002.

Inoue, Yumehito. Interview with a Shinchōsha editor. Shinchōsha. Accessed March 16, 2017. www.shinchosha.co.jp/99/special/index.html.

———. *Kyūjūkyū nin no saishū densha [99 Persons' Last Train]*. Tokyo: Shinchōsha, 1996. Accessed October 25, 2008. www.shinchosha.co.jp/99/.

Isamu, Yoshitake. "Ressha shūchū seigyo sōchi (CTC) no kaihatsu." In *Tetsudō no purofesshionaru*, edited by Hoshikawa Takeshi, pp. 132–136. Tokyo: Gakken, 2008.

Ishikawa, Tatsujiro, and Mitsuhide Imashiro. *The Privatisation of Japanese National Railways*. London: Athlone Press, 1998.

Ishitani, Seikan. *Kōgaku gairon [Introduction to Engineering]*. Tokyo: Coronasha, 1972.

Ito, Keiichi. "Development and Update of ATOS." *JR EAST Technical Review*, no 20, Summer (2011): 52–55.

Ito, Masami, and Yuasa Hideo. "Autonomous Decentralized System with Selforganizing Function and Its Application to Generation of Locomotive Patterns." Paper presented at the [First] Proceedings from the International Symposium on Autonomous Decentralized Systems (ISADS), Kawasaki, Japan, March 30–April 1, 1993.

Ito, Mizuko, Daisuke Okabe, and Izumi Tsuji, eds. *Fandom Unbound: Otaku Culture in a Connected World*. New Haven, CT: Yale University Press, 2012.

Ito, Mizuko, Daisuke Okabe, and Misa Matsuda, eds. *Personal, Portable, Pedestrian: Mobile Phones in Japanese Life*. Cambridge, MA: MIT Press, 2005.

Ivy, Marilyn. "Formations of Mass Culture." In *Postwar Japan as History*, edited by Andrew Gordon, pp. 239–258. Berkeley: University of California Press, 1993.

Jansen, K., and S. Vellema. "What Is Technography?" *NJAS—Wageningen Journal of Life Sciences* 57 (2011): 169–177.

Japan's Aircraft and Railway Accidents Investigation Commission. *Tetsudō jiko chōsa hōkoku sho: Nishinihon ryokaku tetsudō kabushikigaisha fukuchiyamasen takarazuka eki amagasaki eki kan ressha dassenjiko*. Japan's Ministry of Land, Infrastructure, Transportation, and Tourism, 2007. http://www.mlit.go.jp/jtsb/railway/fukuchiyama/RA07-3-1-1.pdf.

Jasanoff, Sheila. "Beyond Calculation: A Democratic Response to Risk." In *Disaster and the Politics of Intervention*, edited by Andrew Lakoff, pp. 14–41. New York: Columbia University Press, 2010.

———. *Learning from Disaster: Risk Management after Bhopal*. Philadelphia: University of Pennsylvania Press, 1994.

Jensen, Casper B. "Multinatural Infrastructure: Phenom Penh Sewage." In *Infrastructure and Social Complexity: A Routledge Companion*, edited by Penny Harvey, Casper B. Jensen, and Atsuro Morita, pp. 115–127. London: Routledge, 2016.

———. "New Ontologies? Reflections on Some Recent 'Turns' in STS, Anthropology and Philosophy." *Social Anthropology/Anthropologie Sociale* 25, no. 4 (2017): 1–21.

Jensen, Casper Bruun, and Atsuro Morita. "Infrastructures as Ontological Experiments."

Engaging Science, Technology, and Society 1 (2015): 81–87.

Johnson, Chalmers. *Miti and the Japanese Miracle: The Growth of Industrial Policy, 1925–1975*. Stanford, CA: Stanford University Press, 1982.

Johnston, John. *The Allure of Machinic Life: Cybernetics, Artificial Life, and the New AI*. Cambridge, MA: MIT Press, 2008.

JR nishi nihon anzen foroappu kaigi. *JR nishi nihon anzen foroappu kaigi hōkokusho* [*The Report of the JR West Safety Follow-Up Meetings*, referred to as the *Follow-Up Report*]. JR West, April 25, 2014. https://www.westjr.co.jp/ safety/fukuchiyama/ followup/pdf/followup_all.pdf.

Kainuma, Hiroshi. *Fukushima ron: genshi ryōku mura wa naze umaretaka*. Tokyo: Seidosha, 2011.

Kasai, Yoshiyuki. *Japanese National Railways: Its Break-Up and Privatization: How Japan's Passenger Rail Services Became the Envy of the World*. Kent, England: Global Oriental, 2003.

Kawashima, Ryōzō. *Naze fukuchiyama sen dassen jiko wa okotta no ka* [Why Did the Fukuchiyama Line Derailment Occur?]. Tokyo: Soshisha, 2005.

Kelly, William W. "Finding a Place in Metropolitan Japan." In *Postwar Japan as History*, edited by Andrew Gordon, pp. 189–238. Berkeley: University of California Press, 1993.

Kirby, Lynne. *Parallel Tracks: The Railroad and Silent Cinema*. Durham, NC: Duke University Press, 1997.

Kitahara, Fumio, Kazuo Kera, and Keisuke Bekki. "Autonomous Decentralized Traffic Management System." Paper presented at the International Workshop on Autonomous Decentralized Systems, Chengdu, China, September 21–23, 2000.

Kitanaka, Junko. *Depression in Japan: Psychiatric Cures for a Society in Distress*. Princeton, NJ: Princeton University Press, 2011.

Kittler, Friedrich A. *Discourse Networks 1800/1900*. Stanford, CA: Stanford University Press, 1990.

Knight, Frank H. *Risk, Uncertainty and Profit*. New York: Houghton Mifflin, 1921.

Kuriyama, Shigehisa, and Takehiko Hashimoto, eds. *Chikoku no tanjō: kindai nihon ni okeru jikan ishiki no keisei* [*The Birth of Tardiness in Japan: The Formation of Time Consciousness in Modern Japan*]. Tokyo: Sangensha, 2001.

Kurosawa, Kiyoshi, dir. *Tōkyō sonata* [*Tokyo Sonata*]. 2008. Japan: Regent Releasing, Entertainment Farm; Fortissimo Films. DVD.

LaMarre, Thomas. "Afterword: Humans and Machines." Translated by Thomas LaMarre. In *Gilbert Simondon and the Philosophy of the Transindividual*, edited by Muriel Combes, pp. 79–108. Cambridge, MA: MIT Press, 2013.

——. *The Anime Machine: A Media Theory of Animation*. Minneapolis: University of Minnesota Press, 2009.

——. "An Introduction to Otaku Movement." *EnterText* 4:1 (2004): 151–187.

——. "Living between Infrastructures: Commuter Networks, Broadcast TV, and Mobile Phones." *boundary 2* 42, no. 3 (2015): 157–170.

Langton, Christopher G., ed. *Artificial Life: An Overview*. Cambridge, MA: MIT Press, 1997.

通勤梦魇

Larkin, Brian. "The Politics and Poetics of Infrastructure." *Annual Review of Anthropology* 42 (Oct. 21, 2013): 327–343.

Latour, Bruno. *Reassembling the Social: An Introduction to Actor-Network-Theory.* Oxford: Oxford University Press, 2005.

———. *We Have Never Been Modern.* New York: Harvester Wheatsheaf, 1993.

LeCavalier, Jesse. *The Rule of Logistics: Walmart and the Architecture of Fulfillment.* Minneapolis: University of Minnesota Press, 2016.

Lefebvre, Henri. *The Production of Space.* Oxford: Blackwell, 1991.

Lévi-Strauss, Claude. *Totemism.* Boston: Beacon Press, 1962.

Lin, Zhongjie. *Kenzo Tange and the Metabolist Movement: Urban Utopias of Modern Japan.* New York: Routledge, 2010.

Lukacs, Gabriella. "Dreamwork: Cell Phone Novelists, Labor, and Politics in Contemporary Japan." *Cultural Anthropology* 28, no. 1 (2013): 44–64.

Mackenzie, Adrian. *Transductions: Bodies and Machines at Speed.* London: Continuum, 2006.

MacKenzie, Donald A., and Judy Wajcman. *The Social Shaping of Technology.* 2nd ed. Philadelphia: Open University Press, 1999.

Manovich, Lev. *The Language of New Media.* Cambridge, MA: MIT Press, 2002.

Martin, Reinhold. "The Organizational Complex: Cybernetics, Space, Discourse." *Assemblage* 37 (1998): 102–127.

Martinez, Antonio Garcia. *Chaos Monkeys: Obscene Fortune and Random Failure in Silicon Valley.* New York: HarperCollins, 2016.

Mazzarella, William. "Affect: What Is It Good For?" In *Enchantments of Modernity: Empire, Nation, Globalization*, edited by Saraubh Dube, pp. 291–309. New York: Routledge, 2009.

———. "The Myth of the Multitude, or, Who's Afraid of the Crowd?" *Critical Inquiry* 36, no. 4 (Summer 2010): 697–727.

Meadows, Donella H., Dennis L. Meadows, Jorgen Randers, and William W. Behrens III. *The Limits to Growth.* New York: Universe, 1972.

Mindell, David A. *Between Human and Machine: Feedback, Control, and Computing before Cybernetics.* Baltimore: Johns Hopkins University Press, 2002.

Mito, Yuko. "Another 'Just in Time'—Japanese Significance." Hitachi-Rail.com. 2005. www.hitachi-rail.com/rail_now/column/mito/just_in_time2.html.

———. *Teikoku hassha: Nihon no tetsudō wa naze sekai de mottomo seikaku nanoka.* Tokyo: Shinchōsha, 2005.

Miyadai, Shinji, Yoshiki Fujii, and Akio Nakamori. *Shinseiki no riaru* [This century's new real]. Tokyo: Asuka Shinsha, 1997.

Miyamoto, Shoji, Kinji Mori, Hirokazu Ihara, Hiroshi Matsumaru, and Hiroyasu Ohshima. "Autonomous Decentralized Control and Its Application to the Rapid Transit System." *North Holland Computers in Industry* 5, no. 2 (1984): 115–124.

Mizukawa, Jun. "Reading 'on the Go': An Inquiry into the Temps and Temporalities of the Cellphone Novel." *Japanese Studies* 36, no. 1 (2016): 61–82.

Morita, Atsuro. "The Ethnographic Machine: Experimenting with Context and Comparison in Stratherian Ethnography." *Science, Technology & Human Values*

39, no. 2 (2014): 214–235.

——. "Multispecies Infrastructure: Infrastructural Inversion and Involutionary Entanglements in the Chao Phraya Delta, Thailand." *Ethnos* 82, no. 4 (2017): 738–757.

——. "Rethinking Technics and the Human: An Experimental Reading of Classic Texts on Technology." *NatureCulture* (2012): 40–58.

Morris-Suzuki, Tessa. *Beyond Computopia: Information, Automation, and Democracy in Japan*. London: Routledge, 1988.

——. *A History of Japanese Economic Thought*. Nissan Institute/Routledge Japanese Studies. London: Routledge/Nissan Institute for Japanese Studies, University of Oxford, 1989.

Murakami, Shōsuke, dir. *Densha otoko*. 2005. Tokyo: Toho Production Co., Ltd.

Nakamura, Hideo. *Ressha seigyo*. Tokyo: Kōgyō chōsa kai, 2010.

Nakano, Hitori. *Densha otoko*. Tokyo: Shinchōsha, 2004.

Nihon Kokuyū Tetsudō Sōsaishitsu Shūshika, ed. *Nihon kokuyū tetsudō hyakunenshi nenpyō*. 11 vols. Tokyo: Nihon kokuyū tetsudō, 1997.

Nishiyama, Takashi. "War, Peace, and Nonweapons Technology: The Japanese National Railways and Products of Defeat, 1880s–1950s." *Society for the History of Technology* 48, no. 2 (2007): 286–302.

Noda, Masaho, Harada Katsumasa, and Aoki Eichi. *Nihon no tetsudō: Seiritsu to tenkai*. Tokyo: Nihon Keizai Hyōronsha, 1986.

Nossal, G. J. V. *Antibodies and Immunity*. 2nd ed., rev. and expanded. New York: Basic Books, 1978.

Okazaki, Takeshi. "Besutoseraa: Shinsatsushitsu" [Bestseller: examination room]. *Chūōkōron* 120, no. 2 (February 2005): 264–265.

Osborne, Thomas. "'Fascinated dispossession': Suicide and the aesthetics of freedom." *Economy and Society*, 34:2 (2005): 280–294.

Parikka, Jussi. *Insect Media: An Archaeology of Animals and Technology*. Minneapolis: University of Minnesota Press, 2010.

Perrow, Charles. *The Next Catastrophe: Reducing Our Vulnerabilities to Natural, Industrial, and Terrorist Disasters*. Princeton, NJ: Princeton University Press, 2011.

——. *Normal Accidents: Living with High-Risk Technologies*. Princeton, NJ: Princeton University Press, 1999.

Pfaffenberger, Bryan. "Social Anthropology of Technology." *Annual Review of Anthropology* 21 (1992): 491–516.

Pickering, Andrew. *The Cybernetic Brain: Sketches of Another Future*. Chicago: University of Chicago Press, 2011.

——. *The Mangle of Practice: Time, Agency, and Science*. Chicago: University of Chicago Press, 1995.

Pinguet, Maurice. *Voluntary Death in Japan*. Cambridge, UK: Polity Press, 1993.

Reuleaux, Franz. *The Kinematics of Machinery: Outlines of a Theory of Machines*. Translated by Alex B. W. Kennedy. London: Macmillan, 1876.

Robertson, Jennifer Ellen. *Takarazuka Sexual Politics and Popular Culture in Modern Japan*. Berkeley: University of California Press, 1998.

Ryman, Geoff. *253: The Print Remix*. 1st St. Martin's Griffin ed. New York: St. Martin's Griffin, 1998.

Saito, Tamaki, and Jeffrey Angles. *Hikikomori: Adolescence without End*. Minneapolis: University of Minnesota Press, 2013.

Sand, Jordan. *Tokyo Vernacular: Common Spaces, Local Histories, Found Objects*. Berkeley: University of California Press, 2013.

Sarti, Alessandro, Federico Montanari, and Francesco Galofaro. *Morphogenesis and Individuation*. Lecture Notes in Morphogenesis. Cham, Switzerland: Springer, 2014.

Sasaki-Uemura, Wesley Makoto. "Competing Publics: Citizens' Groups, Mass Media, and the State in the 1960s." *positions: east asia cultures critique* 10, no. 1 (2002): 79–110.

Satō, Mitsuru. *Dare mo kataritagaranai: Tetsudō no uramenshi* [What nobody will talk about: behind scenes history of the railroad]. Tokyo: Saizusha, 2015.

———. *Tetsudō gyōkai no ura banashi*. Tokyo: Saizusha, 2014.

Sato, Yūichi. *Jinshin jiko dēta bukku 2002–2009*. Tokyo: Tsugeshobo, 2011.

Sawa, Kazuya. *Nihon no tetsudō koto hajime*. Tokyo: Tsukiji-shokan, 1996.

Schivelbusch, Wolfgang. *The Railway Journey: The Industrialization of Time and Space in the 19th Century*. Berkeley: University of California Press, 1986.

Schüll, Natasha Dow. *Addiction by Design: Machine Gambling in Las Vegas*. Princeton, NJ: Princeton University Press, 2012.

Sheller, Mimi. "Mobile Publics: Beyond the Network Perspective." *Environment and Planning D: Society and Space* 22 (2004): 39–52.

Shershow, Scott Cutler. *The Work and the Gift*. Chicago: University of Chicago Press, 2005.

Shneidman, Edwin S. *Comprehending Suicide: Landmarks in 20th-Century Suicidology*. Washington, DC: American Psychological Association, 2001.

Shosen Denshashi Kōyō. Tokyo: Tokyo tetsudō kyoku densha gakari tetsudo shi shiryo hozonkai hen, 1976.

Shosen Denshashi Kōyō. Tokyo: Tokyo tetsudokyoku densha gakari tetsudoshi shiryo hozonkai hen, 1927.

Simmel, Georg. "The Metropolis and Mental Life." In *The Sociology of Georg Simmel*, edited by Kurt H. Wolff, pp. 409–426. Glencoe, IL: Free Press, 1950.

Simondon, Gilbert. "The Genesis of the Individual." Translated by Mark Cohen and Sanford Kwinter. In *Incorporations*, edited by Jonathan Crary and Sanford Kwinter, pp. 297–319. New York: Zone, 1992.

———. "On the Mode of Existence of Technical Objects." *Deleuze Studies* 5, no. 3 (2011 [1958]): 407–424.

———. *On the Mode of Existence of Technical Objects*. Translated by Cecile Malaspina and John Rogove. Minneapolis: Univocal Press, 2017.

———. "Technical Mentality." Translated by Arne De Boever. In *Gilbert Simondon: Being and Technology*, edited by Arne De Boever, Alex Murray, Jon Roffe, and Ashley Woodward, pp. 1–15. Edinburgh: Edinburgh University Press, 2012.

Sono, Sion, dir. *Jisatsu sākuru*. 2002. Tokyo: Kadokawa-Daiei Pictures.

Steger, Brigitte. "Negotiating Gendered Space on Japanese Commuter Trains." *Electronic*

Journal of Contemporary Japanese Studies 13, no. 3 (2013). http://www.
japanesestudies.org.uk/ejcjs/vol13/iss3/steger.html.

Suzuki, Atsufumi. *Densha Otoko wa dare nanoka: "Netaka" suru komyunikeishon* [Who
is Densha Otoko: Neta-Ization communication]. Tokyo: Chūōkōron Shinsha, 2005.

Suzuki, Hiromi, and Tesuo Yamaguchi. *JR nishi nihon no tazai: Hattori untenshi jisatsu
jiken to amagasaki dassen jiko* [JR West's great crime: the suicide of the driver
Hattori and the Amagasaki derailment]. Tokyo: Gogatsu Shobo, 2006.

Takahashi, Yoshitomo. *Chūkōnen jisatsu: Sono jittai to yobō no tameni* [Middle and old
age suicide: how to prevent that reality]. Tokyo: Mimatsu, 2003.

Takeuchi, Kaoru. *"Seimei ni manabu: Jiritsu bunsan toiu shisō – shikō o kaeru, shakai o
kaeru, paradaimu o kaeru."* In *Hitachi hyōron*, pp. 4–9, 2009.

Tanaka, Daisuke. "Shanai kūkan to shintai gihō. Senzenki densha kōtsū ni okeru
'waizatsu' to 'kōkyōsei'" ["Body Techniques in a Train: Publicity and Deviation in
Urban Traffic During the Prewar Period"]. *Shakaigaku hyōron* 58, no. 1 (2007–
2008): 40–56.

Tanaka, Stefan. *New Times in Modern Japan.* Princeton, NJ: Princeton University Press,
2004.

Thrift, Nigel. "Movement-space: The changing domain of thinking resulting from the
development of new kinds of spatial awareness." *Economy and Society* 33, no. 4 (Nov
1, 2004): 582–604.

Tomii, Norio. *Ressha daiya no himitsu: Teiji unkō no shikumi.* Tokyo: Seizandō, 2005.

Tsutsui, William M. *Manufacturing Ideology: Scientific Management in Twentieth-
Century Japan.* Princeton, NJ: Princeton University Press, 1998.

Turkle, Sherry. *Alone Together: Why We Expect More from Technology and Less from
Each Other.* New York: Basic Books, 2011.

———. *Simulation and Its Discontents.* Cambridge, MA: MIT Press, 2009.

Vannini, Philip, Jaigris Hodson, and April Vannini. "Toward a Technography of Everyday
Life: The Methodological Legacy of James W. Carey's Ecology of Technoculture as
Communication." *Cultural Studies—Critical Methodologies* 9, no. 3 (2009): 462–
476.

Wark, McKenzie. *Gamer Theory.* Cambridge, MA: Harvard University Press, 2007.

Watanabe, Kōhei, and Hiroshi Tamura. *Ryojō 100–nen: Nihon no tetsudō.* Tokyo:
Mainichi Shinbunsha, 1968.

Watanabe, Susumu. "Restructuring of Japanese National Railways: Implications for
Labour." *International Labour Review* 133, no. 1 (1994): 89–111.

Weathers, Charles. "Reconstruction of Labor-Management Relations in Japan's National
Railways." *Asian Survey* 34, no. 7 (July 1994): 621–633.

West, Mark D. *Law in Everyday Japan: Sex, Sumo, Suicide, and Statutes.* Chicago:
University of Chicago, 2005.

Wiener, Norbert. *The Human Use of Human Beings: Cybernetics and Society.* London:
Free Association, 1954.

Wigley, Mark. "Network Fever." In *New Media, Old Media: A History and Theory Reader*,
edited by Wendy Hui Kyong Chun and Thomas Keenan, pp. 375–398. New York:
Routledge, 2005.

通勤梦魇

Yamagishi, Toshio. *Shinrai no kōzō: Kokoro to shakai no shinka gēmu*. Tokyo: Tōkyō Daigaku Shuppankai, 1998.

Yamamoto, Hirofumi. *Technological Innovation and the Development of Transportation in Japan*. Tokyo: Unipub, 1993.

Yamamoto, Masahito. "Sekai ni hirogaru jiritsu bunsan." *Landfall* 48 (2003): 1–5.

Yaneva, Albena. "Scaling Up and Down: Extraction Trials in Architectural Design." *Social Studies of Science* 35, no. 6 (2005): 867–894.

Yoda, Tomiko. "A Roadmap to Millennial Japan." *South Atlantic Quarterly* 99, no. 4 (2000): 629–668.

Ziman, J. M. *Technological Innovation as an Evolutionary Process*. Cambridge, UK: Cambridge University Press, 2000.

Žižek, Slavoj. *For They Know Not What They Do: Enjoyment as a Political Factor*. Radical Thinkers. London: Verso, 2008.

译后记

在这个所谓的"科技时代",却罕闻深刻洞察人与科学技术关系的真知灼见。面对日新月异的科技,我们是否纵情享受它带来的便利却又沉醉其中以至迷失自我?我们是否一再亲历它创造的"奇迹"却又感叹生活也因其日渐趋同以至乏味单调?换言之,人,究竟是机器的造物主,还是机器圈养的羔羊?

当机器超越了时空限制,越来越接近乃至与人类的肉身和生活融为一体时,人与机器的关系必须被重新审视。机器在多大程度上影响并改变了人类的生活?面对这种改变,人类究竟是该"忘我"享受,还是唯恐避之不及?它们究竟是我们的对立面,还是我们的一部分?人与机器能建立真正的"人"际关系吗?以上问题,都值得大家放下手中的"机器",静心思考片刻。

本作虽然寥寥数百页,但却涉及人类学、哲学、社会学、政治、经济、历史、文化、轨道交通、城市建设与规划等十余个学科,同时还涉及汉语、英语、日语、法语、德语等五种语言,足以表明作者的卓识远见，相信读者诸君也定能从其对西蒙栋技术哲学的明察洞见中找到上述问题的答案。

本译作得以面世，首先要感谢北京世纪文景文化传播有限责任公司的坚持与守望。在经历了史无前例的新冠疫情后，世纪文景仍对每部著作、每位译者不离不弃，着实令人感动。感谢谭宇墨凡、李顿、周官雨希、佟雪萌等诸位编辑。他们的敬业、耐心与关爱永远令人温暖平静。也特别感谢陕西师范大学雷震老师、江西应用科技学院庄思敏老师、西安市浐灞第六小学彭雪妮老师，在翻译全程为译者提供了最得力的支持和帮助、最具创意的翻译建议。

最后，要特别感谢我的妻子、女儿及家人，他们永远是我最在意、最爱护的人。

译者水平有限，翻译过程中出现的各种问题，均难辞其咎，文责自负，也真诚期望各位读者批评指正。谢谢！

孟超

2020 年 1 月 1 日于西北政法大学雁塔校区（初稿）

2024 年 11 月 1 日于西北政法大学长安校区（修改稿）

文
景

Horizon

社 科 新 知　文 艺 新 潮

通勤梦魇：东京地铁与机器的人类学

［美］迈克尔·菲什　著

孟超、桑元峰　译

出 品 人：姚映然
责任编辑：佟雪萌
营销编辑：胡珍珍
封扉设计：山川制本
美术编辑：安克晨

出　　品：北京世纪文景文化传播有限责任公司
　　　　　（北京朝阳区东土城路8号林达大厦A座4A 100013）
出版发行：上海人民出版社
印　　刷：山东临沂新华印刷物流集团有限责任公司
制　　版：北京楠竹文化发展有限公司

开　本：890mm×1240mm　1/32
印 张：11.75　　字 数：254,000
2025年1月第1版　　2025年1月第1次印刷
定 价：69.00元
ISBN：978-7-208-19097-9/C·723

图书在版编目（CIP）数据

通勤梦魇：东京地铁与机器的人类学 /（美）迈克
尔·菲什（Michael Fisch）著；孟超，桑元峰译．
上海：上海人民出版社，2024．-- ISBN 978-7-208
-19097-9
Ⅰ . U231
中国国家版本馆 CIP 数据核字第 2024538J6H 号

本书如有印装错误，请致电本社更换 010-52187586

社科新知 文艺新潮 ｜ 与文景相遇

| 微信公众号 | 微 博 | 豆 瓣 |
| bilibili | 抖 音 | 小红书 |